Das Buch

Grenzenlose Ablösesummen und Spielergehälter, Vereine in den Händen von Oligarchen, Scheichs und Hedgefonds. Massenhafte Spielertransfers nach Saudi-Arabien und Katar. Gebührenexplosion bei Bezahlsendern. Totalkommerzialisierung und Fan-Widerstand.

Im Jahr 1992 ändert sich im Fußball alles: Die Champions League wird gegründet. In Deutschland startet mit »ran« das neue Zeitalter des Fernsehfußballs. In England entsteht die Premier League, die heute global erfolgreichste Fußballliga. Es beginnt das Goldene Zeitalter des modernen Fußballs.

In neuen Stadien spielen Superteams mit Superspielern unter der Anleitung visionärer Supertrainer für ein global wachsendes Publikum. Doch die Erfolgsgeschichte ist von Beginn an durchsetzt von großem Unbehagen und Entfremdung. Alles wird zur Ware: Vereine und Ligen, Spieler und selbst die Emotionen der Fans. Derweil erodiert der sportliche Wettbewerb und bringt die immer gleichen Seriensieger hervor. Die Weltmeisterschaft im Winter 2022 in Katar offenbarte den moralischen Ausverkauf des Weltfußballverbandes FIFA.

Christoph Biermann legt die Abgründe und Widersprüche offen, in der sich der Fußball inzwischen komplett verfangen hat. Und er versucht, Wege aus dem Dilemma zu zeigen.

Der Autor

Christoph Biermann, geboren 1960 in Krefeld, lebt in Berlin und arbeitete für die *taz, Stern, Die Zeit* und war Redakteur bei der *Süddeutschen Zeitung* und beim *SPIEGEL*. Seit 2010 beim Fußballmagazin *11Freunde*, inzwischen als Reporter. Biermann gehört seit Jahren zu den profiliertesten Fußballjournalisten Deutschlands und hat zahlreiche Bücher zum Thema Fußball veröffentlicht. »Die Fußball-Matrix« und »Wenn wir vom Fußball träumen« wurden jeweils zum »Fußballbuch des Jahres« gewählt. Zuletzt erschien von ihm »Wir werden ewig leben« (KiWi 1813), 2020.

CHRISTOPH BIERMANN

UM JEDEN PREIS

Die wahre Geschichte
des modernen Fußballs
von 1992 bis heute

Kiepenheuer & Witsch

»I don't know what they want from me,
it's like the more money we come across,
the more problems we see.«

The Notorious B.I.G., »Mo Money Mo Problems«

Inhalt

Einleitung

Am 18. April 2021, einem Sonntag, ging die Geschichte des Fußballs zu Ende. Nachmittags war es zunächst nur ein Gerücht, doch im Laufe des Abends bestätigten immer mehr Vereine, dass sie demnächst in einer neuen Liga spielen würden, die sie Super League nannten. Dazu gehörten die größten und legendärsten Klubs des europäischen Fußballs: Real Madrid, der FC Barcelona und Atlético Madrid, Juventus Turin und die beiden Mailänder Klubs AC und Inter sowie die sechs englischen Vereine FC Liverpool, Manchester City und United, Chelsea, Arsenal und Tottenham Hotspur. Sie kündigten an, bereits in der folgenden Saison nicht mehr in der Champions League anzutreten und noch fünf weitere Klubs in ihre neue Liga einladen zu wollen. Die US-amerikanische Bank JPMorgan Chase würde das Projekt mit 3,5 Milliarden US-Dollar finanzieren. Die Idee war ungeheuerlich, denn in diese Super League sollte man nicht durch sportliche Leistung aufgenommen werden, sondern durch die Strahlkraft der Namen. Klubs, die nicht »super« genug waren, sollten draußen bleiben. Es fühlte sich an, als hätte der Fußball damit einen Endpunkt erreicht – nicht zum ersten Mal.

Am 2. Dezember 2010 hatte Fifa-Präsident Joseph S. Blatter einen Briefumschlag geöffnet, eine Karte herausgezogen und laut gesagt, was draufstand: »Qatar«. Die Weltmeisterschaft 2022 war in ein winziges Emirat am Persischen Golf vergeben worden, das noch nie an einer WM-Endrunde teilgenommen hatte. Der reiche Erdgas-Staat hatte sich die WM de facto gekauft, das wurde im Laufe der folgenden Jahre klar. Und weil es im Sommer in Katar zu heiß gewesen wäre, musste das Turnier erstmals von der Mitte des Jahres an sein Ende verlegt werden.

In der Welt des Fußball entsprachen die WM-Vergabe nach Katar und die Gründung der Super League der Ungeheuerlichkeit, dass in den USA tatsächlich Donald Trump zum Präsidenten gewählt wurde oder Großbritannien den Brexit vollzog. Sie waren für den Fußball ähnlich einschneidend und bestärkten den Eindruck, dass etwas elementar nicht mehr stimmte.

Im Fall der Super League führte dieses Gefühl zu einem gewaltigen Proteststurm der Anhänger jener Klubs, die dort spielen wollten. Fans von Chelsea demonstrierten am nächsten Abend vor dem Stadion, und als ihre Mannschaft zum Heimspiel vorfuhr, stoppten sie den Mannschaftsbus und verlangten eine Erklärung. Anhänger von Arsenal und Tottenham belagerten die Geschäftsstellen ihrer Klubs, und an der Anfield Road in Liverpool wurden an den Stadionzäunen Protestplakate aufgehängt. Der britische Premierminister Boris Johnson verdammte die Super League, weil Vereine »aus ihren Heimatstädten herausgelöst und in internationale Marken und Waren verwandelt werden können, die nur auf dem Planeten zirkulieren, angetrieben von den Milliarden der Banken, ohne Rücksicht auf die Fans und diejenigen, die sie ihr ganzes Leben lang geliebt haben«. Außerdem kündigte er eine »legislative Bombe« gegen das Vorhaben an. Der europäische Fußballverband Uefa drohte mit maximaler Gegenwehr, während der FC Bayern München, Borussia Dortmund und Paris Saint-Germain mitteilten, an der neuen Liga nicht teilnehmen zu wollen. Unter diesem Druck zog sich ein Klub nach dem anderen wieder aus der Super League zurück, nur die Bosse von Real Madrid, FC Barcelona und Juventus Turin verteidigten die Idee noch entschlossen weiter. Dennoch: 48 Stunden nachdem die Super League das Licht der Welt erblickt hatte, war sie auch schon wieder tot.

»Anders als die Naturgesetze, die in sich stimmig sind, ist jede menschliche Ordnung voller Widersprüche«, schreibt der Historiker Yuval Noah Harari in seinem Buch »Eine kurze Geschichte der Menschheit«. Das gilt auch für den Fußball, und gerade im Konflikt um die Super League wurden viele Widersprüche offensichtlich. Er war ein gutes Beispiel dafür, wie sich sportliche, wirtschaftliche, kulturelle und politische Fragen unentwirrbar ineinander verknotet haben. Auf der Suche nach einem funktionierenden Geschäftsmodell wurden sportliche Prinzipien aufgegeben und jene kulturellen Verbindungen gekappt, die den Fußball erst groß gemacht hatten. Es ging einiges durcheinander, wie eigentlich dauernd, seit das Zeitalter des modernen Fußballs begonnen hat.

Es gab in der Geschichte des Fußballs, nachdem 1863 erstmals verbindliche Regeln notiert wurden, verschiedene Phasen und unterschiedliche Zeitalter. Die aktuelle Ära kann man die des modernen Fußballs nennen. Sie begann als Reaktion auf eine tiefgehende Krise, und in ihr wurde der Fußball so weit modernisiert, dass er im Vergleich zur vorangegangenen Zeit kaum noch wiederzuerkennen war. Die Wende war das Jahr 1992. Damals fand zeitgleich eine Reihe von Veränderungen statt, die zu entscheidenden Treibern der Entwicklung wurden. Zum ersten Mal wurde die Champions League ausgespielt, die sich zu einem der wirtschaftlich erfolgreichsten Sportwettbewerbe der Welt entwickeln sollte. In England löste die Premier League die alte First Division ab und wurde im Laufe der Jahre zur global führenden nationalen Liga. Den Erfolg von Champions League und Premier League möglich machte ein neuer TV-Markt, dessen fast durchgehender Boom für ständig steigende Erlöse sorgte. In Deutschland übernahm 1992 der Privatsender SAT.1 mit der Sendung *ran* die Berichterstattung und proklamierte: »Die alte Bundesliga ist tot.« Auch das Spiel selbst veränderte sich durch eine Regeländerung massiv: Die Einführung der Rückpassregel trug 1992 dazu bei, das Tempo des Spiels deutlich zu erhöhen und Fußball interessanter zu machen. Und 1992 erschien auch das Buch eines jungen englischen Autors, der zum ersten Mal die Seelenlandschaft von Fußballfans beschrieb. »Fever Pitch« von Nick Hornby.

Für die Geschichte, die sich in den folgenden drei Jahrzehnten abspielte, gibt es zwei sich komplett widersprechende Erzählweisen. Die eine erzählt von einem globalen Boom und einer langen Serie goldener Jahre, denn es gab einen faszinierenden wirtschaftlichen Aufschwung, mit dem eine sportliche und kulturelle Blüte verbunden war. Niemals zuvor wurde im Fußball so viel Geld umgesetzt, das Spiel auf einem so hohen Niveau betrieben und wurde Fußball so ausführlich wie tiefgreifend diskutiert. Fußball ist heute der global erfolgreichste Sport, auf fast allen Kontinenten und in den meisten Ländern ist er Sportart Nummer eins.

Zugleich wird dies alles als Geschichte eines Niedergangs erzählt, einer Entfremdung und eines kulturellen Ausverkaufs. Moderner Fußball ist für viele Fans ausdrücklich negativ besetzt, für nicht wenige von ihnen sogar ein Kampfbegriff. Er steht für einen Fußball, in dem das Wirtschaftliche wichtiger ist als die Werte des Sports und das Sentiment vieler Anhänger. Er steht für eine Inflation des Fernsehfußballs, die einhergeht mit steigenden Eintrittspreisen und der ärgerlichen Notwendigkeit, diverse Abos abschließen zu müssen, um einen Wettbewerb sehen zu können. Er steht auch für eine andauernde Umverteilung von den kleinen zu den großen Vereinen und für sportliche Wettbewerbe, die immer weniger funktionieren. »Die Leute gehen zum Fußball, weil sie nicht wissen, wie es ausgeht«, hat Sepp Herberger, der legendäre Bundestrainer, der mit Deutschland 1954 die Weltmeisterschaft gewann, mal gesagt. Heute wissen die Leute zwar immer noch nicht ganz genau, wie ein Spiel ausgeht, aber wenige Klubs monopolisieren den sportlichen Erfolg wie nie zuvor in der Geschichte des Fußballs.

»Die Eule der Minerva beginnt erst mit der einbrechenden Dämmerung ihren Flug«, lautet der berühmte Aphorismus von Georg Wilhelm Friedrich Hegel. Der Philosoph nimmt seine Arbeit auf, wenn die Wirklichkeit Form angenommen hat. Für Historiker gilt das Gleiche, sie schreiben die Geschichte auf, wenn sie als Geschichte erkennbar und beschreibbar ist. Ob das für die Ära des modernen Fußballs schon jetzt gilt, kann nicht eindeutig gesagt werden, aber ihre Abenddämmerung zeichnet sich ab. In den letzten drei Jahrzehnten sind die Widersprüche in der Ordnung des Fußballs so groß geworden, dass sie inzwischen kaum noch aufzulösen sind. Katar und die Super League machen das überdeutlich.

Dieses Buch ist eines über den Profifußball der Männer, es beschäftigt sich also weder mit dem Profifußball der Frauen noch dem Amateurfußball. Das ist kein Ausdruck von Desinteresse oder Geringschätzung, sondern im Grunde Teil der Geschichte des modernen Fußballs. Die Amateure stehen nämlich nur am Rand und die professionell Fußball spielenden Frauen auch, wobei sich das zu ändern beginnt. Dieses Buch streift auch den Männer-Fußball in anderen Kontinenten außerhalb Europas nur, weil er, so bitter das auch ist, ebenfalls ein Phänomen an den Rändern ist.

Ich habe miterlebt, was sich seit 1992 verändert hat, und auch die Vorgeschichte kenne ich noch. Das qualifiziert mich nicht unbedingt mehr dafür, dieses Buch zu schreiben, vielleicht sogar im Gegenteil, weil ich emotional verwoben bin. Ich weiß, dass die Zeit vorher eine dunkle war, dunkler sogar, als viele sich vorstellen. Eine Modernisierung war damals dringend nötig. Obwohl ich also nicht nostalgisch bin, sehe ich aber auch, was dem Fußball im Zeitalter seiner Moderne verloren gegangen ist. Das Wichtigste ist vermutlich, dass er viel unwichtiger war. Eine passioniert betriebene Nebensache, aber auch nicht mehr als das.

Dieses Buch will die verschiedenen und oft unübersichtlichen Stränge der Entwicklung in den letzten 30 Jahren ordnen und die Frage beantworten, wie wir eigentlich an dem Punkt gelandet sind, an dem wir uns nun befinden. Zumal es oft genug erstaunlich chaotisch und verblüffend zufällig zuging. Immer wieder hätte die Chance bestanden, dass die Dinge eine andere Richtung nehmen. Gerade der deutsche Fußball ist ein gutes Beispiel, denn er hat im internationalen Vergleich einen Sonderweg beschritten. Letztlich ist es im Fußball wie in allen Bereichen des Lebens: Die Geschichte kommt nicht nur über uns, wir können auch ihre Subjekte sein. So könnte auch die nächste Ära des Fußballs anders aussehen, wenn wir es wollen.

Berlin, Juni 2022

TEIL 1

Big Bang

1

Der Weg in die höchsten Kreise

Die Geschichte des Fußballs ist in vielerlei Hinsicht eine Mediengeschichte, und sie beginnt beileibe nicht erst mit dem Fernsehen. Als der Fußball im England des späten 19. Jahrhunderts zu einem Sport für die Massen wurde, landete er zum ersten Mal im Bett mit den Medien. Die Herausgeber der zur gleichen Zeit entstandenen Zeitungen drängten darauf, die Spiele der First Division zeitgleich auszutragen, damit sie über den Samstag verteilt nicht immer wieder aktualisierte Ausgaben drucken und ihre Zeitungsjungs damit auf die Straße schicken mussten. Die traditionelle Anstoßzeit in England, samstags um drei Uhr, war also in Wirklichkeit ein Zugeständnis an das wichtigste Medium jener Zeit. So wie die Spiele heute auf Wunsch des Fernsehens übers Wochenende verteilt werden, wurden sie damals gebündelt. Die Zeitungen halfen dem Fußball der frühen Jahre, ein größeres Publikum zu erreichen, während er umgekehrt den Zeitungen neue Leser verschaffte. Später kam das Radio und trug die Namen der Klubs und der Spieler aus dem lokalen Umfeld weit ins Land hinaus. Das Medium jedoch, das den Fußball am meisten veränderte, war das Fernsehen. Es liefert Fußball in bewegten Bildern und das auch noch live – eine unschlagbare Kombination.

Das Fernsehen machte Fußball ab den 1970ern zu einem globalen Sport und veränderte die wirtschaftliche Basis des Spiels grundlegend. Der Verkauf der Übertragungsrechte wurde nach und nach zum größten Einnahmeposten, die Sichtbarkeit auf dem Bildschirm steigerte das Zuschauerinteresse, was wiederum für besser dotierte Sponsorenverträge sorgte. Eine Spirale des Wachstums kam in Gang, die erst durch die Coronapandemie zwischenzeitlich unterbrochen wurde.

Ein Jahr veränderte dabei alles: 1992. Aber warum nicht zehn oder 15 Jahre früher, als Fernsehgeräte auch schon kein Luxusgegenstand mehr waren? Die meisten Fernsehsender in Westeuropa waren bis weit in die 1980er öffentlich-rechtlich organisiert, Privatsender die Ausnahme. In Osteuropa blieb das Fernsehen bis zum Fall der Mauer eine staatliche Angelegenheit. Im Westen finanzierten sich die Stationen entweder durch Rundfunkgebühren oder in einigen Ländern durch direkte staatliche Zuwendungen. Die Sender waren zu einer Programmgestaltung verpflichtet, die alle Facetten des gesellschaftlichen Lebens abbilden sollte, also auch Sport im Allgemeinen und Fußball im Besonderen. Aber sie bezahlten nicht viel dafür.

Die ARD und das ZDF in Deutschland zeigten Zusammenfassungen von Bundesligaspielen, live auch große Pokalspiele, gelegentlich Partien im Europapokal und stets die Auftritte der deutschen Nationalmannschaft. Weil es für die Öffentlich-Rechtlichen keine Konkurrenz gab, stieg der Preis der Übertragungsrechte der Bundesliga nur langsam: zwischen 1970 und 1987 von umgerechnet drei auf immer noch bescheidene 9,2 Millionen Euro pro Saison. Weil die Zuschauereinnahmen höher waren, wollten die Klubs auch nicht, dass zu viel Fußball im Fernsehen zu sehen war. Sie befürchteten, dass dann weniger Zuschauer in die Stadien kommen würden. So gab es bis auf ganz seltene Ausnahmen keine Bundesligaspiele live zu sehen, und selbst die Zahl der Spielzusammenfassungen, die samstags um 18 Uhr in der *Sportschau* der ARD gezeigt wurden, blieb über viele Jahre auf zunächst drei und später auf vier begrenzt. Europapokalspiele wurden meist erst kurzfristig ins Fernsehprogramm genommen, wenn die Vereine sicher waren, dass ihr Stadion gut besucht sein würde.

Im Laufe der 1980er-Jahre veränderte sich die europäische Fernsehlandschaft massiv. In Deutschland wurden 1984 erste Lizenzen an private Sender auch deshalb vergeben, weil die konservative Regierung des Bundeskanzlers Helmut Kohl der Ansicht war, dass die öffentlich-rechtlichen Sender politisch zu weit links standen. Von neuen Sendern wie SAT.1 oder RTL plus, die keine Rundfunkgebühren erhielten, sondern sich aus Werbung finanzieren mussten, erhoffte sich Kohl ein politisches Gegengewicht. In England knüpfte die konservative Regierung der Premierministerin Margaret Thatcher ähnliche Erwartungen an die gerade entstehende Konkurrenz zur BBC. Die neuen Sender möglich machten die neuen Vertriebswege für Fernsehprogramme über Satellit und Kabel. Dadurch waren auch Spartenangebote für spezielle Interessen möglich wie der Nachrichtensender CNN, der 1980 zu senden begann, oder Musikfernsehen wie MTV, das ab 1987 ein eigenes Programm in Europa hatte. 1984 nahm in Frankreich mit Canal+ der erste Pay-TV-Sender Europas den Betrieb auf. Das Programm wurde verschlüsselt ausgestrahlt, um es sehen zu können, brauchte man einen Decoder. Von Beginn an waren dort die Spiele der französischen Division 1 (später Ligue 1) zu sehen.

Für die Fußballklubs und -verbände bedeutete das: Unverhofft entstand ein Markt für die Fernsehrechte, den es zuvor nicht gegeben hatte. Als 1988 mit RTL plus erstmals ein Privatsender die Fernsehrechte an der deutschen Bundesliga kaufte, verdoppelte sich der Preis sofort auf über 20 Millionen Euro. Für die neuen Privatsender war Fußball deshalb attraktiv, weil er ihnen schnell und zuverlässig ein neues Publikum verschaffte. Der australische Unternehmer Rupert Murdoch bezeichnete Fußball sogar als »Rammbock«, um in England sein Geschäft mit dem Satellitensender Sky zu etablieren. Die Sache begann interessant zu werden.

Das galt auch für die Europapokale, wo es noch reichlich chaotisch zuging. Nach wie vor mussten die Sender die Übertragungsrechte für die Spiele einzeln erwerben – und konnten sie zumeist auch nur kurzfristig ins Programm nehmen. Die Klubs hatten daher das Gefühl, dass der europäische Fußballverband Uefa die neu entstehenden Chancen verpasste. Das aus ihrer Sicht veraltete K.-o.-System im Europapokal sorgte 1987 dafür, dass der italienische Champion SSC Neapel mit Superstar Diego Maradona bereits in der ersten Runde des Europapokals der Landesmeister gegen Real Madrid ausschied. Das Hinspiel in Madrid sah damals Silvio Berlusconi, der Besitzer des AC Mailand, und er war entsetzt. Einerseits, weil das Spiel selber eine so traurige Angelegenheit war, wegen Zuschauerausschreitungen in der Vorsaison fand es vor leeren Rängen statt. Dem Medienunternehmer Berlusconi erschien es aber auch als Verschwendung, dass der spanische und der italienische Meister sich schon in der ersten Runde des Landesmeisterpokals gegenseitig ausschalteten. Dass sich die Großklubs so früh im Wettbewerb kannibalisierten, zerstörte aus seiner Sicht ökonomische Werte, und die Uefa unternahm nichts dagegen. Also beauftragte er die Werbeagentur Saatchi & Saatchi, das Konzept für einen neuen europäischen Wettbewerb zu entwickeln. Das tat sie auch und nannte ihn (schon damals) Super League. Er sah 18 Klubs vor und »basierte auf Verdienst, Tradition und Fernsehen – und war daher eine Liga für große Fernsehmärkte«, wie sich Alex Flynn erinnert, der als Mitarbeiter der Agentur das Konzept schrieb. Von der Uefa wurde es zwar abgelehnt, aber der Verband stand nun unter Druck.

Zwischenzeitlich wurde nämlich sogar der sportlich zweitrangige Uefa-Cup wirtschaftlich interessanter, weil es dort mehr Runden und Spiele gab – und mehr Geld zu holen. Da bis zu vier Teams aus dem gleichen Land qualifiziert waren, investierten die TV-Stationen lieber dort als in den Meistercup. Denn ein spanischer Sender beispielsweise verlor sofort das Interesse am Landesmeisterpokal, wenn die spanische Mannschaft ausgeschieden war. In Deutschland, England oder Italien war das nicht anders. Die Uefa richtete daraufhin zur Saison 1991/92 im Europapokal der Landesmeister nach zwei K.-o.-Spielen erstmals eine Zwischenrunde mit acht Teams ein. Diese spielten in zwei Gruppen Hin- und Rückspiele aus, die beiden Gruppensieger erreichten das Endspiel. Eine Lösung aber war das noch nicht, für die sorgten zwei Deutsche: Klaus Hempel und Jürgen Lenz. Sie verwandelten den Europapokal der Landesmeister in die Champions League und in kommerzielles Kryptonit.

Dass die beiden den Wettbewerb ganz neu dachten, lag auch daran, dass sie zur ersten Generation der neu entstandenen Branche des Sportmarketings gehörten. Hempel stammte aus Neuss, hatte zunächst als Betriebswirt bei Unilever in Hamburg gearbeitet und war 1977 zur Adidas-Niederlassung nach Frankreich gewechselt. Dort lernte er Horst Dassler kennen, den Sohn des Firmengründers Adi Dassler, und gründete 1982 mit ihm die erste globale Sportmarketingagentur: International Sport and Leisure (ISL). Von ihr wird später noch in anderem Zusammenhang die Rede sein. Lenz, auf Sylt geboren und in Bremen aufgewachsen, war ein Jahr zur See gefahren, hatte dann in New York bei einer Werbeagentur gearbeitet und später sechs Jahre in Hongkong und Japan. Anschließend traf er Hempel bei Adidas und gehörte ebenfalls zum Gründungsteam der ISL. 1991 verließen Hempel und Lenz das Unternehmen und machten sich mit einer eigenen Agentur selbstständig, der Television Event And Media Marketing AG (T. E. A. M.).

Auf der Suche nach Aufträgen trafen sie im Frühjahr 1991 den Uefa-Präsidenten Lennart Johansson zu einem Dinner im vornehmen Hotel Dolder in Zürich. Dabei eröffnete der Schwede ihnen, dass er den Europapokal reformieren wollte, um die Spitzenklubs davon abzubringen, eine eigene Liga zu gründen. Wer dazu die beste Idee habe, werde den Zuschlag bekommen. Hempel und Lenz zogen sich daraufhin für drei Wochen in ein Hotel im Tessin mit Blick auf den Luganer See zurück, machten morgens Fitnesstraining, für nachmittags zwischen zwei und fünf Uhr war Brainstorming angesetzt.

Vor allem ging es ihnen darum, den Wettbewerb zu einer Marke zu machen, die für ein neues Publikum attraktiv war. Fußball war bis dahin weitgehend ein Sport der Arbeiter, der kleinen Leute und fast ausschließlich männlichen Zuschauer gewesen. Nun sollten auch andere Schichten und Frauen angesprochen werden, weil das für Sponsoren attraktiver war. So entwarfen Hempel und Lenz einen bewusst hochwertigen Auftritt für den neuen Wettbewerb. Exemplarisch dafür stand die eigens komponierte Hymne, die der englische Komponist Tony Britten schreiben sollte. Er orientierte sich am großen Barockmusiker Georg Friedrich Händel. Die Hymne dominieren Trompeten und ein Chor, der in den drei Sprachen der Uefa singt: »Ils sont les meilleurs. Sie sind die Besten. These are the champions«. Sie sollte gespielt werden, wenn die Mannschaften auf dem Platz standen, nicht zufällig erinnerte das an Länderspiele. Dazu passend sollte im Anstoßkreis ein Sternenbanner weihevoll geschüttelt werden wie eine Nationalfahne. Für die Sender, die den neuen Wettbewerb übertrugen, gaben sie einen einheitlichen Look vor. Designer in London entwickelten in Silber und Grau gehaltene Trailer, die sich vom grell-bunten Trash abgrenzten, der im Fernsehen jener Zeit sonst zu sehen war. Selbst die Krawatten der Moderatoren waren vorgegeben, denn nichts sollte billig wirken. Das galt auch für den Namen: Champions League.

Mindestens so wichtig wie das Branding war das Vermarktungskonzept. Die Grundidee war, nicht mehr Einzelbegegnungen, sondern den Gesamtwettbewerb zu vermarkten. Kaufte ein Sender die Übertragungsrechte, verpflichtete er sich dazu, ab der ersten Runde je ein Live-Spiel zu zeigen sowie ausführliche Zusammenfassungen aller anderen Matches, egal ob ein Team aus dem Land des Senders dabei war oder nicht. Überraschend stellte sich heraus, dass die Zuschauer den Wettbewerb auch weiter verfolgten, wenn die Mannschaft aus ihrem Land ausgeschieden war. Die Sender bekamen aber nicht nur vorgeschrieben, was sie zu zeigen hatten und welchen Look ihre Übertragungen haben sollten, sondern auch die Sponsoren des Wettbewerbs. Genauso erging es den Klubs, die T.E.A.M. ein sogenanntes *clean stadium* übergeben mussten. Weder auf den Banden noch anderswo im Stadion durfte für etwas anderes geworben werden als für die Partner der Champions League. Sogar die Namen der Hersteller von Kaffeemaschinen oder Fernsehern in VIP- oder Presseräumen mussten überklebt werden, wenn sie nicht zu den offiziellen Sponsoren gehörten.

Manches davon wirkte damals irre, weil es noch nie so gemacht worden war. Doch Hempel und Lenz setzten sich mit ihrem Konzept gegen sechs Mitbewerber durch. Allerdings verlangte die Uefa von T.E.A.M. eine finanzielle Garantie von 150 Millionen Franken für die ersten beiden Spielzeiten. Auf der Suche nach einem Finanzier trafen sie einen der reichsten Unternehmer Deutschlands, Arend Oetker. Der kannte sich zwar mit Fußball nicht aus, brachte die beiden aber mit seinem ehemaligen Schwiegervater zusammen. So wurde Otto Wolff von Amerongen ihr Partner, der schwerreiche Industrielle und langjährige Präsident des Deutschen Industrie- und Handelstags. Auf einen Schlag war der Fußball in den höchsten Kreisen angekommen.

Schon in der ersten Saison ging das Konzept auf. Die Sender rissen sich um die Übertragungsrechte, auch die Sponsoringerträge wuchsen gewaltig, sodass sich die Gesamteinnahmen der Champions League im Vergleich zum Europapokal der Landesmeister von einer Saison auf die nächste verneunfachten. Doch das war erst der Anfang.

2

Normale Leute

Als 1992 das Buch »Fever Pitch« des 35 Jahre alten Nick Hornby erschien, gab schon dessen erster Satz einen neuen Ton vor: »Ich verliebte mich in Fußball, wie ich mich später in Frauen verlieben sollte: unvermittelt, unbegreiflich, unkritisch, ohne einen Gedanken an den Schmerz und den Schaden, den er mir zufügen würde.« Der in diesem Moment Elfjährige verknallte sich an einem Septembernachmittag des Jahres 1968 im Stadion Highbury beim Spiel des FC Arsenal gegen Stoke City. Ein unbedeutender Kick in einem halb leeren Stadion, das einzige Tor fiel per Nachschuss nach einem Elfmeter für Arsenal.

Auf den folgenden 250 Seiten von »Fever Pitch« ließ Hornby den Fan als romantische Figur erstehen. An das, was in seinem ersten Spiel auf dem Rasen passierte, so schrieb Hornby, könne er sich zwar nicht mehr richtig erinnern, doch mehr als zwei Jahrzehnte lang blieb ihm etwas anderes umso deutlicher in Erinnerung: »Ich erinnere mich an die überwältigende Männlichkeit des Ganzen.« Fasziniert beobachtete er die in Zigarrenqualm gehüllten Männer, die neben ihm und seinem Vater saßen und ungeheuerliche Schimpfwörter herausschrien. Wörter, die er nie zuvor gehört hatte, aber sofort verstand. Am meisten in den Bann aber zog ihn etwas anderes: »Den tiefsten Eindruck auf mich machte, wie sehr die meisten Männer um mich es hassten, wirklich hassten, dort zu sein.«

Für Hornby ist die Liebe der Fans eine tragische, weil sie letztlich immer enttäuscht wird. Der Fan hasst sich dafür, dass er seine Zeit in heruntergekommenen Stadien an lausige Kicker verschwendet. Er kommt aber dennoch wieder, weil er dort die Gemeinschaft der Gleichgesinnten und in seltenen Momenten die Delirien eines Glücks erlebt, wie sie nirgends anders zu erleben sind. Ein Spaß ist das aber nicht. »Unterhaltung als Schmerz war eine Idee, die mir völlig neu war«, schreibt Hornby. Der Fan, wie er ihn beschreibt, man kann es nicht anders sagen, ist verrückt.

Die Verrücktheit des Publikums ist ein ewiger Begleiter des Fußballs. Der Begriff »Fan« ist von Fanatiker abgeleitet, der italienische Begriff »Tifosi« von »Tifo«, Typhus. Der Fan ist also krank. Schon der Grundgedanke, Fan einer Mannschaft zu werden, kann schließlich nicht vernünftig erklärt werden. Warum sollte es wichtig sein, dass die Mannschaft in den roten Trikots das Spiel gewinnt und auf keinen Fall die in den blauen? In der Frühzeit des Fußballs folgte das einer tribalistischen Logik, die Verbindung zum lokalen Fußballteam ergab sich aus der Nähe. Das Stadion war in der Nachbarschaft, und oft genug kannten die Zuschauer die Spieler persönlich, weil sie nebenan wohnten oder ihre Arbeitskollegen waren. Das Fußballteam repräsentierte das Stadtviertel oder die ganze Stadt, und ging es gegen ein anderes Stadtviertel oder eine andere Stadt, ergab sich daraus ein Wir-gegen-die. Das konnte schon mal aus dem Ruder laufen, man findet bereits zum Ende des 19. Jahrhunderts Berichte von spontanen Ausschreitungen, bei denen es dem Schiedsrichter an den Kragen ging, weil er »uns« benachteiligte oder weil etwas anderes die Gefühle in Wallung brachte.

In den frühen 1960er-Jahren änderte sich in den Fußballstadien etwas, weil sich die Gesellschaft veränderte. Jugend wurde zu einem eigenen Abschnitt des Lebens, es entstanden Jugendkulturen mit Lebensformen, die sich von denen der Erwachsenen unterschieden. Ein zentraler Ausdruck dessen war Musik, die für ein Publikum gemacht wurde, das es vorher nicht gegeben hatte: Teenager. 1964 steht ein Reporter der BBC am Spielfeldrand des Liverpooler Stadions an der Anfield Road, hinter ihm auf der riesigen Stehplatztribüne The Kop singen die Zuschauer. Er sagt in die Kamera: »Ein Anthropologe, der The Kop studiert, würde eine so vielfältige und rätselhafte Kultur finden wie in Polynesien. Das rhythmische Auf und Ab ist ein Ritual. Sie scheinen intuitiv zu wissen, wann sie zu singen beginnen. Das ganze Spiel über erfinden sie neue Worte zu alten Liverpool-Liedern, mit schmeichlerischen, gemeinen und obszönen Kommentaren, aber ihre Helden feiern sie im römischen Stil.« Staunend hält die Kamera auf die 24.000 Verrückten, die sich hinter ihm mit strahlenden Gesichtern die Stufen auf und ab, von rechts nach links drängen und dabei »She loves you« von den Beatles singen. Das ist es, wozu dem Mann vom Fernsehen die Arena im alten Rom und rätselhafte polynesische Kulte in den Sinn kommen – mitten in England.

Man sieht auf den Bildern viele junge Gesichter – und keine Frau. Noch sehen diese jungen Männer wie kleine Erwachsene aus, viele tragen sogar Krawatten, aber das wird sich ändern. In den folgenden Jahren kleiden sie sich zunehmend im Stil der Jugendkulturen, Mods oder Rocker, Punks oder Skinheads, oder im Stil von Bands wie den Bay City Rollers mit ihren Schottenkaros. Im Stadion bilden sie eine eigene Kultur und rotten sich als Gruppen auf den billigen Stehplätzen hinter den Toren zusammen, anhand von Schals oder Jeanswesten mit Aufnähern als Anhänger ihrer Klubs erkennbar. Wenn sie auf junge Menschen in den Farben des anderen Klubs treffen, besteht die Gefahr, dass es knallt.

Dieser neue Mechanismus der Gewalt, für den es keine falschen Schiedsrichterentscheidungen mehr brauchte, wurde ab den 1970er-Jahren von Anthropologen, Ethnologen, Soziologen, Sozialpsychologen endlos ausgedeutet. Oft wurde die Delinquenz als Ausdruck einer wachsenden Entfremdung im Fußball gedeutet, denn Spieler und Zuschauer waren keine Nachbarn mehr, sondern hatten sich in unterschiedliche Welten verabschiedet, in die der Bewunderten und die der Bewunderer. In den 1970ern wurden die Hooligans, also Fans, die es explizit auf Gewalt anlegten, in England zu einer eigenen Jugendkultur und in den 1980ern zur dominierenden in den Stadien. *The English disease* wurde es genannt, die englische Krankheit, wenn sie sich an den Wochenenden auf den Tribünen des Landes oder auf dem Weg dahin prügelten. Als »Fever Pitch« erschien, lagen hinter dem englischen Fußball zwei Jahrzehnte, in denen es, wenn von Fußballfans die Rede war, fast nur noch um die Gewalt der Hooligans ging.

Der Aufstieg der Hooligans wurde auch durch Feedback in den Medien angefeuert. Schon Mitte der 1970er-Jahre veröffentlichte die englische Tageszeitung *Daily Mirror* eine »League of Violence«: In dieser Gewaltliga standen die Klubs mit den meisten Verhaftungen oben. 1977 sendete die BBC eine berühmte Dokumentation über die Hooligans des FC Millwall, die sich »F Troop« nannten. Daraufhin tauchten überall im Land solche Gruppen auf, die »Headhunters« beim FC Chelsea, die »Inter City Firm« von West Ham United oder die »Zulu Warriors« bei Birmingham City. Die Sache schaukelte sich hoch, und 1985 geriet sie völlig außer Kontrolle.

Das Jahr markierte einen tragischen Tiefpunkt in der Geschichte des englischen Fußballs. Am 13. März 1985 stürmten Fans des FC Millwall beim Pokalspiel in Luton den Platz und lieferten sich Schlägereien mit der Polizei. Millionen Menschen in ihren Wohnzimmern schauten dabei zu, denn die Partie wurde live im Fernsehen übertragen. Am 11. Mai 1985 geriet Müll unter einer alten Holztribüne im nordenglischen Bradford in Brand, 57 Menschen starben, und viele mehr wurden schwer verletzt. Mit Hooliganismus hatte das nichts zu tun, aber die Katastrophe zeigte, wie heruntergekommen die meisten Stadien waren, seit Jahren nicht mehr erneuert und mit katastrophalen Sicherheitsstandards. Am gleichen Tag starb in Birmingham ein junger Fan, weil er bei Ausschreitungen von einer umstürzenden Mauer getötet wurde.

Die *Sunday Times* bezeichnete Fußball als ein »slum game played by slum people in slum stadiums«, als ein Spiel aus den Slums, das von Leuten aus den Slums in Slum-Stadien gespielt wird. Am 29. Mai 1985 bestätigte sich das beim Europapokalfinale der Landesmeister zwischen Juventus Turin und dem FC Liverpool. Ganz Europa saß vor den Fernsehern und sah, wie im Heysel-Stadion in Brüssel Fans aus Liverpool Jagd machten auf Anhänger von Juventus Turin. In der dadurch verursachten Panik starben 39 Menschen. Anschließend wurden die englischen Klubs für fünf Jahre von allen europäischen Wettbewerben ausgeschlossen.

Weil Fußballfans vorwiegend als Gewalttäter wahrgenommen wurden, kam es am 15. April 1989 zur größten Katastrophe in der Geschichte des englischen Fußballs. Im Hillsborough-Stadion in Sheffield, beim Pokalhalbfinale zwischen dem FC Liverpool und Nottingham Forest, starben 97 Menschen, weil die Stehplatzbereiche überfüllt waren. Sicherheitszäune zum Spielfeld versperrten den Liverpool-Fans den Fluchtweg, aber Polizei und Organisatoren des Spiels sahen in ihnen keine Menschen in Lebensgefahr mehr, sondern ein Sicherheitsrisiko. Sie öffneten die Tore zum Spielfeld viel zu spät.

Hornby verschwieg in »Fever Pitch« weder die Tragödien noch die Gewaltexzesse, aber er sorgte für einen Perspektivwechsel auf den Fan. Er überhöhte ihn als liebenswerten Irren oder irre Liebenden. Sein Irrsinn mochte manchmal unangenehm sein, weil ihm sein Fußballklub wichtiger war als Liebesbeziehungen und Freundschaften. Er war leicht asozial und hatte die Züge eines Süchtigen. Aber Hornby präsentierte ihn in einem leichten Ton, und er lieferte genug Bezüge zu Popkultur und Literatur, dass auch ein gebildeter Leser sicher sein konnte: Man hatte es wohl doch mit einem zivilisierten Menschen zu tun. Insofern sorgte das Buch auch für eine Befreiung. Jenen schamhaften Fans aus der Mittelklasse, die angesichts ihrer Begeisterung für Fußball ein schlechtes Gewissen hatten, bot »Fever Pitch« eine neue Perspektive. Denn Hornby beschrieb Fußball als eine respektable Form von populärer Kultur, für die man sich nicht schämen musste.

Sein Buch war in England ein riesengroßer Erfolg, allein in den ersten drei Jahren nach Veröffentlichung wurden 275.000 Exemplare verkauft. »Fever Pitch« wurde dadurch zum populärsten Ausdruck des Phänomens, dass Fußballfans über sich als Fußballfans zu sprechen begannen. Als Hornbys Buch erschien, gab es in England bereits rund 200 Fanzines. Bei fast allen Klubs produzierten Anhänger diese Magazine, auch weil das dank billiger Copyshops und Schnelldruckereien problemlos möglich war. Sie schrieben auf vielfältige Weise über das, was sie als Anhänger beschäftigte, oft selbstironisch oder gar sarkastisch.

Worum es ihnen aber vor allem ging, zeigt ein Kommentar in *When Saturday Comes* nach der Hillsborough-Katastrophe. *When Saturday Comes* war ein überregionales Fanzine, das später zu einem professionellen Magazin wurde und noch heute erscheint. Dort hieß es: »Wir gelten als passive Komplizen einer soziopathischen Minderheit. Die Polizei sieht uns als eine Masse, die, mit Alkohol abgefüllt, nur eines im Sinn hat: für Chaos zu sorgen, indem wir Dinge zerstören und mordlustig aufeinander losgehen. Daraus folgt, dass ›normale Leute‹ vor Fußballfans geschützt werden müssen. Aber wir sind normale Leute.« Die 1989 in Folge von Hillsborough gegründete Football Supporters Association vertrat die Interessen von Fußballfans unter dem Motto »Reclaim the Game«. Der Anspruch, sich das Spiel zurückzuholen, war auch ein kultureller. Die »normalen Leute« waren nämlich nicht mehr vorgekommen, wenn es um Fußballfans ging.

»Fever Pitch« wurde auch deshalb so erfolgreich, weil es die Perspektive der »normalen Leute« einnahm, die so lange geschwiegen hatten. Das Buch war zudem ein kultureller Wendepunkt, weil es eine im Untergang befindliche Welt des Fußballschauens beschrieb, vor allem aber die Möglichkeit einer kultivierten Form des Irrsinns eröffnete. Nötig war das nicht nur in England. In fast allen westeuropäischen Ländern war ein ähnlicher Teufelskreis der Gewalt in Gang gekommen und nach dem Fall der Mauer mit ungeheurer Vehemenz auch in Osteuropa. Das war oft schlimm, aber es ging auch einher mit einer moralischen Panik. Denn nicht bei jedem Spiel liefen die Dinge aus dem Ruder, und immer noch war es eine kleine Minderheit, die sich prügelte. Sie bekam nur die ganze Aufmerksamkeit, auch zuungunsten der »normalen Leute«.

Hempel und Lenz aber hatten die Champions League für ein neues Publikum entworfen, und auf gewisse Weise öffnete auch Hornby ihm die Tür. Es war kein Widerspruch, ein zivilisierter Mensch und gleichzeitig Fußballfan zu sein. Aber Hornby emanzipierte Fußballfans auch. Sie waren keine amorphe Masse, die man hinter Zäune sperren und dort sterben lassen konnte. Sie hatten ihren Anteil am Spiel, und den begannen sie nun einzuklagen.

3

Totes Geld zum Leben erwecken

In England wurde Fußball erfunden, und von dort wurde das Spiel in die Welt getragen. In England wurde der erste Fußballverband gegründet und der erste Meister gekürt. In England begann die Mediengeschichte des Spiels und wurden die ersten Großstadien gebaut. England war immer das wichtigste Land für den Fußball, wenn auch nicht immer sportlich. Von England aus lief der Fußball im Zeitalter des Hooliganismus in eine tödliche Sackgasse, fand wieder heraus, und heute ist die Premier League die mit Abstand führende Liga der Welt. England ist das Schwungrad des Fußballs – im Guten wie im Schlechten.

1885 erlaubte der englische Fußballverband (FA), dass man fürs Fußballspielen bezahlt werden durfte, und enthob das Spiel damit den besseren Kreisen, aus denen es hervorgegangen war. Ursprünglich kam der Fußball aus den Eliteinternaten der britischen Oberschicht, in denen Sport aus Gründen der moralischen Erziehung betrieben wurde. (Vor allem um die Schüler vor den schrecklichen Gefahren der Masturbation zu beschützen, die das viktorianische England unglaublich besorgten, wie der englische Autor David Winner in seinem Buch »Those Feet« anschaulich beschreibt.) Für die Fußball spielenden Arbeiter war es eine Befreiung, dass sie für Kicken auch Geld bekommen durften. Außerdem trug es entscheidend zur Popularisierung des Fußballs bei, dass die Zuschauer ihresgleichen zuschauen konnten.

1888 akzeptierte die FA, dass die neu gegründete Football League den Profifußball organisierte, ein Jahr später war der erste Meister der Fußballgeschichte ermittelt: der Preston North End Football Club. Ein Verein aus einer nordenglischen Industriestadt, wo vor allem Textilunternehmen zu Hause waren. 1899 war die Zahl der ursprünglich zwölf Klubs bereits auf 36 gestiegen, unter der First Division gab es bereits eine Second Division. In jenem Jahr legte die FA ihre Statuten fest, nach denen die Klubs möglichst die Geschäftsform einer Limited Liability Company wählen sollten, die der Gesellschaft mit beschränkter Haftung in Deutschland entspricht. Das sollte das finanzielle Risiko reduzieren, vor allem beim Bau von Stadien, die nun überall entstanden. Zumeist kümmerten sich lokale Unternehmer um die Klubs, die so nicht mit ihrem gesamten Vermögen hafteten, sondern nur in Höhe ihrer Einlagen.

Durch die Regel 34 in der neuen Satzung wurde auch das Gewinnstreben der Football Clubs Ltds stark eingeschränkt. Die Dividende der Anteilseigner war auf fünf Prozent der Gewinne begrenzt, außerdem durften sie sich für die Leitung der Klubs keine Gehälter auszahlen. Die wenigsten Klubs hatten damals einen Eigner, der alle Anteile hielt, oft waren es mehrere lokale Geschäftsleute. Teilweise kamen noch Anteile im Streubesitz dazu, von denen es im Laufe der Jahrzehnte zunehmend mehr gab. Wenn Klubs Geld brauchten, um etwa ihr Stadion auszubauen, gaben sie ein paar Anteile aus, die dann von Sympathisanten des Klubs gekauft wurden. Bei alldem ging es nie darum, einen finanziellen Gewinn zu machen.

Einen Fußballverein zu besitzen, das war der Gedanke hinter Regel 34, war ein Dienst an der Allgemeinheit und kein unternehmerisches Projekt. Aufseiten der Vereinsbesitzer fand sich die viktorianische Vorstellung wieder, dass Sport und Vereine kulturelle Institutionen waren. Sie sahen sich als »Wächter« über die Klubs. Natürlich waren die Motive nicht selbstlos, denn als Mitbesitzer eines Fußballklubs genoss man besondere Aufmerksamkeit, zumal deren Bedeutung bald wuchs. Fußball wurde schnell ein Sport der Großstädte, 1911 hatten fast alle Städte in Großbritannien mit mehr als 100.000 Einwohnern einen Profiklub. »Diese Großstadtbewohner brauchten einen kulturellen Ausdruck ihres Urbanismus, der über die verwandt-schaftlichen und örtlichen Bindungen hinausging«, schreibt der Historiker Richard Holt. Die Fußballklubs sorgten dafür, und dementsprechend groß war die Aufmerksamkeit für jene, die sich darum kümmerten.

Mitunter gab es auch ganz handfeste Interessen. Der FC Liverpool wurde von einem Brauer gegründet, der an der Anfield Road ein Stadion besaß und dort Bier verkaufen wollte. Den FC Everton hatte er durch zu hohe Mietforderungen vergrault, also hob der Brauer einen neuen Klub aus der Taufe. 1902 rettete wiederum eine Brauerei in Manchester den FC Newton Heath vor der Pleite und verwandelte ihn in einen Klub mit dem Anspruch, die ganze Stadt zu repräsentieren: Manchester United. Und in London kaufte der erfolgreiche Geschäftsmann Gus Mears erst das Stadion an der Stamford Bridge und gründete dann den Chelsea Football Club, um es zu füllen.

Doch wenn sich auch hier und da wirtschaftliche Interessen der Besitzer mit denen der Klubs verbanden, letztlich blieben Fußballvereine Non-Profit-Organisationen. Das trug entscheidend zum enormen Erfolg des Fußballs in England bei. Auch die Eintrittspreise zu den Spielen blieben niedrig, von Mitte der 1920er- bis Mitte der 1970er-Jahre verdoppelten sie sich gerade einmal. Den Stadionbesuch konnte sich jeder leisten. Um die Eintrittskarten nicht zu billig anzubieten, wurde bis 1976 sogar ein Mindestpreis für den Stadionbesuch festgelegt.

Damit der sportliche Wettbewerb in den vier Spielklassen des Profifußballs einigermaßen ausgeglichen blieb, wurden die Zuschauereinnahmen geteilt. Die Gastmannschaften bekamen 20 Prozent der Eintrittsgelder, was kleinen Klubs aus kleineren Städten mit weniger Anhängern half. Weitere vier Prozent gingen in einen gemeinsamen Topf, der unter den 92 Profiklubs zu gleichen Teilen aufgeteilt wurde. Sogar mit den ersten Einnahmen aus Fernsehrechten in den 1960er-Jahren wurde noch so verfahren. Fußballklubs in England mochten technisch gesehen

Unternehmen sein, von ihrem Geist her waren sie das bis weit in die 1980er nicht.

Peter Hill-Wood sprach in einem berühmt gewordenen Zitat davon, Anteile an einem Fußballklub seien »totes Geld«. Das gab der damalige Mehrheitseigner des Arsenal Football Club 1983 dem Geschäftsmann David Dein mit auf den Weg, nachdem dieser ihm für 292.000 Pfund 16,6 Prozent der Anteile am Klub abgekauft hatte. Doch Dein gehörte zum kleinen Kreis junger Unternehmer, die inmitten der größten Krise des englischen Fußballs witterten, dass eine neue Zeit mit neuen Möglichkeiten anbrach. Bereits 1981 war die Regel 34 so abgeändert worden, dass Direktoren nun doch bezahlt werden durften. Einer der Ersten war Martin Edwards, der die Mehrheit an Manchester United von seinem Vater geerbt hatte. Von ihm wird später noch die Rede sein.

Für eine noch einschneidendere Veränderung sorgte Irving Scholar bei Tottenham Hotspur, denn der Immobilienentwickler brachte den Klub 1984 an die Börse. Oder genauer gesagt, Scholar gründete ein neues Unternehmen, in das er den Fußballklub einbrachte, und von diesem verkaufte er Aktien. Mit den Einnahmen aus dem ersten Börsengang eines englischen Fußballklubs wurde der Umbau des Stadions an der White Hart Lane finanziert. Dieser Börsengang war zwar ein klarer Verstoß gegen die berühmte Regel 34, aber erstaunlicherweise ignorierte der englische Fußballverband ihn. Ein Brief an die FA, in dem Scholar sein Vorhaben erklärte, wurde nie beantwortet.

Scholar und Tottenham sorgten damit für einen kompletten Systemwechsel. Nach mehr als acht Jahrzehnten als Non-Profit-Unternehmen konnten Fußballklubs nun in ein Business verwandelt werden, das handelbar war, Gewinne und Wertzuwächse erzielte. In der Rückschau ist es verblüffend, wie beiläufig das passierte, aber vermutlich waren die Institutionen des englischen Fußballs mit der existenziellen Krise völlig überfordert, in der sich der Fußball befand. Nachdem die Zuschauerzahlen seit den goldenen 1950er-Jahren kontinuierlich zurückgegangen waren, stürzten sie in den 1980ern geradezu ab. Angesichts der notorischen Gewalt der Hooligans in den allenthalben heruntergekommenen Stadien bedurfte es einiger Fantasie, sich Fußballklubs als gesunde Unternehmen vorzustellen.

Doch es gab jene, die diese Fantasie hatten. Die schon erwähnten Dein, Scholar und Edwards sowie die ähnlich denkenden Philipp Carter vom FC Everton und Noel White vom FC Liverpool bildeten eine informelle »Top Five« der zu jener Zeit größten englischen Klubs. Ihr Vorbild war der US-Sport, wo in den Profiligen anderer Sportarten beste Geschäfte gemacht wurden. Von dort inspiriert, begannen Manchester United und Tottenham Hotspur den Aufbau eines Merchandising-Geschäfts. Die Klubs vermarkteten bald auch die Bandenwerbung selber, die Trikotwerbung und schlossen Ausrüsterdeals ab. In den USA hatten sie aber vor allem gesehen, wie viel Fernsehrechte wert waren.

Vorboten gab es auch in England, denn bereits 1985 hatte ihnen der Privatsender ITV einen verführerischen Deal angeboten: Er wollte mehr Spiele ihrer Klubs zeigen und sie dafür besser bezahlen, da sie die höchsten Einschaltquoten lieferten. Die anderen Klubs der Football League waren empört, doch der Gedanke war nun in der Welt: Warum sollten die großen Klubs eigentlich alles mit den kleinen teilen, für die sich weniger Leute interessierten? Zumal sich eine Umverteilung zu ihren Gunsten für Dein, Edwards und die anderen nun auch persönlich lohnte. Die Wächter über die Klubs waren die Wächter über ihren Wohlstand geworden.

Bis sich der Gedanke durchsetzte, sein eigenes Ding zu machen, dauerte es letztlich noch sieben Jahre, dann jedoch war der Schnitt radikal. 1992 verabschiedeten sich die 22 Klubs der First Division aus der Football League, zu der sie seit 1888 gehört hatten, um eine eigene Liga zu gründen, die ihren eigenen Fernsehvertrag aushandelte. Die Football League war natürlich entsetzt, die populärsten Klubs und damit den größten Teil der Einnahmen zu verlieren. Aber der englische Fußballverband, der mit der Football League ein konfliktreiches Verhältnis hatte, fiel ihr in den Rücken und erlaubte die Abspaltung, die den Namen Premier League bekam. Angeblich tat die FA das, um durch eine Konzentration der Kräfte in einer Spitzenliga die englische Nationalmannschaft zu stärken. Doch selbst Nationaltrainer Graham Taylor musste darüber lachen. »Die Leute glauben, dass eine Menge Überlegungen hinter dieser Premier League stecken. Aber es gibt keine, und ich bin auch nicht davon überzeugt, dass sich dadurch die englische Nationalmannschaft verbessern wird. Ich denke, eine Menge basiert einfach auf Gier«, sagte er in einem Zeitungsinterview.

Als am 20. Februar 1992 die Premier League gegründet wurde, hatten die Klubs tatsächlich die »nukleare Option« gewählt, wie Martin Edwards die Gründung einer eigenen Liga genannt hatte. Sie zerstörte auf brutale Art den Fußball, wie er gewesen war. Der alte Solidaritätsgedanke war auf dem Müllhaufen der Geschichte gelandet, jetzt galt es für jeden, das rauszuholen, was rauszuholen war. Die Abspalter der Premier League hatten dabei gleich gewaltiges Glück, denn sie profitierten viel stärker vom neuen Markt für TV-Rechte als erwartet. ITV, das in den vorangegangenen Jahren Live-Spiele gezeigt hatte, lieferte sich einen Bieterkampf mit BSkyB. Der Satellitensender von Rupert Murdoch war erst drei Jahre zuvor gegründet worden und stand vor der Pleite. BSkyB verlor jede Woche eine Million Pfund, es fehlten 500.000 Abonnenten. Murdoch brauchte den Fußball unbedingt, um seinen Sender zu retten. Noch am Morgen des Tages, als die Klubs über die konkurrierenden Angebote entschieden, erhöhte er seines um weitere 30 Millionen Pfund. Damit bot BSkyB letztlich 304 Millionen Pfund über fünf Jahre. So viel waren Fernsehrechte im Fußball noch nie wert gewesen, und diese Einnahmen mussten nicht mehr durch 92 geteilt werden, sondern nur noch durch 22.

Dem Angebot von BSkyB mussten allerdings mindestens zwei Drittel der 22 Klubs zustimmen, und es gab durchaus Argumente dagegen, obwohl ITV weniger Geld auf den Tisch legte. Dort würde die Spiele aber weiterhin jeder in England sehen können, der einen Fernseher besaß, bei BSkyB verschwanden sie im Pay-TV. Die entscheidende 14. Stimme (bei zwei Enthaltungen) kam von Alan Sugar, der inzwischen Irving Scholar dessen Anteile an Tottenham Hotspur abgekauft hatte. Sugar war Besitzer von Amstrad, das Unternehmen verkaufte die meisten der Satellitenschüsseln, die man zum Empfang von BSkyB brauchte. Wenig überraschend entschied er sich für seine Geschäftsinteressen. So übertrug BSkyB am 16. August 1992 zum ersten Mal ein Spiel der neuen Premier League. 500.000 Zuschauer, die eine Satellitenschüssel von Sugar gekauft und 5,99 Pfund im Monat an Murdoch bezahlt hatten, sahen Nottingham Forest gegen den FC Liverpool. Bei ITV hätte ein solches Spiel rund sieben Millionen Zuseher gehabt, aber die hätten halt nicht bezahlt.

Die Gründung der Premier League war eine zeittypische Antwort auf die existenzielle Krise des englischen Fußballs. Die britische Premierministerin Margaret Thatcher begann in den 1980ern-Jahren staatliche Unternehmen wie British Telecom, British Rail, British Gas sowie den staatlichen Wohnungssektor zu privatisieren. Sie brach die Macht der Gewerkschaften im Zuge des Streiks der Bergarbeiter 1984/1985, der zwischendurch die Züge eines Bürgerkriegs angenommen hatte. Thatcher baute das Land um, fortan sollte der Finanzmarkt zum großen wirtschaftlichen Treiber werden. Die Industrieproduktion, in deren Umfeld auch der Fußball groß geworden war, spielte nur noch eine Nebenrolle.

Am 27. Oktober 1986 trat ein Gesetz in Kraft, das die Trennung zwischen traditionellen Banken und Investmentbanken aufhob, fortan konnten alle Banker mit den Einlagen ihrer Kunden spekulieren. Der Finanzmarkt wurde für ausländische Banken geöffnet, und die amerikanischen Geldinstitute importierten ihre Kultur in die Londoner City: riskante Deals, riesige Gewinne, fette Boni. Der ehemalige Banker Geraint Anderson schrieb 2008 in seinem Enthüllungsroman »Cityboy« über den neuen Typus Banker: »Wer ist der Cityboy? Er ist der dreiste Idiot im Maßanzug, der dich in der U-Bahn aus dem Weg schiebt. Der egoistische Witzbold, der auf einer Dinnerparty damit prahlt, wie viel Cash er auf dem Markt gemacht hat. Der gierige Dreckskerl, der dazu beiträgt, dass sich die Welt immer schneller in einen Misthaufen verwandelt.«

1992 erschien das Buch »Das Ende der Geschichte« des amerikanischen Politikwissenschaftlers Francis Fukuyama und wurde ein Welterfolg. Drei Jahre nach dem Zusammenbruch des Ostblocks verkündete er darin den endgültigen Sieg der liberalen Marktwirtschaft. Der amerikanische Historiker Timothy Snyder nennt das »die Politik der Unausweichlichkeit«. Er meinte damit »die Vorstellung, dass die Zukunft nichts anderes sei als eine Mehrung des Gegenwärtigen, dass die Gesetze des Fortschritts bekannt seien, dass es keine Alternative gebe, dass man deshalb eigentlich nichts tun müsse«. Dass die massiven Veränderungen des englischen Fußballs so wenig diskutiert wurden, lag auch daran. Der alternativlose Kapitalismus hatte auch in den Stadien gesiegt.

Die Aufhebung der Trennung von Geschäfts- und Investmentbanken ging als »Big Bang« in die Geschichte der britischen Finanzwirtschaft ein, als Urknall. Für den Fußball waren die Gründungen von Premier League und Champions League der Big Bang. Was daraus folgte, wird oft als »Kommerzialisierung« des Spiels bezeichnet. Präziser ist es jedoch, von dessen »Kommodifizierung« zu sprechen, denn er wurde auf eine Art zur Ware, wie das zuvor nie der Fall gewesen war. Klubs wurden kauf- und verkaufbar, die Spiele zu einer Fernsehware, und bald begann es, Geld zu regnen. Unfassbar viel Geld! Unter diesen Bedingungen veränderte sich der Fußball grundlegend – nicht nur in England.

4

Ein ganz neues Ballspiel

Im Nachhinein wirkt es wie ein großer Plan, auch den deutschen Fußball auf immer zu verändern und ihn in ein neues Zeitalter zu führen, doch die Sache mit der roten Jeansjacke war ein Zufall. Nur wollte das damals niemand glauben, denn Reinhold Beckmann hatte vor der ersten Sendung von *ran* nicht weniger als eine »Kulturrevolution« angekündigt, die SAT.1 mit dem etwas kryptischen Slogan »Mehr Fußball pro Auge« in Anzeigen beworben hatte. Nun stand der 36 Jahre alte Moderator am 15. August 1992 zum ersten Mal samstags in einem für damalige Verhältnisse reichlich seltsam aussehenden Fernsehstudio, das man sich als eine Mischung aus Baustelle und Raumschiff mit Stadionbestuhlung vorstellen muss – und trug eine rote Jeansjacke. In den Tagen nach der ersten Sendung wurde nicht nur unheimlich viel über diese rote Jeansjacke geredet, sie wurde als Merchandise-Artikel zum Renner. Dabei war es Zufall, dass Beckmann sie damals überhaupt trug. Er hatte sie bei den Proben angehabt, und als die Frage aufkam, was er abends tragen sollte, hieß es, er solle sie einfach anlassen.

Die rote Jeansjacke sagte deutlicher als die Krankameras hinterm Tor, die Superzeitlupe und die Interviews mit verschwitzten Spielern direkt nach Spielschluss, dass Opas Fernsehfußball tot war. Opa, das war vor allem Heribert Faßbender, der nie eine rote Jeansjacke getragen hätte, schon gar nicht, wenn er die *Sportschau* in der ARD moderierte. Außerdem hätte er sich niemals vor laufender Kamera mit Udo Lattek gezankt, dem damals erfolgreichsten Trainer der Bundesliga. In der Premierensendung von *ran* war das anders. Lattek hatte gerade sein erstes Spiel als Trainer von Schalke 04 hinter sich, eine blamable 3:4-Heimniederlage gegen Wattenscheid 09, und entsprechend schlechte Laune. Nun wurde er, das kannte man bis dahin nicht, live zu Beckmann in die Sendung geschaltet und sah unglaublich aus. Der Meistertrainer von einst trug einen Ballonseidenanzug voller Werbeaufkleber und eine schreiend bunte Basecap, auf der er für Müller Milch warb. Statt mit ihm über Fußball zu reden, fragte Beckmann, warum er das trug. Lattek wollte dazu nichts sagen, dann wurde es sehr frostig. Damit hatte Beckmann die knackige Behauptung seines Senders »Die alte Bundesliga ist tot – Es lebe *ran* SAT.1-Fußball« eingelöst, als Generationskonflikt mit einem in die Jahre gekommenen Trainer.

Doch das war nicht alles: Am Abend vor der allerersten Sendung hatte Beckmann, mit den glucksenden Kölner Profis Pierre Littbarski und Olaf Jansen an seiner Seite, den bronzenen, silbernen und goldenen »Günna« vergeben. Günna war eine Handpuppe, die später sogar Trainer interviewte, hier aber eine Trophäe der »Deutschen Videomeisterschaft« überreichte. Die Redaktion hatte alle Bundesligateams in den Sommertrainingslagern mit Videokameras ausgerüstet und zeigte nun die nach ihrem Verständnis besten von den Profis selbst gedrehten Filme. Es gewann der Hamburger SV, dessen Spieler sich zur Musik von Right said Fred (»I'm too sexy«) ihrer Trikots entledigten. Da sah man dann, dass sie sich »scharf« auf die Brust geschrieben hatten. Anschließend zogen sie auch noch die Hosen aus und rannten mit nacktem Hintern dem Sonnenuntergang entgegen. Solche Spielereien folgten dem Plan, ein neues Publikum für den Fußball zu erobern, jenseits der mittelalten und noch älteren Männer, vor allem junge Leute und Frauen. Nur ging *ran* den entgegengesetzten Weg im Vergleich zur Verpackung der Champions League. Wo Hempel und Lenz ein silbrig-edles Hochglanzprodukt vermarkteten, versuchte es Beckmann jugendlich kreischbunt.

Die Protagonisten der Bundesliga waren erst mal irritiert, das galt nicht nur für Lattek. In der ersten Managertagung nach dem Start von *ran* wurde empört beklagt, es könne doch nicht sein, dass die Spieler sofort nach Abpfiff befragt würden und sich nicht erst einmal in der Kabine beruhigen dürften. Es gab die Forderung nach »geföhnten Interviews«, die Spieler also erst frisch geduscht befragen zu lassen. Auch viele Fernseh- und Kulturkritiker hatten nur Verachtung für die neue Form von Fernsehfußball. »*ran* schleppt mehr Zierrat mit sich herum als eine Kokotte aus Hollywood, lauter Fußball-Kitsch und vorgetäuschter Fußball-Tiefgang«, echauffierte sich die Zeitschrift *Sports*. Die *Süddeutsche Zeitung* knurrte über »in Reklameprogramme eingeschnürte Bundesligastrips«.

In England gab es ähnliche Irritationen, als BSkyB die Übertragung der Premier League übernahm. Hier war das Kerngeschäft nicht die Aufbereitung von Highlights wie bei *ran,* sondern die Liveübertragung kompletter Spiele. Dabei ging der Sender noch mal einen anderen Weg als *ran* und die Champions League, er orientierte sich komplett an amerikanischen Vorbildern. In der NFL wurde traditionell montags ein Spiel gezeigt, und sogar den Titel *Monday Night Football* übernahm BSkyB, als Manchester City am 17. August 1992 gegen Queens Park Rangers antrat. Es gab die »Sky Strikers«, eine Gruppe von Cheerleaders. Auch allerlei Pyrotechnik wurde gezündet, als die Mannschaften auf den Platz kamen. Den Spielball brachte ein Fallschirmspringer. Stolz warb BSkyB mit einem Slogan, der auch Reinhold Beckmann gefallen hätte: »A whole new ballgame«. Ein ganz neues Ballspiel.

Doch ob in den USA abgekupfert, in besonders edler Verpackung oder jugendlich boulevardesk, das ganz neue Ballspiel wurde nicht mehr nur abgebildet. Die neuen Herren des Fernsehfußballs inszenierten es, indem sie es in eine Fülle von Geschichten verwandelten. Besonders häufig ging es um Duelle, wenn zwei Trainer gegeneinander antraten oder zwei herausragende Spieler. Inszeniert wurde das über eine Bildregie, die den Spielen bewusst eine solche Geschichte verpasste. Man brauchte dazu z. B. nur immer wieder die Protagonisten des vermeintlichen Duells im Gegenschnitt zu zeigen.

Für all das gab es viel Raum, denn die Spiele wurden im Fernsehen nun extensiv aufbereitet. Ein Live-Spiel dauerte viele Stunden, weil im sogenannten »Vorlauf« zunächst durch Einspielfilme und Expertengespräche auf die 90 Minuten hinberichtet wurde und anschließend im »Nachlauf« Spieler und Trainer befragt wurden, um dann in Expertengesprächen die Ereignisse ausgiebig zu diskutieren. Auch Highlight-Sendungen wie *ran* zerdehnten den Stoff über zwei Stunden, durchsetzt von opulenten Werbeblöcken. Die neue Ware musste schließlich refinanziert werden.

Aus diesem Grund mussten Spieler und Trainer nun andauernd sprechen oder andersherum: Das Publikum hörte sie nun. Vor der Ära des Fernsehfußballs konnte ein Spieler eine lange Karriere in der Bundesliga hinter sich gebracht haben, ohne auch nur einmal ein Fernsehinterview zu geben. Oder vielleicht eins in 15 Jahren, wenn er am Samstagabend ins *Aktuelle Sportstudio* des ZDF eingeladen wurde, wo die Spieler oft so scheu und unbeholfen wirkten wie in der mündlichen Prüfung beim Schulabschluss. Doch nun sprachen sie ständig, auch wenn sie sich anfangs oft genug um Kopf und Kragen redeten. Vollgepumpt mit Adrenalin, traten sie nach Abpfiff vor die Kameras und machten aus ihren Herzen keine Mördergrube. Das war lustig und wild, sollte sich bald aber abschleifen.

Dass Fußball zum Fernsehfußball wurde, hatte nicht nur Folgen für Spieler und Trainer, sondern auch für die Fans. Denn bald dehnten sich die Spieltage aus. In Deutschland begann das in der Saison 1993/94, als eines der neun Bundesligaspiele auf den Sonntag verlegt und ein Zweitligaspiel live am Montagabend im neuen Deutschen Sportfernsehen (DSF) gezeigt wurde. Vor allem Letzteres führte erstmals zu massiven Beschwerden von Fans, weil sie ihrem Team am Wochenanfang kaum nachreisen konnten. Die Proteste unter dem Slogan »Montags könnte ich kotzen« wurden zu einem Dauer-brenner, dennoch wurden die Montagsspiele erst 28 Jahre später abgeschafft, zur Saison 2021/22 in Deutschland. Den Fußball hatte die Inszenierung auf dem Bildschirm da schon längst von Grund auf verändert.

5

Das Ende der harten Männer

Doch wie gut war der Fußball eigentlich, als die Fernsehsender begannen, ihn in Geschichten zu verwandeln? Die Weltmeisterschaft 1990 in Italien war das vom Publikumsinteresse her bis dato erfolgreichste Turnier gewesen, im Vergleich zur vorangegangenen WM in Mexiko hatte sich die Gesamtzuschauerzahl auf 26,6 Milliarden fast verdoppelt. Die meisten Fußballfans in Deutschland erinnern sich bis heute positiv an das Turnier in Italien, an einen schönen Fußballsommer in spektakulären Stadien im Land der Serie A, wo so viele Stars spielten wie in keiner anderen Liga. Die deutsche Mannschaft gewann aufregende Spielen gegen Jugoslawien, die Niederlande oder England und schließlich auch im Finale gegen Argentinien den Titel. Roger Milla und die Sensationsmannschaft aus Kamerun ließen das Publikum von einer großen Zukunft des afrikanischen Fußballs träumen. Heute fast vergessen ist aber, was für eine harte Kost viele Spiele waren. Die irische Mannschaft qualifizierte sich mit drei Unentschieden in der Vorrunde fürs Achtelfinale, beim 0:0 gegen Ägypten war der irische Keeper Pat Bonner nicht weniger als sechs Minuten am Ball. Die Nettospielzeit, also die Zeit, die der Ball im Spiel war, betrug im Schnitt der Spiele nur 45 Minuten. Die BBC stellte damals fest: »Italia 90 wurde von negativem Defensivfußball dominiert, und das Endspiel war wahrscheinlich das schlechteste der WM-Geschichte.«

Damals stellten Mannschaften ihre offensiven Bemühungen oft ein, wenn sie in Führung lagen, und schindeten dadurch Zeit, dass sie immer wieder den Ball zu ihrem Keeper zurückspielten. Die Erkenntnis, wie krass das war, verdanken wir dem Schweizer Trainer Daniel Jeandupeux, der die WM-Spiele damals analysierte. Er benutzte eines der ersten Datenanalyseprogramme im

Fußball, das Top Score hieß und festzustellen half, welcher Spieler wie oft am Ball war. Das war zwar noch mühselig zu bedienen, und Jeandupeux' Ergebnisse waren erschütternd. »Wenn eine Mannschaft in Führung lag, hatten die Torhüter manchmal zehnmal mehr Ballberührungen als alle Feldspieler zusammen«, erzählte er 2022 der holländischen Website *De Correspondent*. Jeandupeux schrieb daraufhin an einen Freund bei der Fifa, um ihn auf seine Ergebnisse aufmerksam zu machen, dieser leitete sie an den damaligen Generalsekretär und späteren Fifa-Präsidenten Sepp Blatter weiter. Einen Lösungsvorschlag hatte Jeandupeux auch mitgeschickt: Der Torwart sollte den Ball bei einem Rückpass seiner Mitspieler nicht mehr in die Hand nehmen dürfen.

Bei Blatter lief er damit offene Türen ein. Unter dem Eindruck der WM 1990 hatte er bereits überlegt, wie man den Fußball besser machen könnte. Ende des Jahres setzte Blatter daher die »Task Force 2000« ein, deren Aushängeschild der ehemalige Weltklassefußballer Michel Platini war. Dort war man von den Zahlen, die Jeandupeux gesammelt hatte, beeindruckt und von seinem Lösungsvorschlag überzeugt. Im Frühjahr 1991 stimmte das Regelkomitee des Weltfußballs, der International Football Association Board, auf Anregung der Task Force einem Experiment zu. Bei der U-17-Weltmeisterschaft 1991 in Italien sollte die neue Regel getestet werden, nach der die Torhüter den Ball bei einem Pass ihrer Mitspieler nicht mehr in die Hand nehmen durften. Weil man dort sah, welchen positiven Effekt das hatte, wurde sie zum 25. Juli 1992 weltweit eingeführt. Es war überhaupt erst das zweite Mal, dass ins Regelwerk eingegriffen wurde, um das Spiel attraktiver zu machen. 1925 war die Abseitsregel so modifiziert worden, dass sich nur noch zwei gegnerische Spieler und nicht drei bei der Ballabgabe zwischen Angreifer und Tor befinden mussten. Systematische Abseitsfallen hatten die Zahl der Tore zuvor deutlich reduziert und die Spiele langweilig gemacht.

Dennoch war jenen, die die neue Rückpassregel auf den Weg

brachten, nicht klar, welch gewaltige Umwälzung sie mit sich brachte. Sie beendete nicht nur die Rückpassorgien und bescherte dem Publikum anfangs viele kuriose Momente mit fußballerisch unbeholfenen Torhütern, die in Panik die tollsten Fehler machten. Letztlich war sie entscheidend für viele taktische Revolutionen, die es anschließend geben sollte. Vor allem hätte sich das Pressing, also die aggressive kollektive Vorwärtsverteidigung, nicht so entwickeln können, wenn die Torhüter die Zuspiele ihrer Mitspieler weiterhin per Hand hätten aufnehmen und sich die Mannschaften dem Pressing so leicht hätten entziehen können, dass es sinnlos gewesen wäre.

Dass die neue Rückpassregel ein historischer Einschnitt war, ist heute unbestritten. Mitunter übersehen wird aber die Neubewertung des Foulspiels, die ab der WM 1994 galt: Ein Tackling von hinten mussten die Schiedsrichter nun zwingend mit einem Platzverweis bestrafen. Dass sich in Sachen Härte auf dem Platz etwas geändert hatte, offenbarte sich bereits, als 1992 in England ein Video erschien, das im Weihnachtsgeschäft zum Renner wurde. Es hieß »Soccer's Hard Men« und wurde von Vinnie Jones präsentiert, der damals beim FC Wimbledon spielte.

Jones galt als einer der raubeinigsten Spieler im englischen Fußball. Das Foto, auf dem er dem verdutzten Paul Gascoigne zwischen die Beine griff und seine Geschlechtsteile quetschte, steht bis heute ikonisch dafür. Jones präsentierte auf diesem Video eine Ahnengalerie harter Männer, von Nobby Stiles, der 1966 mit England Weltmeister wurde, über Norman Hunter, der den Spitznamen *Bite yer legs* (Wadenbeißer) trug, bis zu Ron Harris, Kampfname: *Chopper* (Hackebeil). Aus heutiger Sicht ist es fast schon absurd zu sehen, wie schonungslos diese Spieler zutraten. Doch Vinnie Jones, selbst ernannter »Erschaffer des Chaos« auf dem Platz, glorifizierte diese Spielweise. Auch das Publikum liebte es, aber Jones wurde vom englischen Fußballverband mit der Rekordstrafe von 20.000 Pfund belegt, weil er das »Spiel in Misskredit« gebracht hatte.

Das deutete auf einen kulturellen Wandel hin, denn zuvor war es selbstverständlich gewesen, dass diese harten Männer auf die Künstler am Ball losgehen durften. Auch im deutschen Fußball hieß es über eisenharte Vorstopper liebe- und verständnisvoll: »Kein Mensch, kein Tier die Nummer Vier.« Dieter Schlindwein aus der Mannheimer Verteidigerschule trug den Spitznamen »Schleudertrauma« und Uli Borowka von Werder Bremen eine kleine Axt an seiner Halskette. In Italien und in Spanien gaben Claudio Gentile bzw. Andoni Goikoetxea die personifizierten Treter. Der baskische Verteidiger von Athletic Bilbao wurde durch zwei Fouls in Spielen gegen den FC Barcelona sogar weltberühmt. 1981 verletzte Goikoetxea den damals erst 21 Jahre alten Bernd Schuster so schwer, dass der ein Jahr lang nicht spielen konnte. 1983 trat Goikoetxea im spanischen Pokalfinale zwischen beiden Klubs wieder zu. Diesmal zertrümmerte er das Wadenbein von Diego Maradona, bei dem außerdem das Außenband riss und das Fußgelenk ausgekugelt wurde. Goikoetxea sah nur die Gelbe Karte, wurde aber anschließend für 18 Spiele gesperrt. Maradona konnte fast vier Monate lang nicht spielen. Zwar sorgte der Fall damals in Spanien für aufgeregte Diskussionen, aber insgesamt galt Fußball in den 1980ern noch als ein Spiel harter Männer, die Schmerzen aushalten mussten.

Dass sich das änderte, dazu trug die Tragödie von Marco van Basten bei. Der holländische Stürmer gehörte zur großen Mannschaft des AC Mailand der 1980er-Jahre und beschwerte sich immer wieder darüber, dass er von den Schiedsrichtern zu wenig vor den Tritten der Verteidiger geschützt wurde. Mehrfach schwer am Knöchel verletzt, zuletzt im Finale der Champions League 1993 durch Basile Boli von Olympique Marseille, musste er anschließend mit nur 28 Jahren seine Karriere beenden. »Marco van Basten ist das prominenteste Opfer einer solchen Sabotage, aber unseligerweise nur eines von vielen«, sagte Sepp Blatter damals. Michel D'Hooghe, Vorsitzender der medizinischen Kommission der Fifa, sagte: »Wenn wir sehen, wie die Karrieren großer Spieler durch Angriffe von hinten zerstört wurden, zwingt uns die Sportethik, dagegen vorzugehen. Es gibt keinen einzigen Sport, nicht einmal Boxen, in dem Angriffe von hinten erlaubt sind. Wir müssen die Stürmer schützen, und damit werden wir attraktiven Fußball schützen.«

Dass nach Jahrzehnten der Treterei plötzlich die Ethik entdeckt und die Künstler auf dem Platz unter Schutz gestellt wurden, war für viele Spieler zweifellos ein Segen. Es war aber auch ein weiterer Beleg dafür, dass Fußball eine Ware geworden war. Die Verkäufer sorgten sich um die Stars, weil diese ihr Produkt besonders attraktiv machten. Sie machten sich überhaupt vermehrt Gedanken darüber, welchen Fußball das Publikum am liebsten wollte. Früher hatten die Zuschauer alles hingenommen, auch mieses Gekicke, bei dem Grobiane auf dem Rasen weitgehend ungestraft jene niedertreten durften, die eleganter waren als sie. Das war nun vorbei.

Die Regeländerungen zeigten Wirkung. Bei der WM 1994 in den USA stieg die durchschnittliche Zahl der Tore im Vergleich zum Turnier in Italien von 2,21 auf 2,71 pro Spiel. Auch die Nettospielzeit stieg deutlich. Um das Spielfeld lagen nun mehrere Bälle, sodass auch zügig weitergespielt werden konnte, wenn der Spielball weit ins Aus geflogen war. Verletzte Spieler mussten zur Behandlung vom Feld, zu ihrem Abtransport standen sogar viel bestaunte Wägelchen bereit, die Golf-Carts ähnelten.

Nach dem Big Bang von 1992 lagen nun alle Zutaten fürs Zeitalter des modernen Fußballs bereit. Das Fernsehen verwandelte den alten Fußball in »A whole new ballgame« mit Helden in kurzen Hosen und ließ erst viel und dann noch viel mehr Geld in den Fußball fließen. Die alten englischen Fußballklubs, aber nicht nur sie, verwandelten sich in Fußballunternehmen. Fans wurden zu ihrer Kundschaft. Und die Regeländerungen machten Fußball zu einem deutlich attraktiveren Spiel. Aber vermutlich ahnte 1992 niemand, welche Blüte der Fußball erleben würde.

TEIL 2

Alles super!

6

Sie sind die Besten – Superspieler

Machen wir es kurz: Nie wurde so gut Fußball gespielt wie heute, und nie waren die Spieler besser!

Viele Fußballfans werden bei diese Behauptung vor Wut aufheulen, und das ist verständlich. Denn vielleicht war die Eleganz der Brasilianer um Pelé bei der Weltmeisterschaft 1970 wirklich größer oder das Spiel von Real Madrid schöner anzuschauen, als Alfredo di Stéfano die Mannschaft in den späten 1950er-Jahren zur besten ihrer Zeit machte. Alle Fußballfans haben zudem ihre Lieblingsteams und Lieblingsspieler, an denen persönliche Erinnerungen hängen, und dass die Spieler und Mannschaften von heute besser sein sollen, stellt diese Erinnerungen infrage. Doch die Qualitätsbehauptung ist keine ästhetische, es ist nicht wie beim Musikgeschmack. Wer in den 1980ern mit Punk und New Wave aufgewachsen ist, mag diese Musik für den Höhepunkt der Popgeschichte halten, während es bei Nachgeborenen eher Techno oder Hip-Hop sind. Persönliche Vorlieben entstammen meist der Zeit, in der man aufgewachsen ist, und das ist beim Fußball nicht anders. Aber Musik ist kein Sport. Außerdem setzt die Behauptung, dass der zeitgenössische Fußball am besten ist, Pelé oder Maradona, Cruyff oder Beckenbauer, Figo oder Matthäus nicht herab. Sie wären vermutlich heutzutage genauso überragende Spieler, wie sie das zu ihrer Zeit waren, denn sie alle eint eine geniale Fußballintelligenz. Sie erkannten in jedem Moment des Spiels die beste Lösung, und das wird immer die hohe Kunst des Fußballs bleiben.

Dennoch: Fußball ist athletisch und taktisch noch nie auf einem so hohen Niveau wie heute gespielt worden. Kaum ein Bundesligaspieler läuft während der 90 Minuten weniger als zehn Kilometer, einige erreichen schon 14 Kilometer. Diese

Strecken legen sie beileibe nicht in gemütlichem Tempo zurück, die Zahl und Länge der Sprints und der intensiven Läufe ist über die Jahre kontinuierlich gestiegen. All das absolvieren sie in viel mehr Spielen als früher. Lothar Matthäus stand in der Saison 1989/90, in der er Weltmeister wurde, insgesamt 3836 Minuten auf dem Platz. Bei Lionel Messi waren es in der Saison 2017/18, die für ihn mit dem WM-Aus für Argentinien im Achtelfinale zu Ende ging, 5008 Minuten, also rund 13 Spiele mehr. Beide hatten in besagten Spielzeiten keine größeren Verletzungen, aber das Programm ist eben viel umfangreicher geworden.

2012 drehte ein Sponsor einen Film mit Cristiano Ronaldo, in dem er diversen Tests unterzogen und mit Athleten aus anderen Sportarten verglichen wurde. Ein besonders spektakulärer Test bestand darin, in totaler Dunkelheit Flanken zu verwandeln. Erst wurden sie geschlagen und in dem Moment das Licht ausgestellt, wo sie in der Luft waren. In einer weiteren Versuchsanordnung wurde es sogar dunkel, kurz bevor der Fuß des Flankengebers den Ball berührt hatte. Trotzdem berechnete Ronaldo in allen Fällen die Flugbahn richtig und traf ins Tor. Die Botschaft war klar: Ronaldo ist ein Freak mit übermenschlichen Fähigkeiten.

Berufsfußballer von heute sind besser ausgebildet und werden in Spiele geschickt, die taktisch komplexer sind als jemals zuvor. Ihre Speerspitze bilden die Superspieler, die Gipfelpunkte der Selbstoptimierung erreicht haben. Robert Lewandowski verzichtet bei seiner Ernährung auf Laktose, Weizenmehl, weißen Zucker, Frittiertes und isst rückwärts, fängt also mit der Nachspeise an. Außerdem schläft er in einem komplett abgedunkelten Raum, der stets auf 21 Grad temperiert ist. Auf Anregung seines Schlaftrainers schläft er auf der linken Seite, weil er Rechtshänder ist und mit rechts den härteren Schuss hat. (Cristiano Ronaldo hingegen schläft nicht am Stück, sondern fünfmal am Tag für jeweils 90 Minuten.) Lewandowski isst auch nichts Kaltes und nimmt sechs Mahlzeiten am Tag zu sich.

Natürlich hat er zu Hause einen Fuhrpark an Trainingsgeräten, der ganz auf ihn zugeschnitten ist. Seine Mitspieler nannten ihn schon in Dortmund »The Body«.

Der erste Superspieler war David Beckham, obwohl er noch mit vergleichsweise wenigen Superfähigkeiten ausgestattet war. Er konnte so unglaublich schöne Freistöße und Flanken schlagen, dass es 2002 einen Film gab, der »Bend it like Beckham« hieß, in dem es um Mädchen geht, die Fußball spielen wollen und für die Beckham ein Vorbild war. 1999 brachte Beckham die Welten des Fußballs und die des Pop zusammen, als er Posh Spice von den Spice Girls heiratete. Er wurde zu einer Marke, und als er 2003 von Manchester United zu Real Madrid wechselte, war das ein wichtigerer Grund für den Transfer als seine sportlichen Qualitäten. »Es gibt keinen Zweifel, dass uns seine Medienproduktion helfen wird, die Marke Real Madrid auf dem angelsächsischen Markt, in Asien und den USA zu konsolidieren«, erklärte Reals Präsident Florentino Pérez damals. Der Bauunternehmer hatte das Konzept der Galácticos entwickelt, als er im Jahr 2000 zum Präsidenten von Real gewählt worden war. Bei Real sollten die spektakulärsten Spieler ihrer Zeit spielen, wie damals in den 1950ern um di Stéfano.

Spieler nennen sich heute gegenseitig gerne »Maschine«. Wohin das führt, ist in seiner verdichteten Form in der Champions League zu sehen, wo die superreichen Superklubs mit ihren Supertrainern und den von ihnen angeleiteten Superspielern gegeneinander spielen. Im Frühjahr geht es so richtig los, wenn die Nicht-Superklubs durch den Rost der Gruppenspiele gefallen sind. Dann sieht man Begegnungen auf einem Niveau, in denen das einst Ungeheuerliche selbstverständlich geworden ist. Ein Beispiel dafür sind lange Pässe. Früher waren sie großen Mittelfeldregisseuren vorbehalten, die Pässe von Günter Netzer wurden bestaunt wie Weltwunder. Inzwischen schlägt in der Welt des High-End-Fußballs jeder Rechtsverteidiger einen Seitenwechsel über 50 Meter genau in den Fuß seines Mitspielers. Ähnlich ist es mit dem Hackentrick, der mal als Ausdruck von unseriöser Verwegenheit galt, weshalb es die Warnung gab, nicht »Hacke, Spitze, eins, zwei, drei« zu spielen. Heute gehört es fest ins Repertoire, den Ball auch mal mit der Hacke zu spielen, weil es eben Situationen gibt, in denen das kein effekthascherischer Zierrat ist, sondern die beste Lösung.

Bevor der moderne Fußball für eine solche Konzentration von Talent sorgte, waren die Weltmeisterschaften der Ort, wo man die größten Teams ihrer Zeit erleben konnte. Aber das ist vorbei, seit der Magnetismus des Geldes dafür gesorgt hat, dass die besten Spieler aus aller Welt bei der kleinen Schar von Klubs konzentriert sind, die in der Lage sind, die Champions League zu gewinnen. Wie dieser Mechanismus funktioniert, darauf werden wir später noch genauer schauen, sportlich hat er für eine Blütezeit gesorgt. Die Hymne der Champions League mochte ursprünglich eine Behauptung gewesen sein, nun ist sie eine zutreffende Beschreibung: »Ils sont les meilleurs. Sie sind die Besten. These are the champions.«

Als 1992 die Ära des modernen Fußballs begann, ging es auf dem Platz weitgehend übersichtlich zu. Jeder Spieler hatte eine feste Position, einen klaren Gegenspieler und entsprechende Aufgaben: Der rechte Verteidiger deckte den linken Flügelstürmer und der defensive Mittelfeldspieler den offensiven. Doch schon 1974 hatte sich eine kopernikanische Wende des Fußballs abzuzeichnen begonnen. Auf einmal wurde alles anders, und die ganze Welt konnte dabei zusehen, wie die Spieler darüber in Panik gerieten. Ihr Entsetzen war selbst am Fernseher zu spüren. Von allen Seiten stürzten sich die Gegner in den orangefarbenen Trikots auf den bemitleidenswerten Spieler, der gerade am Ball war. Drei oder vier Holländer rannten auf ihn los, manchmal sogar fünf oder sechs. Die Niederländer bei der Weltmeisterschaft 1974 in Deutschland versuchten nicht einfach, der anderen Mannschaft den Ball abzunehmen, sie jagten sie regelrecht. Das war radikal neu und schrecklich zugleich für die Argentinier, Bulgaren und Uruguayer. Es gab keine Gleichheit der Waffen mehr und wirkte so, als würden Indianer mit Pfeil und Bogen auf Cowboys mit Feuerwaffen treffen.

Diese ersten Formen von Pressing waren wild, ein eruptives *Shock and Awe* und nicht annähernd so gut choreografiert wie heute. Aber es gab den Weg vor, auf dem man sich nicht mehr an dem Mann orientierte, dessen Rückennummer einem der Trainer vorher gesagt hatte. Die Spieler mussten nun aufgrund der jeweiligen Situation auf dem Platz entscheiden, was zu tun war. Das war schwieriger, denn sie mussten das Spiel lesen lernen. Sie mussten auch länger laufen und häufiger sprinten. Weil die Gegner natürlich Strategien entwickelten, sich dieser Überfälle zu entziehen. Es bedurfte Gegenstrategien und dagegen wiederum Gegenstrategien.

Total Football wurde der Fußball der Holländer damals genannt, womit die Vorstellung verbunden war, dass Verteidiger auch angriffen und Stürmer verteidigten. Anfangs entsprach das eher einem Ideal als der Wirklichkeit. Inzwischen ist es die Realität, jedenfalls in den stratosphärischen Höhen der Champions League, in der alle alles können und manches noch besonders gut. Das ist auch deshalb so bemerkenswert, weil der Fußball in der Zwischenzeit ein beständiges Schwinden von Zeit und Raum erlebte. Die Spieler rennen nicht nur mehr, sondern auch geordneter. Verschwunden ist der Raum, weil ihn die Mannschaften bewusst verkleinern, indem sie etwa ihre letzte Verteidigungsreihe weit nach vorne schieben. »Hoch verteidigen« nennt man das heute, aber auch seitlich wird eingerückt, sodass von dem riesengroßen Fußballplatz gar nicht mehr so viel übrig bleibt. Den Ball in höchster Not einfach mal in die Arme des eigenen Keepers zu spielen, das geht seit 1992 bekanntlich auch nicht mehr. Am Ball ist man daher so gut wie immer gestört. Wer unter diesen Bedingungen etwas zustande bekommen will, muss das aushalten können. »Lösungen finden«, sagen Trainer heute gerne, und das ist verdammt schwer, wenn man den Ball nicht bestens beherrscht. Die »Maschinen« müssen nicht nur besonders austrainiert sein, letztlich entscheidend ist die Kognition.

Volker Finke, der den SC Freiburg in den 1990er-Jahren aus dem Nichts in die Bundesliga führte und dort etablierte, verdanken wir die gegensätzlichen Begriffe »Heldenfußball« und »Konzeptfußball«. Der erste meint, dass man sich auf die individuelle Klasse der Spieler verlässt und sie frei wirken lässt. Oder wie Franz Beckenbauer noch seinen Weltmeistern von 1990 mit auf den Weg gegeben hatte: »Geht's raus und spielt.« Wer aber keine Helden in seiner Mannschaft hat, also Spieler mit großer individueller Klasse, der muss sich ein Konzept einfallen lassen. So wie damals die Freiburger. Doch heute kommen selbst jene Klubs, die reicher als Gott sind, nicht mehr ohne Konzepte aus, obwohl ihre Spieler Helden sind.

Dass wir die Fußballstars der vormodernen Zeiten mit größerer Wärme betrachten als ihre zeitgenössischen Kollegen, hat mit unserer Sentimentalität zu tun – aber nicht nur. Wir waren weniger belästigt von ihnen, weil wir schlichtweg weniger über sie wussten, selbst über die größten Stars. Heute kennen wir nicht nur ihre Schlaf- und Essgewohnheiten, sondern auch ihre Wohnungen und Tattoos, ihre Frauen und Hunde, begleiten sie in den Urlaub und ins Restaurant. So genau will man das gar nicht immer wissen, zumal sich die Lebenswelten zwischen denen, die unten auf dem Platz stehen, und jenen, die zuschauen, weit voneinander entfernt haben. Das durchschnittliche Jahreseinkommen eines Spielers in der Premier League liegt inzwischen bei 3,5 Millionen Euro, in der Bundesliga dürfte es rund die Hälfte sein.

Das Leben der Spieler in der obersten Gehaltsklasse, wo es eingeflogene Friseure und Einkaufstrips im Privatjet gibt, mag befremden. Doch ihre Leistungen auf dem Platz sind besser als jemals zuvor. In jeder Spielszene drückt sich eine gigantische Vorbereitungsarbeit aus, auf den Trainingsplätzen von der Ju-

gend bis zum Tag vor dem Anpfiff. Die Trainer bewegen ständig den ganzen Kosmos an Ideen und Konzepten, der in den
letzten Jahrzehnten entstanden ist. »Fußball ist einfach, aber
am schwierigsten ist es, einfach Fußball zu spielen«, hat Johan
Cruyff einmal gesagt. Nie war das Einfache so schwierig wie
heute.

7

Im Licht der Optimierung – Superfußball

Bis in die 1990er-Jahre wurde Wissen im Profifußball vor allem von denen weitergegeben, die schon vorher im Fußball gewesen waren. Bis auf wenige Ausnahmen waren Trainer zuvor selber Profis gewesen, und für die meisten der noch wenigen Manager und Sportdirektoren galt das ebenfalls. Der Fußball befand sich ganz in der Hand der Praktiker, Erfahrung war die entscheidende Währung. Zwar gab es in Deutschland bereits seit 1953 einen Kurs, in dem man zum »Fußballlehrer« ausgebildet wurde, auf den Trainerbänken saßen dennoch kaum Quereinsteiger. Sie standen per se unter dem Verdacht, Theoretiker zu sein. Als »Theoretiker« abgestempelt zu werden war das Todesurteil für jede Trainerkarriere in der Bundesliga.

Diese Wissens- und Bildungsfeindlichkeit hatte mit der sozialen Herkunft der Entscheider zu tun. Die meisten von ihnen kamen aus kleinbürgerlichen oder proletarischen Verhältnissen. Spieler mit Abitur waren selten und weckten instinktiv den Verdacht, sie würden auf die anderen herabschauen. Die Mehrzahl der Profis hatte Volksschul- oder Realschulabschlüsse sowie anschließend eine Lehre oder kaufmännische Ausbildung gemacht, bevor sie sich ganz dem Fußball zuwendete. Wissen über das Spiel erwarb man auf dem Platz, im täglichen Training und indem man die Arbeit der Trainer genau beobachtete. Franz Beckenbauer notierte über viele Jahre die Übungen, die er als Spieler beim FC Bayern München unter verschiedenen Trainern absolviert hatte. Daraus wurde sein Lehrbuch. Das erklärt auch, warum aus einigen Klubs so viele Trainer kamen. Jupp Heynckes, Horst Köppel, Rainer Bonhof, Lorenz-Günther Köstner wurden Bundesligatrainer, Berti Vogts, Allan Simonsen und Uli Stielike trainierten Nationalteams. Allen gemeinsam war: Sie hatten in den frühen 1970ern bei Borussia Mönchengladbach unter Hennes Weisweiler gespielt, einem der besten Trainer seiner Zeit.

Es gab zwar Sporthochschulen, aber der Wissensfortschritt über Fußball entwickelte sich gemütlich. Es hätte für neue Erkenntnisse auch kaum Abnehmer gegeben, die meisten Coaches waren aus Sorge vor der Stigmatisierung als »Theoretiker« für akademische Neuerungen und Erkenntnisse nicht sonderlich offen. Oder sie gingen davon aus, dass ihr praktisches Wissen reichte. Das hatte Folgen: Bis zur Jahrtausendwende hing der deutsche Fußball vor allem taktisch hinterher und pflegte immer noch die Manndeckung und das Spiel mit dem Libero. Was mit dem großen Franz Beckenbauer erfolgreich gewesen war, konnte ja nicht plötzlich überholt sein. Als die Nationalmannschaft 1996 mit Matthias Sammer in einer Modifikation dieser Rolle, als Libero vor der Abwehr, den EM-Titel gewann, war das längst eine historische Abirrung. Doch bis nach Deutschland war die Erkenntnis noch nicht durchgesickert.

Überhaupt wurden in Deutschland taktische Aspekte erst nach der Jahrtausendwende als ein wesentliches Element des Spiels wahrgenommen. Zuvor durfte Sammer noch ungestraft sagen, was er heute kaum wiederholen würde: »Wir Deutschen haben von Taktik keine Ahnung.« Bundestrainer Berti Vogts wurde in den Medien verhöhnt, als er nach der missglückten Weltmeisterschaft 1998 den Neustart mit »ballorientierter Gegnerdeckung« statt des Spiels mit Manndeckung und Libero angehen wollte. Kurz darauf war er seinen Job los. Und als der bebrillte Trainer eines Provinzvereins, Ralf Rangnick vom SSV Ulm, im *Aktuellen Sportstudio* des ZDF die Arbeitsweise einer Viererkette erklärte, sorgte das 1998 unter seinen Trainerkollegen für echte Aufregung.

Doch die Debatten um seltsame Fachbegriffe und die Frage, wer sich öffentlich darüber äußern durfte, wie gespielt wird, legten sich. Für Fußballtrainer gilt Ähnliches wie für Mediziner, bei denen es bekanntlich heißt: »Wer heilt, hat recht.« Recht im Fußball hat, wer gewinnt. Wenn also der SC Freiburg 1994 den FC Bayern München deshalb mit 5:1 schlug, weil er fast überall auf dem Platz dem Gegner in Überzahl begegnete, dann hatte Volker Finke offensichtlich etwas richtig gemacht. Auch wenn Finke nie Fußballprofi gewesen war, sondern Gymnasiallehrer – und Selbstgedrehte rauchte. Wenn Borussia Dortmund knapp zwei Jahrzehnte später deutscher Meister wurde, weil die Mannschaft sich bei Ballverlust nicht zurückzog, sondern den Ball gleich zurückerobern wollte, war Trainer Jürgen Klopp mit dem sogenannten Gegenpressing zweifellos auf dem richtigen Weg. Da war es egal, dass Klopp als bescheiden talentierter Defensivspieler nicht über die Zweite Liga hinausgekommen war.

Der moderne Fußball wurde auch zu einem Wettbewerb der Ideen und taktischen Konzepte. Zum entscheidenden Treiber der massiven Entwicklung wurde die seit den 1990ern weithin verbreitete Videotechnologie. Aufzeichnungen eigener Spiele und jener des Gegners konnten nun analysiert und die Spieler anhand von Videos geschult werden. Als in großem Maße Videobilder zur Verfügung standen, begann auch ein globaler Wissensaustausch. Jene Freaks, die in den 1980ern noch zu verstehen versucht hatten, wie sich Waleri Lobanowskis Dynamo Kiew oder Arrigo Sacchis Milan auf dem Platz organisierten, hatten oft sehr wenig Bildmaterial zur Verfügung gehabt, um das zu entschlüsseln. Der große Visionär Sacchi, übrigens ein Quereinsteiger, er war ursprünglich Schuhverkäufer, sagte: »Ich habe nie verstanden, warum man vorher ein Pferd gewesen sein muss, um Jockey zu werden.«

Die Jockeys saßen vor dem Bildschirm, und im Zeitalter des Fernsehfußballs wuchs das Angebot dessen beständig, was man sehen und damit wissen konnte, weil bei immer mehr Spielen auch in kleinen und abgelegenen Ligen Fernsehkameras aufgebaut wurden. Ende der Nullerjahre entwickelte die italienische Firma Wyscout daraus ein Geschäftsmodell, die Kunden bekamen Zugriff auf Bilder aus fast allen Profiligen. So konnten sie sich nicht nur Videos von Spielern anschauen, die ihnen angeboten wurden. Die Trainer konnten auch analysieren, was ihre Kollegen für neue taktische Ideen hatten.

Unter den Bedingungen des modernen Fußballs entstand eine Wissensgesellschaft und kam ein Prozess der Optimierung in Gang. Als 1992 die Rückpassregel eingeführt wurde, hatten nur zwei Bundesligisten einen Torwarttrainer, heute haben die ersten Torwarttrainer bereits einen Assistenten. Cheftrainer in der Bundesliga haben sowieso mindestens zwei Assistenten und einen Athletiktrainer. Es gibt darüber hinaus spezialisierte Reha-Trainer, die sich um verletzte Spieler kümmern, Sportpsychologen und vereinzelt Trainer, die sich ausschließlich um Standardsituationen oder nur um die Abwehrspieler oder die Stürmer kümmern. Es gibt Spielanalytiker, Ernährungsberater und sogar Schlaftrainer, die nicht nur Lewandowski und Ronaldo Vorschläge für den Superschlaf machen.

Letztlich geht es in allen Bereichen darum, sich Vorteile gegenüber der Konkurrenz zu verschaffen, etwa durch die Datenrevolution der 2010er. Nun standen quantifizierbare Informationen dazu bereit, was die Spieler auf dem Platz leisteten, wie viel sie liefen, welche Aktionen sie machten und welche erfolgreich waren. Auch bei ihrer Verpflichtung flossen Daten ein. Wenn die Spieler der entscheidende Faktor für den sportlichen Erfolg und der höchste Kostenfaktor sind, will man die Wahrscheinlichkeit erhöhen, dass die Investition in sie richtig ist. Manager sahen Mannschaften nun teilweise als Portfolio aus Werten, es ging um dessen bestmögliche Zusammensetzung.

Von den Fachkräften im Fußball wird nicht mehr zwingend erwartet, dass sie Erfahrung als Fußballprofis mitbringen, sondern hochwertiges Spezialwissen, es wimmelt von Quereinsteigern. Schon im Jahr 2000 bot der DFB einen Sonderlehrgang für verdiente Nationalspieler an, um ihnen einen leichteren Zugang in den Trainerberuf zu verschaffen. Der jahrzehntelange

Vorteil der Praktiker hatte sich nämlich in einen Nachteil verwandelt, und inzwischen stellen sich viele Fußballverbände die Frage, wie das praktische Wissen der Ex-Profis wieder nutzbar gemacht werden kann, weil sich akademisch gebildete Jungtrainer auf dem Arbeitsmarkt besser behaupten als sie.

Der Trend zu ständiger Optimierung drückt sich auch bei der Hardware aus. Als 1964 Milanello eröffnet wurde, verfügte der AC Mailand damit über das erste Trainingszentrum der Welt, das exklusiv für eine Fußballmannschaft angelegt worden war. Weit außerhalb der Stadt bereiteten die Spieler sich inmitten eines Pinienwaldes auf ihre Spiele vor. Das blieb lange visionär, und es sollte Jahrzehnte dauern, bis der Wettbewerb der Großklubs auch einer der besten Trainingsbedingungen wurde. Noch als die Blackburn Rovers 1995 die englische Meisterschaft gewannen, gab es an ihrem Trainingsplatz nicht einmal Umkleidekabinen. Die Spieler zogen sich im Stadion um und fuhren dann für das Training zu einer Wiese neben einem Friedhof. Wenn eine Beerdigung stattfand, wurde das Training kurz unterbrochen, bis die Trauergemeinde vorbeigezogen war. Beim FC Arsenal war es zu jener Zeit etwas besser, aber nicht sehr. Trainer Arsène Wenger konnte die Besitzer des Klubs davon überzeugen, zehn Millionen Pfund zu investieren, die Anlage in Colney nördlich von London galt dann bei der Eröffnung 1999 als das erste Trainingszentrum des 21. Jahrhunderts. Der Neubau verfügte nicht nur über die modernsten Trainingsgeräte, die ganze Anlage hat einen Zen-Touch. Wenger hatte vorher in Japan gearbeitet und war von der dortigen Kultur stark beeinflusst. In Colney wurden kleine Bäche und Teiche angelegt, mit Schilf und Brücken übers Wasser. Im Gebäude sollte ein diffuser Einfall des Lichts den Seratonin- und Dopamin-Level der Spieler positiv beeinflussen. Die Rasenflächen waren Duplikate des Spielfelds im Highbury-Stadion, natürlich wurde das Gras per Hand geschnitten.

»Ich war immer der Ansicht, dass die Qualität der Trainingsplätze, die Infrastruktur, medizinische Betreuung, die des

Swimmingpools oder Kraftraums für den Hochleistungs-Fußball unserer Zeit von wesentlicher Bedeutung ist«, sagte Wenger. Colney und seine Möglichkeiten halfen dem Klub auch bei der Akquise der Stars, fand er: »Es ist ein gewichtiges Argument, um Spieler zum Klub zu locken.« Den Profis war nämlich klar, dass sie besser trainiert auch besser spielen und letztlich mehr verdienen würden. Colney wurde zum Mekka ambitionierter Trainer und Vereinsbosse; es läutete einen Überbietungswettbewerb ein, der bis heute kein Ende gefunden hat. Sämtliche europäischen Topklubs protzen mit gigantischen Zentren und futuristischen Features. Manchester City nennt sein fast 200 Millionen Euro teures Gelände »Campus«, als seien die Spieler auf dem Weg ins Hauptstudium.

Dieser Überbietungswettbewerb nahm 2002 mit der Eröffnung des MilanLab einen Spezialabzweig. Milanello hatte zwar immer noch die gediegene Atmosphäre einer noblen Sommerfrische, die Wege knirschten unter den Schuhen wie bei englischen Landsitzen. Aber dort war nun auch die sportwissenschaftliche Avantgarde tätig. Der damalige Leiter Bruno Demichelis, ein Psychologe, verglich den Ansatz des MilanLab mit der Arbeit eines Bordcomputers im Auto. Wenn die Werte für den Ölstand oder die Bremsflüssigkeit von der Norm abweichen, wird der Fahrer gewarnt. Das passierte nun auch beim AC Mailand im Umgang mit den Spielern. »Wir haben alles erfasst, was eine Rolle spielen könnte: das Frühstück, das Wetter, welche Schuhe man trägt, der emotionale Zustand, das soziale Verhalten«, erklärte Demichelis. Dazu kam eine Vielzahl medizinischer, physiologischer und biometrischer Daten. Nun ging es nur noch darum, die richtigen Zusammenhänge zu finden.

Die Investition in das MilanLab war bewilligt worden, nachdem der AC Mailand im Sommer 2000 Fernando Redondo von Real Madrid für 18 Millionen Euro verpflichtet hatte, eine für jene Zeit enorme Summe. Der Argentinier war einer der besten Spieler der Welt und unterzeichnete den höchstdotierten

Vertrag, den es bis dahin für einen Fußballspieler gegeben hatte. Doch vor Saisonbeginn riss sein Kreuzband, Redondo musste erst zwei Jahre pausieren und nach etlichen Folgeverletzungen weitere zwei Jahre später seine Karriere beenden. So etwas sollte nicht mehr passieren, und tatsächlich ging dank des MilanLab beim AC Mailand der Gebrauch von Medikamenten um 70 Prozent zurück und die Zahl der verpassten Trainingstage um 43 Prozent. 2007 erreichte der Klub sein drittes Finale der Champions League innerhalb von fünf Jahren und gewann das Endspiel mit dem ältesten Team, das jemals den Titel gewonnen hatte, es war im Durchschnitt 34 Jahre alt, Kapitän Paolo Maldini war 38.

Bis heute ist es eine Utopie geblieben, dass man alle Verletzungen verhindern kann, wenn man nur genug Informationen hat. Und langsam erreicht die Optimierung der Fußballerkörper ihre Grenzen. Viel mehr laufen, noch häufiger sprinten werden sie nicht können. Aber das ist ja auch nur ein Teil des Spiels.

8

Fußball als Kunstrichtung – Supertrainer

Nachdem Pep Guardiola 2013 zum FC Bayern kam, begann ein Überbietungswettbewerb, wer den katalanischen Meistertrainer am besten lobte. Der damalige Sportdirektor Matthias Sammer erkannte in ihm »eine große Persönlichkeit« und schob ehrfurchtsvoll nach, Guardiola sei »ein aufrichtiger und wunderbarer Mensch«. Etwas weiter ging Vereinspräsident Uli Hoeneß: »Bei den Treffen mit ihm hast du immer das Gefühl, dass du weiterkommst im Leben.« Und der Vorstandsvorsitzende Karl-Heinz Rummenigge bestaunte die »Besessenheit und Akribie« von Guardiola. »Das fasziniert mich total«, sagte er. Doch sie alle blieben letztlich hinter Hermann Gerland zurück, dem alten Schlachtross und langjährigen Co-Trainer der Bayern. Donnernd verkündete er: »Pep ist ein Genie.«

Es gehörte eine Menge dazu, die ausgebufften »Mia san mia«-Bayern so aus der Fassung zu bringen, zumal Trainer in München traditionell als gehobene Dienstleister zur Titelbeschaffung betrachtet wurden. Aber Guardiola war ein Supertrainer, ja vielleicht gar der größte von ihnen, der rarste in dieser raren Spezies. Der unstillbare Appetit nach globalen Superstars, der von den Supermanagern der Weltwirtschaft gestillt wurde, von Mark Zuckerberg bei Facebook, Jeff Bezos bei Amazon oder Elon Musk bei Tesla, erfasste nun auch den Fußball und nicht nur die Spieler, sondern auch die Trainer. Der spanische Journalist Guillem Balagué, eine Art halboffizieller Guardiola-Biograf, schrieb: »Der Meistertrainer in einem knallharten Business hat die Augen eines Künstlers, irrlichternd und ständig suchend. Manchmal finden sie einen kurzen Halt, dann scheint es, als fokussierten sie ein fernes Ziel. Den nächsten Triumph.« Man würde diese Sätze gerne mit Streichern unterlegen.

Auch früher schon gab es Trainer, die als große Visionäre und Innovatoren galten, wie die bereits erwähnten Rinus Michels, Arrigo Sacchi oder Waleri Lobanowski. Es gab sagenhaft erfolgreiche Titelsammler wie Ottmar Hitzfeld, Sir Alex Ferguson oder Giovanni Trapattoni. Es gab legendäre Grantler wie Ernst Happel und unterhaltsame Großmäuler wie Brian Clough, über den in England 20 Biografien, Autobiografien, Sammelalben und ein Roman erschienen. Es gab Globetrotter, die überall auf der Welt erfolgreich waren: Béla Guttmann zwischen Südamerika und Europa oder Helenio Herrera, der als Argentinier dem italienischen Defensivfußball zu Weltruhm verhalf.

Sie alle waren große Trainer, sie waren Stars und wurden zu Legenden, aber Supertrainer waren sie noch keine. Denn zum Supertrainer konnte man erst unter den Bedingungen des modernen Fußballs aufsteigen. Ein Supertrainer muss nicht nur mit Spielern umgehen können, die von sich selbst annehmen, dass sie super sind. Er muss auch Trainer- und Betreuerteams anleiten, die inzwischen so groß sind, dass sie nicht einmal mehr in Kleinbusse passen. Er muss mit milliardenschweren Klubbesitzern aus Russland, dem Mittleren Osten oder den USA auskommen, für die alles unter »super« eine Zumutung ist. Er muss Millionen Fans zufriedenstellen, die nicht nur in Greater Manchester oder Niederbayern mit ihrem Klub zittern, sondern in Bangkok und Los Angeles. Er muss mit Medien umgehen können, womit längst nicht mehr nur Journalisten gemeint sind, sondern auch das Dauergewitter der Meinungen bei Twitter, Facebook oder Instagram. Er muss damit umgehen, dass ihn die Menschen erkennen, wenn er in Kuala Lumpur aus dem Flugzeug steigt, in Kapstadt und in Rio de Janeiro. Jürgen Klopp, früher Zweitligakicker in Mainz, nun Meistertrainer in Liverpool, stellte fest, dass er ein »mittlerweile weltweit bekanntes Gesicht« hatte. Er arbeitete fleißig daran, indem er sich Haare transplantieren und seine Zähne strahlend weißen ließ. Eine Brille brauchte er irgendwann auch nicht mehr.

Außerdem arbeiten Supertrainer auf dem kleinsten Arbeitsmarkt der Welt, dem der Superklubs, also der Vereine mit dem Anspruch, die Champions League zu gewinnen: Real Madrid, FC Barcelona, Manchester United, FC Chelsea, Juventus Turin, FC Bayern, FC Liverpool, Manchester City sowie Paris Saint-Germain, denen die Trophäe noch fehlt. Nicht zuletzt müssen die Supertrainer idealerweise für einen eigenen Stil stehen, weshalb sie den Künstlern am Hofe von Renaissancefürsten gleichen, die durch ihre Kunstwerke ihre Mäzene leuchten ließen. Der Supertrainer braucht daher eine Philosophie, wie das lange hieß. Oder, weil irgendwann jeder Bezirksligaschreihals auf der Trainerbank eine Philosophie hatte: Er muss eine Philosophie erfunden haben. Am besten wie Guardiola, dessen Name auf ewig mit Tiki-Taka verbunden sein wird, sosehr er den Begriff auch hasst. In Spanien redet man vom »Kloppismo«, dem »Kloppismus«, als wäre das auf Gegenpressing basierende Spiel eine eigene Kunstrichtung. Man konnte sich dem als Fan anschließen oder Bielsista werden, weil man die Spielidee des Argentiniers Marcelo Bielsa für die beste hielt. Nach Bielsa wurde schon zu Lebzeiten ein Stadion in seiner Heimatstadt Rosario benannt.

Wie alles im modernen Fußball hat auch die Geschichte vom Trainer als Genie eine wirtschaftliche Seite. Mit Pep Guardiola als Trainer wurde der FC Bayern endgültig zum Global Player. Alle Welt wollte wissen, warum der zu diesem Zeitpunkt erfolgreichste Trainer der Welt, der mit dem FC Barcelona in vier Jahren 14 Titel gewonnen hatte, sich gerade für München entschieden hatte. In seinem ersten Jahr wurden international so viele Storys über den FC Bayern veröffentlicht wie in den vorangegangenen zehn Jahren zusammen.

Der Mann war ja auch faszinierend. Wie ein echter Großkünstler hatte er vorher ein Jahr lang ein Sabbatical gemacht – in New York. Guardiola hatte Museen besucht, Künstler getroffen und einen Schachgroßmeister. Ein richtiger Supertrainer muss schließlich einen interessanten Supercharakter darstellen. Bei Guardiola war es die Figur des zwischen asketisch und anorektisch changierenden Mega-Brains. Ein Fußball-Mönch, der ein Mysterium bleibt. Ein Enthusiast, für den ganz viel »top, top, top« ist, sein Klub, seine Spieler, seine Mitarbeiter. Selbst Top-Manager fanden das unglaublich sexy: Rupert Stadler, der Boss von Audi, kam in einem Promo-Interview für sein Autounternehmen wie ein rotbäckiger Fan daher. Über Klopp sagte einer der Besitzer der Fenway Group, denen der FC Liverpool gehört, der Trainer könne jeden Großkonzern führen.

Erster Vorbote der Supertrainer war der Franzose Arsène Wenger, der Erschaffer von Colney. Als er 1996 zum FC Arsenal kam, war seine Ankunft ein Kulturschock. Der Klub aus dem Norden Londons stand für grauenhaft langweiligen Ergebnisfußball, herausgewürgt von Spielern, die mit Alkoholproblemen rangen und sich vor Anpfiff mit einem Schokoriegel stärkten. Zynische Fans feierten das auf den Rängen (»1-0 to the Arsenal«). Die Glasschale voller Schokoriegel und mit Alkohol gefüllter Pralinen entsorgte Wenger stillschweigend aus der Kabine, der Diätplan eines mit ihm befreundeten Ernährungswissenschaftlers sah nun vor, dass die Spieler ihre Pasta al dente bekamen, um die Verdauung zu erleichtern. Alte Haudegen wie Tony Adams oder David Seaman erfuhren von der Existenz von Osteopathie und Allopathie, und präzise durchgetaktete Trainingspläne sorgten für einen Kurzpassfußball von fortgeschrittener Komplexität. Wenger entwarf später auch das Emirates-Stadion mit, das zum ersten Stadion wurde, das einen bestimmten Spielstil unterstützte. Es war so konstruiert, dass der Rasen immer perfekt war, damit dem Kombinationsfußball seines Teams nichts im Wege stand.

Wenger gewann alle nationalen Titel in seinem ersten Jahrzehnt bei Arsenal, viermal den FA Cup und dreimal die Meisterschaft, doch international blieb er ohne Trophäe. Der feingliedrige Coach ähnelte eher dem Komponisten John Cage, während es, um ein Supertrainer von globalem Zuschnitt zu werden, eines fetten Bang! bedurft hätte. Den produzierte José Mourinho, der Kayne West des Fußballs, dessen unglaubliche Beats und geniale Raps auf dunkle Abgründe trafen. »Wenn er in eine Pressekonferenz kommt, sieht Machiavelli dagegen wie ein Anfänger aus«, schrieb der englische Fußballjournalist Henry Winter und verschwieg, dass Mourinho viel besser aussah als der italienische Philosoph. Hätte man sein Leben verfilmt, wäre für die Besetzung der Hauptrolle nur George Clooney infrage gekommen – wie übrigens Mourinho auch selbst fand. Als er sich 2004 auf seiner ersten Pressekonferenz beim FC Chelsea als »Special One« vorgestellt hatte, war das die eigentliche Geburtsstunde der Supertrainer. In der Saison zuvor hatte er mit dem FC Porto sensationellerweise die Champions League gewonnen. Dann verließ er Portugal und hinterließ ein wunderbares XXL-Zitat, auf das man erst mal kommen muss: »Wenn ich einen leichten Job hätte haben wollen, wäre ich in Porto geblieben – schöner blauer Stuhl, der Champions-League-Pokal, Gott und hinter Gott ich.«

In England wurde Mourinho zum gefeierten Punchline-Gott und Sprücheklopfer in der Tradition eines Brian Clough. Zugleich war er Magier, Hexer und bereiste die dunkle Seite des Spiels. Immer wieder attackierte er gegnerische Trainer, vor allem den asketisch-verspannten Wenger. Die englische Presse nannte das bewundernd *mind-games,* doch mitunter war Mourinhos psychologische Kriegsführung einfach nur abgefeimt. Wie seine Behauptung, dass der Schiedsrichter Anders Frisk in der Halbzeitpause eines Spiels der Champions League 2005 beim FC Barcelona mit dem damaligen Trainer Frank Rijkaard gesprochen hätte. Nach der Pause hatte Didier Drogba die Gelb-Rote Karte gesehen und Chelsea nach Führung noch mit 1:2 verloren, was für Mourinho nach Komplott roch. Der schwedische Schiedsrichter bekam daraufhin Todesdrohungen und beendete seine Karriere.

Dieser Fall hatte auch mit Mourinhos besessener Fixierung auf den FC Barcelona zu tun, wo seine Karriere als Übersetzer des englischen Trainers Bobby Robson begonnen hatte. Beim Klub nahm ihn damals niemand so recht ernst. Pep Guardiola antwortet auf die Frage, ob er Mourinhos Talent in Barcelona erkannt hätte, wo er ihn als Spieler erlebt hatte: »Nein, sonst hätte ich der Chefetage das gemeldet.« Selbst als Mourinho sechs Monate nach seiner Demission bei Chelsea 2007 eine angeblich brillante Präsentation bei Barcelonas damaligem Sportdirektor Txiki Begiristain machte, wurde er kein ernsthafter Trainer-Kandidat. Kein Wunder, dass Mourinho den FC Barcelona hasste. »Der Übersetzer«, wie sie dort spöttisch sagten, rächte sich im Halbfinale der Champions League 2010 mit Inter Mailand, als er Barça mit einer der kunstvollsten Defensivleistungen der Fußballgeschichte komplett erstickte.

Dass Supertrainer nicht notwendigerweise Figuren aus Shakespeare-Dramen sein müssen, sondern auch gemütliche Typen mit Bauchansatz sein können, bewies ein Bauernsohn aus der Emilia-Romagna. Der Italiener Carlo Ancelotti gewann als Trainer mit dem AC Milan zweimal die Champions League sowie 2022 zum zweiten Mal mit Real Madrid. In Italien, England, Frankreich, Spanien und mit dem FC Bayern in Deutschland holte er die Meisterschaft. Er ist der einzige Trainer, der in allen Top-5-Ligen Meister wurde. Im Kreis der Supertrainer blieb er nicht nur der unterschätzteste, sondern auch der lustigste. Humor war ein wesentliches Element seiner Arbeit mit der Mannschaft, wie Milans Kapitän Paolo Maldini erklärte: »Die Leute glauben, dass ein Trainer in den entscheidenden Momenten tränenreiche Reden halten muss, und wirklich rollten uns gelegentlich die Tränen herunter – aber weil wir so lachen mussten.« Ancelotti hatte kurz vor Anpfiff eines Champions-League-Finales Witze erzählt.

Es gibt keinen Supertrainer, auf den nicht Elogen auf sein Talent im Umgang mit Menschen gehalten werden. So unterschiedlich Klopp und Ancelotti, Wenger und Mourinho auch arbeiten mögen, so unterschiedliche Typen sie verkörpern, ihre Spieler liebten sie meist abgöttisch. Das gilt auch für Diego Simeone. Der Argentinier hatte den Chaosklub Atlético Madrid, der seine Trainer mit der Frequenz vom Partnertausch in einem Swingerklub wechselte, total verwandelt. (Was Parallelen zum Wirken von Jürgen Klopp in Dortmund aufwies.) Der fanatische Kämpfer war Kapitän der letzten großen Mannschaft von Atlético gewesen, die 1996 in Spanien das Double gewann, bei der Rückkehr als Trainer feierten ihn die Fans wie den Erlöser. Zu Recht, denn Atlético Madrid gewann mit ihm den Uefa-Cup 2012 und 2018, zweimal die spanische Meisterschaft, nur für einen Gewinn der Champions League reichte es nicht. Zweimal verlor Atlético das Endspiel ausgerechnet gegen Lokalrivale Real. »El Cholo«, der Mestize, besetzt im Panoptikum der Trainer mit Superkräften, die seit dem Rückzug von Ferguson verwaiste Position des humorlosen Arbeiters. »Wenn ich Matsch sehe, werfe ich mich hinein, denn Arbeit ist alles«, sagt er. Es war nicht so, dass er nicht verstand, dass es auch verfeinerter ging. Doch als er sich als Trainer-Youngster von Pep Guardiola die Spielphilosophie in Barcelona erklären ließ, stellte er fest: »Ich spüre das nicht.« Simeone spürte Arbeit, und beim Arbeiterklub Atlético kam das erwartungsgemäß gut an. Er etablierte dort den Running Gag, dass er, nach Zielen gefragt, nur »von Spiel zu Spiel« schauen wollte. Das klang nach einer Phrase, aber er hatte dazu einen Überbau: »Spiel für Spiel, das entspricht dem Leben der einfachen Leute auf der Straße, die Tag für Tag kämpfen müssen.«

Dem Weg von Jürgen Klopp in die Gilde der Supertrainer, der von Mainz über Dortmund führte, folgte Thomas Tuchel, weniger Kloppist als Pepist. Er studierte jahrelang, was sein großes Vorbild machte, und übernahm sogar die Slim-Fit-Ästhetik des Katalanen. Allerdings mischte Tuchel da, wo Guardiola mitunter wie ein überkomplizierter Ideologe wirkte, eine ordentliche

Prise Pragmatismus unter. Nötig wurde das vor allem bei Paris Saint-Germain, wo er mit einem Starensemble um den Brasilianer Neymar am Rande der Trainierbarkeit zu tun hatte. Als Tuchel dort entlassen wurde, heuerte er bei Chelsea an und gewann 2021 die Champions League gegen seinen Lehrmeister Guardiola. So musste Guardiola als größter aller Supertrainer noch weitere zwei Jahre auf seinen nächsten Gewinn der Champions League warten, zuvor war ihm das 2011 gelungen.

Der unwahrscheinlichste aller Supertrainer wurde allerdings nicht Tuchel, sondern Hansi Flick. Jahrelang stilles Helferlein von Jogi Löw bei der deutschen Nationalmannschaft, dann Sportdirektor beim Deutschen Fußball-Bund und in Hoffenheim, kehrte er 2019 beim FC Bayern auf die Trainerbank zurück – natürlich als Assistent. Als er Ende des Jahres den Trainerjob von Niko Kovac übernahm, galt Flick als temporäre Lösung, dann jedoch spielten die Bayern unter ihm alles in Grund und Boden und gewannen 2020 das Triple. Auf dem Weg ins Finale der Champions League siegten sie beim wegen der Coronapandemie angesetzten Turnier in Lissabon gegen Barcelona und Lyon mit 8:2 und 3:0. Im Endspiel besiegten seine Bayern Tuchels PSG mit 1:0. Flicks Triumph markierte so den Endpunkt der Supertrainer, weil er zwar ein unglaublich super Trainer war, sich aber allen Inszenierungen als Supertrainer widersetzte. Der Kern des Flickismus besteht aus einer fanatischen Betonung von menschlicher Nähe, Zusammenhalt und Teamspirit. Doch in seiner kurzen Zeit als Bundestrainer machte es bald den Eindruck, als sei Flick in der Welt der Supertrainer nur zu Besuch gewesen.

9

Goldene Jugend – Supertalente

Immer wieder gibt es Fußballnationen, die auf eine Goldene Generation von Spielern zurückschauen können, und die berühmteste aller Goldenen Generationen ist jene der Ungarn um Ferenc Puskás. Über vier Jahre blieb sie in 32 Spielen ungeschlagen, um im WM-Finale 1954 tragisch an der deutschen Mannschaft zu scheitern. Eine besonders geheimnisvolle Goldene Generation war jene aus Nordkorea, die bei der WM 1966 aus dem Nichts kam, Italien schlug und das Viertelfinale erreichte. Norwegen stand 1993 und im Jahr danach einige Monate lang sogar auf Platz eins der Fifa-Weltrangliste. Bulgarien hatte eine Goldene Generation von Spielern um Hristo Stoichkov, die bei der WM 1994 sensationell Vierter wurde, auch auf Kosten der deutschen Mannschaft.

Bei großen Fußballnationen spricht man nicht von Goldenen Generationen. Aus demografischen Gründen rutschen sie selten unter ein bestimmtes Niveau, und erfolgreiche Zeiten werden nicht als Ausreißer verstanden. In Deutschland, Italien oder Spanien spielen schließlich immer genug Menschen Fußball und finden sich fast immer genug Talente, um zumindest ordentliche Nationalteams zu bilden, wenn auch Italien 2018 und 2022 gleich zwei WM-Endrunden verpasste. Bei kleineren Fußballnationen ist das nicht so, denn 360.000 Isländer werden nicht verlässlich genug gute Spieler hervorbringen können, um England zu schlagen wie bei der Europameisterschaft 2016. Der Goldenen Generation wohnt also etwas Wunderbares inne, sie ist ein Geschenk, eine Gunst des Fußballgottes. Geplant werden kann sie nicht – jedenfalls dachte man das lange.

Am 25. November 2012 gewann der FC Barcelona sein Meisterschaftsspiel in Levante mit 4:0. Als Rechtsverteidiger Martín

Montoya nach einer knappen Viertelstunde den verletzten Dani Alves ersetzte, kamen alle elf Spieler des FC Barcelona aus der Jugendakademie La Masia, auch Trainer Tito Vilanova hatte vorher dort gearbeitet. Pere Gratacós, Leiter der Sportstadt des Klubs, in der auch der Nachwuchs des FC Barcelona untergebracht ist, sagte: »Im Fußball blickt man immer entweder nostalgisch zurück oder hofft auf eine bessere Zukunft, aber dieses Spiel gegen Levante war der Höhepunkt von La Masia. Es konnte nicht besser werden.«

Man könnte einwenden, dass die Endspiele der Champions League 2009 und 2011 vielleicht noch größere Höhepunkte waren, denn Barcelona gewann sie mit jeweils sieben Nachwuchsspielern in der Mannschaft. Diesen Rekord müssen die Katalanen jedoch mit einem anderen Klub teilen. Als Ajax Amsterdam 1995 das Finale der Champions League gegen den AC Mailand gewann, standen ebenfalls sieben Spieler aus dem eigenen Nachwuchs auf dem Platz. Dass sowohl Ajax als auch Barcelona mit selbst ausgebildeten Spielern so erfolgreich waren, lag am selben Mann: Johan Cruyff.

Der Holländer war nicht nur einer der besten Spieler aller Zeiten und ein außergewöhnlicher Trainer, sondern auch ein fanatischer Streiter für guten Fußball und gute Nachwuchsausbildung. Mit gutem Fußball ist einer gemeint, der Geschick im Umgang mit dem Ball und Verständnis für die taktischen Zusammenhänge in den Mittelpunkt stellt. Cruyff war immer schmächtig, und in den 1970ern, als es Künstler auf dem Rasen besonders schwer hatten, musste er geschickter sein, schneller denken und handeln. Bei Ajax Amsterdam wurde in der Jugendausbildung darauf geachtet, das zu schulen, weil man dort Cruyffs Aufstieg erlebt hatte. Überhaupt war Ajax der erste Klub, der so etwas wie eine Ausbildungsphilosophie entwickelte.

Nachdem Cruyff 1988 Cheftrainer beim FC Barcelona wurde, begann er sich dort in die Nachwuchsarbeit einzumischen. La Masia war bereits 1979 eröffnet worden, das Nachwuchsleistungszentrum des Klubs war noch in einem alten Landhaus von 1702 untergebracht, direkt neben dem Stadion Nou Camp. Dort wohnten die Jugendspieler, für die Cruyff ein spezielles Curriculum durchsetzte, das auf dem von Ajax Amsterdam basierte und im Laufe der Jahre weiter verfeinert wurde. Entscheidend war, dass in jedem Moment die Ausbildung von individueller Klasse und Spielverständnis im Mittelpunkt stand. Taktikschulung oder gar die Ausbildung von Kraft und Physis waren nachgeordnet. So schuf der FC Barcelona prototypische Spieler für den modernen Fußball. Weil dessen zentraler Mechanismus ist, dass man immer weniger Raum und Zeit hat, mussten die Spieler in der Lage sein, dieses Problem fußballerisch zu lösen.

»Die Ausbildung wurde zur Universität des Passes«, schreibt Simon Kuper in seinem Buch »Barça« über den FC Barcelona. »Für Cruyff war dies das wichtigste Element im Fußball. Der Austausch von Pässen mit Teamkollegen war ein Gespräch, wie Musiker in einer Jazz-Combo wortlos miteinander kommunizieren. Abhängig von der Kraft, mit der der Pass abgegeben wurde, konnte der Ball sagen: ›Gehen wir nach rechts‹, ›Lass uns einen Doppelpass machen‹ oder ›Lass uns das Tempo erhöhen‹.« In La Masia bildeten sie nicht die Starken und Harten aus, sondern die Leichtfüßigen und Geschickten – die den Sound der Pässe hörten. Sie hießen Xavi oder Iniesta, außerdem hatte der Klub sehr viel Geld ausgegeben, um die Familie eines 13-jährigen Argentiniers nach Barcelona umzusiedeln, der aufgrund einer Wachstumsstörung wirkte wie ein Neunjähriger: Lionel Messi. Er komplettierte das Trio, das entscheidend für die Gewinne der Champions League 2009 und 2011 war.

Mit La Masia erreichte die Optimierung im Fußball auf breiter Linie auch die Nachwuchsarbeit. Barcelonas Akademie stand exemplarisch für einen der beiden Kraftströme, die den Jugendfußball in den letzten Jahrzehnten bestimmt haben. Einer kommt von den Klubs, der andere wird von den Verbänden gesteuert. Für viele Vereine ist gute Nachwuchsarbeit schlichtweg eine ökonomische Notwendigkeit, gerade in kleineren Fußballnationen. Partizan Belgrad in Serbien, Red Bull Salzburg in Österreich oder der RSC Anderlecht in Belgien finanzieren sich zu einem beträchtlichen Teil dadurch, dass sie Talente entdecken, fördern und weiterverkaufen. Der portugiesische Rekordmeister Benfica Lissabon hat das perfektioniert. Zwischen dem Sommer 2015 und dem Jahresbeginn 2022 verkaufte der Klub für 379 Millionen Euro Spieler aus der eigenen Akademie, ein weltweiter Spitzenwert. In großem Stil agieren so auch die Klubs aus Südamerika, die unter den Bedingungen des modernen Fußballs zu Zulieferern der europäischen Ligen degradiert sind. Spieler aus Brasilien und Argentinien werden zu Hunderten in die Welt exportiert.

Doch selbst für große Klubs kann es ein wirtschaftlicher Vorteil sein, Starspieler selbst auszubilden. Erstaunlicherweise war Real Madrid hinter Benfica der Klub, der den zweithöchsten Betrag durch den Verkauf von Spielern aus der eigenen Akademie erzielte, 330 Millionen Euro. »Eigene Spieler« schaffen zudem eine besondere Verbindung zum Publikum. Das gilt exemplarisch für die »Class of 92«, zu der David Beckham, Nicky Butt, Ryan Giggs, Gary Neville, Phil Neville und Paul Scholes gehören, die 1992 gemeinsam als Jugendspieler bei Manchester United den FA Youth Cup gewannen und sieben Jahre später als Profis die Champions League. Die Erfolgsgeschichte der Spieler aus La Masia machte den FC Barcelona in den Nullerjahren zu einem der populärsten Klubs der Welt. Und auch als der FC Bayern 2013 die Champions League gewann, standen mit Philipp Lahm, Thomas Müller, David Alaba und Bastian Schweinsteiger vier Spieler aus dem eigenen Nachwuchs auf dem Platz.

Treiber bei den gewaltigen Anstrengungen in der Ausbildung sind oft aber die Verbände, denn sie können Talente nicht wie die Klubs einfach kaufen. Frankreich wurde 1998 auch deshalb Weltmeister, weil viele Spieler im Team die Eliteausbildung im

Leistungszentrum des Verbandes in Clairefontaine durchlaufen hatten. In Deutschland zwang der Deutsche Fußball-Bund nach dem schlechten Abschneiden der Nationalmannschaft bei der WM 1998 und der Europameisterschaft zwei Jahre später die Klubs dazu, massiv in die Talentförderung zu investieren. Sie mussten Nachwuchsleistungszentren eröffnen, für die Standards vorgegeben und kontrolliert wurden. Fast alle Spieler, die 2014 Weltmeister wurden, durchliefen diese Akademien. Ähnliche Entwicklungen gab es in der Schweiz und in Belgien, die Erfolge der Norweger Anfang der 1990er waren ebenfalls nicht nur Folge eines günstigen Schicksals. Überall im Land waren damals Trainingshallen gebaut worden, sodass die Spieler nun auch im Winter trainieren konnten. Auch die Erfolge der Isländer zwei Jahrzehnte später hatten mit solchen Trainingshallen zu tun und damit, dass nun auf Kunstrasenplätzen auch bei schlechtem Wetter länger im Jahr draußen gespielt werden konnte.

Goldene Generationen sind heute also nicht mehr nur schicksalhaft, sie werden zu einem gewissen Teil gemacht. Dass aus Uruguay seit über 90 Jahren regelmäßig gute Spieler kommen und das Land mit gerade einmal 3,5 Millionen Einwohnern immer wieder starke Nationalteams stellt, hat mit einer langen Tradition der Nachwuchsarbeit zu tun. Ähnlich ist es in Kroatien, wo ebenfalls nur rund vier Millionen Menschen leben, aber auch nach dem Zerfall Jugoslawiens weiterhin eine außergewöhnlich gute Nachwuchsarbeit betrieben wurde. Wo immer sich in den letzten Jahren eine Fußballnation neu in den Fokus schob, konnte man davon ausgehen, dass dort besondere Anstrengungen bei der Nachwuchsausbildung gemacht wurden. Zuletzt galt das für England.

Diese Entwicklungen erklären umgekehrt, warum einige Fußballnationen den Anschluss verloren haben – vor allem in Osteuropa. Dort war Sportförderung bis zum Fall des Eisernen Vorhangs eine staatliche Aufgabe, die danach verwaiste.

Bulgarien und Rumänien etwa vermochten nicht mehr an die Erfolge der frühen 1990er-Jahre anzuknüpfen. In Russland kümmerten sich die von Oligarchen geführten Klubs lange wenig um die Talentförderung, zugleich hielten sie die russischen Spieler durch gute Bezahlung im Land, wo die sich sportlich kaum weiterentwickelten. Den osteuropäischen Nationalteams fehlten zudem fast komplett Spieler mit Migrationshintergrund, die in ganz Westeuropa eine große Rolle spielten.

Mit dem Aufstieg der mitunter fast fabrikhaft wirkenden Nachwuchsarbeit einher geht die Erkenntnis, dass Talent nicht nur etwas Gegebenes ist, sondern auch etwas Gemachtes. Fast verschwunden ist im modernen Fußball so die Figur des früher romantisch überhöhten Straßenfußballers, der Tag für Tag mit seinen Freunden auf der Straße oder dem Bolzplatz seine Künste entwickelt, um irgendwann quasi naturwüchsig die Szene zu betreten. Im Gefolge von Kameruns überraschendem Auftritt bei der WM 1990 übernahmen diesen Part teilweise noch afrikanische Profis, wobei deren Wahrnehmung als Naturtalente oft rassistisch gefärbt ist. Schließlich eröffneten auch in Afrika Jugendakademien, eine der ersten war 1993 die Académie MimoSifcom des ivorischen Klubs ASEC Mimosas. Als die Nationalmannschaft der Elfenbeinküste 2006 in Deutschland bei einer WM-Endrunde debütierte, kamen elf Spieler aus dieser Akademie, vier Jahre später in Südafrika waren es sogar zwölf.

Es mag hier und da immer noch ein Spieler im Spitzenfußball auftauchen, der keine Akademie und kein Nachwuchsleistungszentrum durchlaufen hat, wie Robin Gosens in der deutschen Nationalmannschaft. Es wird weiterhin vereinzelte Spätzünder geben, die erst vom System aussortiert werden und es über Umwege trotzdem schaffen. Das Publikum wird diese Spieler besonders lieben, weil in ihren Biografien das wirkliche Leben mit seinen rätselhaften Wendungen aufscheint. Aber in Wahrheit sind sie die Ausnahme von einer Regel, die aus klar definierten Bildungswegen besteht.

Wie diese ausgestaltet sein sollen, wird genauso emotional diskutiert, wie Lehrer und Eltern das auch bei der schulischen Ausbildung der Kinder tun. Ist das belgische Ausbildungssystem das beste, das französische, spanische oder inzwischen das in England? Setzt La Masia nach wie vor den Goldstandard? Müssen die Spieler mehr dribbeln lernen und die taktische Ausbildung hintanstellen? Keine dieser Fragen ist eindeutig zu beantworten, aber klar ist: Im modernen Fußball gibt es dafür einen so großen Resonanzraum wie nie zuvor.

10

Welterfolg – Superinternationalität

Englische Ingenieure, Geschäftsleute und Händler trugen ab Ende des 19. Jahrhunderts den Fußball in die Welt. Die faszinierten Einheimischen schauten zu, was sie da trieben, und versuchten es dann selbst. Man brauchte zum Kicken schließlich nur eine Freifläche und einen Ball, der nicht mal aus Leder sein musste, man konnte sich da behelfen. Diese Geschichte wiederholte sich nicht nur im britischen Kolonialreich, sondern fast überall, wo Engländer auftauchten, ob in Genua oder Dresden, Rio de Janeiro oder Buenos Aires. Doch so universell das Spiel war, so unterschiedlich entwickelte es sich in unterschiedlichen Regionen der Welt. Besonders deutlich wurde das im Vergleich zwischen Europa und Südamerika.

Was sich da unterschiedlich ausprägte, wurde oft mit nationalen oder rassistischen Stereotypen erklärt. »Der Deutsche ist kein Brasilianer«, sagte Franz Beckenbauer noch in den 1990er-Jahren gerne. Damit wollte er sagen, dass »der Brasilianer« mit einer natürlichen Eleganz, besonderem Spielwitz und Geschick im Umgang mit dem Ball ausgestattet ist, die »dem Deutschen« abgehen. Beckenbauer, selbst ein ungemein eleganter Spieler, meinte das vor allem als Kritik an den »Holzfüßen«, wie er die Spieler mitunter nannte, mit denen er zusammenarbeiten musste. Aber man konnte die Sache auch umdrehen: Wo »der Deutsche« auf dem Platz fleißig und zuverlässig war, nahm »der Brasilianer« die Dinge manchmal etwas zu leicht. Was damit zu tun hat, dass er halt ein leichtes Leben in der Sonne an der Copacabana im Schatten des Zuckerhuts gewöhnt war.

Das alles war himmelschreiender Unsinn, denn viele große brasilianische Spieler stammen bis heute aus ungemütlichen sozialen Verhältnissen, die mit leichtem Leben am Strand nichts zu tun haben. Fußball war und ist für sie eine der wenigen Möglichkeiten, wenn nicht die einzige, der Armut zu entfliehen. Dass sie das allerdings taten, indem sie eher die höchste Kunst im Umgang mit dem Ball entwickelten als Kraft und Ausdauer, hatte viel mit klimatischen Bedingungen zu tun. Es ist leichter, ausdauernd kraftvoll zu spielen, wenn Temperatur und Luftfeuchtigkeit nicht so hoch sind. Weshalb sich schon der brasilianische Fußball und der in Argentinien deutlich voneinander unterscheiden. In großen Teilen Brasiliens herrscht tropisches Klima, in Argentinien ein gemäßigtes mit warmfeuchten Sommern und kühlen Wintern.

Argentinien ist das Land, in dem besonders früh, besonders viel und besonders ausdauernd darüber nachgedacht, geschrieben und gestritten wurde, wie »der Argentinier« spielt. Im Grunde wurden fußballkulturelle Debatten dort erfunden, und die entscheidende Rolle dabei spielte das Magazin »El Gráfico«. 1919 gegründet, wurde es ab 1925 ein wöchentliches Sportmagazin, das in ganz Südamerika an den Kiosken zu finden war. So trug es die Diskussion über den *fútbol criollo* über den Kontinent. Diesen »kreolischen Fußball« zu definieren, gab es viele Versuche. Der uruguayische Schriftsteller Eduardo Galeano etwa schrieb, der Zweck des Stils sei es, »zu blenden und Ehrfurcht zu wecken«. Die Spieler verglich er dabei mit Musikern: »Der Ball wurde angeschlagen, als wäre er eine Gitarre, eine Quelle der Musik.« Zu einer wichtigen kulturellen Kategorie wurde das Dribbling, womit sich die Argentinier bewusst auch deshalb von den Engländern emanzipierten, weil diese zunächst abgelehnt hatten, Einheimische in ihre in Argentinien gegründeten Klubs aufzunehmen, und lieber unter sich blieben. Fußball trug in dem Land, das erst 1880 Nationalstaat wurde, überhaupt wesentlich dazu bei, sich seiner Identität als Argentinier zu bestätigen – und das nicht nur in der ersten Hälfte des 20. Jahrhunderts. Bis heute gilt die besondere Verehrung für Diego Maradona in Argentinien nicht allein dem vielleicht besten Fußballspieler aller Zeiten. Er war auch der *Pibe de Oro,* der Goldjunge. Die Figur des *Pibe* ist wie der »kreolische Fußball« ein kulturelles Konstrukt. Der Pibe ist ein mit allen Wassern der Überlebenskunst gewaschener Bursche aus den Shanty Towns, der, um zu überleben, nicht immer den geraden Weg gehen kann. Deshalb wurden Maradona seine Eskapaden zeitlebens nicht nur nachgesehen, sondern als Ausdruck eines Lebensstils sogar gefeiert.

In Argentinien wurde und wird begeistert darüber gestritten, wie Fußball auszusehen hat. Ob er pragmatisch sein soll, wie der von Carlos Bilardo, Trainer des argentinischen Weltmeisters von 1986. Oder ob man dessen Antipode César Luis Menotti folgen sollte, dem Weltmeistertrainer von 1978, der Bilardos Pragmatismus als reaktionär brandmarkte und einem linken, sprich kreativen Fußball das Wort redete, der die Massen beglücken sollte.

Das alles waren aber keine feuilletonistischen Luftschlösser, »der Argentinier« oder »der Brasilianer« spielte wirklich anders als »der Deutsche«. Nur hatte das weniger mit Genetik zu tun, sondern neben den klimatischen Voraussetzungen viel auch mit kulturellen Traditionen. In den west- und nordeuropäischen Ländern stand lange die Physis im Mittelpunkt, der Feier für die Eisenfüße wohnte eine Verachtung für die Künstler inne. Im globalen Süden ging es eher um das Dribbling und das Geschick am Ball, während es in Italien schon früh einen fortgeschrittenen taktischen Diskurs gab. Der hatte vor allem damit zu tun, dass italienische Mannschaften mit gut organisiertem Defensivfußball früh erfolgreich waren. So erwuchsen Traditionen in Ländern auch einfach deshalb, weil man so Titel gewann.

Früher schauten italienische Trainer vor allem die Ideen ihrer Landsleute ab, Argentinier lernten bei Argentiniern, Deutsche bei Deutschen. Sollte heute aber ein argentinischer Klub eine sensationelle taktische Novität entwickeln oder die japanische Liga einen eigenen Stil hervorbringen, kann man das nun in Echtzeit überall studieren. Auch der Arbeitsmarkt für Fußballprofis ist globalisiert. Eine Studie des CIES Football Observatory im Jahr 2020 untersuchte 132 erste oder zweite Ligen in 93 Ländern auf allen Kontinenten. 1535 brasilianische Spieler, 948 Franzosen, 913 Argentinier und viele Hundert Profis aus anderen Ländern mehr spielten jenseits ihres Heimatlandes. Diese globale Migration sorgt für Feedback-Effekte, denn einerseits prägen diese Spieler den Fußball der »Einwanderungs«-Länder in einem gewissen Maße, werden aber noch stärker selbst von ihm geprägt.

Der globale Spielermarkt und die weltumspannende Verfügbarkeit von Wissen haben dafür gesorgt, dass ein Weltstil des Fußballs entstand. Von den Supertrainern – und nicht nur von ihnen – wird schließlich nicht erwartet, dass sie spanischen oder deutschen Fußball lehren, sondern eine Synergie der besten Ideen erschaffen. Nach wie vor unterscheiden sich Mannschaften in taktischen Formationen und darin, welche Vorgaben die Trainer ihren Spielern geben. Es gibt offensivere und defensivere Herangehensweisen, kollektiver und individueller organisierte, spielerische oder physischere Schwerpunkte, und gerne darf man auch darüber debattieren, wie all das kulturell oder politisch zu bewerten ist. Aber signifikante stilistische Unterschiede zwischen den Fußballnationen haben sich weitgehend abgeschliffen. Es gibt noch Reste davon, die Premier League etwa ist sehr physisch, die spanische La Liga hingegen setzt eher auf geschickte Kombinationsfußballer, aber das sind Nuancen.

Im Zeitalter des modernen Fußballs geht es um den bestens ausgebildeten Einzelspieler mit einem speziellen Set an Fähigkeiten, der von großen, hoch spezialisierten Trainerteams betreut und von großen Strategen auf der Trainerbank in Mannschaften eingefügt wird. Stereotype spielen fast keine Rolle mehr, sieht man einmal von schwarzen Profis ab. Sie stehen z. B. weiterhin bemerkenswert selten im Tor, als Cheftrainer sind sie krass unterrepräsentiert, und schwarze Sportdirektoren gibt es fast gar nicht. Das zeigt die Beharrlichkeit rassistischer Vorstellungen, denn Torhüter müssen besonders zuverlässig sein, Trainer und Manager sind per Definition Führungspersönlichkeiten, beides wird Schwarzen nach wie vor abgesprochen.

Durch das Entstehen eines globalen Fußballstils und das weitgehende Verschwinden nationaler Stile, das einhergeht mit der globalen Vermarktung des Spiels, befindet sich der Fußball heute in einem interessanten Spannungsfeld zwischen dem Internationalen und dem Lokalen – vor allem auf den Rängen.

TEIL 3

Richtiges Leben im falschen

11

Wo die Liebe hinfällt

Mitte der 1980er-Jahre untersuchte der französische Ethnologe Christian Bromberger, wer sich die Spiele von Olympique Marseille anschaut, und schrieb: »Das Stadion bietet ein getreues Miniaturabbild der Stadt.« Auf den Sitzplätzen fand er »die besseren Kreise, die Freiberufler, Unternehmer, Bauern und Händler fast im gleichen Ausmaß präsent wie in der Stadt«. Auf der Tribüne im Norden, hinter dem Tor, stand das Publikum aus den Arbeitervierteln und den Vororten. In zweierlei Hinsicht entsprach die Zusammensetzung des Publikums allerdings nicht der Sozialstruktur von Marseille: Es war deutlich jünger und vor allem überwältigend männlich, nur jeder siebte Zuschauer war weiblich.

In Deutschland oder England wäre eine solche Erhebung zu ähnlichen Erkenntnissen gekommen und hätte auch dort die populäre Erzählung unterlaufen, dass Fußball ein Arbeitersport oder exklusiv das Spiel der kleinen Leute ist. Das ist, wie wir schon gesehen haben, historisch falsch, weil der Sport in den englischen Eliteinternaten entstand und die ersten Fußballregeln von Mitgliedern der englischen Oberschicht geschrieben wurden. Der Eindruck entstand, weil Fußball früh ein populäres Vergnügen wurde, das sich jeder leisten konnte. Nicht nur in England. Auch die Herkunft der Spieler lieferte kein »getreues Miniaturabbild« der Gesellschaft, jedenfalls waren die Söhne aus »den besseren Kreisen« in den Profimannschaften lange unterrepräsentiert. Die Fußballgewalt, die ab den 1960ern bis zu den Exzessen zwei Jahrzehnte später immer mehr zunahm, sorgte erst recht für die Wahrnehmung des Spiels als »slum sport for slum people«. Dass sich in den Stadien ein enthemmtes Subproletariat gegenseitig die Köpfe einschlug, war zwar eine groteske Überzeichnung, aber auch die Gegengeschichte dazu war windschief: Fußball als eine Art letzter Schutzraum authentischer Arbeiterkultur.

Mitte der 1980er, als Bromberger das Publikum in Marseille erforschte, steckte der deutsche Fußball in der Krise. In der Saison 1988/89 war die Zahl der Zuschauer in der Bundesliga mit im Schnitt 17.631 Zuschauern pro Spiel auf einen Tiefpunkt gesunken. Das waren so wenige wie seit den frühen 1970er-Jahren nicht mehr, damals hatte der Bundesligaskandal mit verschobenen Spielen den Glauben an einen integren Wettbewerb erschüttert. In England fiel die Zahl der Zuschauer ebenfalls, zwischen 1978 und 1989 um 41 Prozent, in Frankreich um 32 Prozent und sogar in Italien um 14 Prozent. In Holland halbierten sich die Zuschauerzahlen, und in Schweden stand Eishockey kurz davor, Fußball als den populärsten Sport des Landes abzulösen. In den meisten Ländern war die Situation ähnlich krisenhaft, in Osteuropa brach das Interesse am Fußball nach dem Fall des Eisernen Vorhangs zunächst fast komplett ein. Die Leute hatten andere Sorgen.

Die Gründe für die Krise in Westeuropa waren vielerorts ähnlich, auch in Deutschland waren die meisten Stadien in einem miesen Zustand und die Gewalt um die Spiele notorisch. Der Hooliganismus mochte nicht so extrem wie auf der Insel sein, stieß aber viele potenzielle Zuschauer ab. Die Stadien entsprachen ebenfalls nicht mehr den Wünschen, sie waren größtenteils unüberdacht, zumeist umgaben die Spielfelder noch Laufbahnen, sodass man weit weg vom Geschehen war und selten Stimmung aufkam. Im riesengroßen Münchner Olympiastadion begrüßte der FC Bayern bei sieben Spielen der Saison 1991/92 nur 20.000 Zuschauer oder weniger.

Zu diesem Zeitpunkt, also in der letzten Saison, bevor SAT.1 die Bundesligaberichterstattung übernahm, waren die Zuschauerzahlen zwar zumindest wieder über die 20.000-Grenze geklettert. Doch mit Beginn des modernen Fußballs setzte ein massiver Boom ein. Ein Jahrzehnt später kamen schon mehr als 30.000 Zuschauer pro Spiel, 2009 dann mehr als 40.000, in England verlief die Entwicklung ähnlich. Eine Erklärung für den Run war in beiden Ländern, dass die Stadien modernisiert worden waren. In England mussten als Folge der Hillsborough-Katastrophe die traditionellen *Terraces* in Sitzplätze umgewandelt werden, etliche Vereine bauten gleich ganz neue Stadien. In Deutschland löste die Weltmeisterschaft 2006 einen Bauboom aus. Die Stadien in München, Hamburg, Frankfurt, Hannover, Leipzig und Gelsenkirchen wurden neu gebaut, in Nürnberg, Stuttgart, Kaiserslautern, Dortmund, Köln und Berlin wurden bestehende vollständig modernisiert und teilweise massiv ausgebaut. Selbst wo keine WM-Spiele ausgetragen wurden, gab es neue oder modernisierte Stadien.

Damit änderte sich auch die Topografie der Stadien, die nun oft Arenen hießen. Zuvor hatte es im Wesentlichen zwei Kategorien gegeben: Stehplätze und Sitzplätze. Es wurde bei der Höhe der Eintrittspreise noch unterschieden, ob sie überdacht waren oder nicht, ob die Sicht besser oder schlechter war. Doch nun gab es unterschiedlich exklusive Logen, VIP-Bereiche oder sogenannte Business Seats. Das zielte vor allem auf Geschäftsleute ab, die ihre Kunden in der Atmosphäre von Fußballspielen betreuen oder bei dieser Gelegenheit neue Geschäftskontakte knüpfen wollten. Durch diese Segmentierung entstanden ganz unterschiedliche Stadionerlebnisse. Die einen kamen mit Bus und Bahn zum Stadion, wo sie mit Bier und Bratwurst in der Kurve standen, die anderen fuhren mit dem Auto auf einen reservierten Parkplatz und nahmen am gedeckten Tisch Platz. Das sollte nicht ohne Konflikte bleiben.

Eben noch hatten schlecht gelaunte Männer in abgerockten Stadien über räudigen Fußball gestöhnt, und die »normalen Leute« hatten still gelitten und ihre Fußballbegeisterung lieber verschwiegen, weil die anderen darüber nur den Kopf schüttelten. Doch nachdem das Fernsehen »A whole new ballgame«

präsentierte, wollten es zur allgemeinen Verblüffung viele Menschen auch vor Ort erleben. Dabei war es über Jahrzehnte doch der feste Glaubenssatz aller Fußballverantwortlichen gewesen, dass Fußball im Fernsehen und der im Stadion in Konkurrenz stehen. Nun zeigte sich das Gegenteil: Fernsehfußball war Werbung für den Live-Fußball. So beißend die Kulturkritik an ihm auch sein mochte, trugen all die Superzeitlupen, fliegenden Kameras und leichtgewichtig aufbereiteten Geschichten im Fernsehen mit dazu bei, dass sich mehr Menschen für das Spiel interessierten. Und die neuen Arenen luden ein, sich Fußball vor Ort anzuschauen.

Unter diesen Bedingungen blieb »der Fan« nicht, was er gewesen war. Oder es wurde etwas freigelegt, das lange überdeckt war. So wichtig das Buch »Fever Pitch« als kultureller Wendepunkt im Verständnis von Fußballfans war, beschrieb Hornby darin kein universelles Konzept der Fußballliebe. Das zeigte sich schon daran, dass das Buch nicht in allen großen Fußballnationen auf das gleiche Interesse stieß; in Italien, Spanien und Frankreich etwa war es deutlich geringer als in Deutschland und England. Trotzdem brachte es instinktiv auf den Punkt, dass eine Ära zu Ende ging. Die sich selbst hassenden Männer im Highbury-Stadion, die schon mit ihren Vätern gekommen waren, waren ein Auslaufmodell, zumindest stellten sie nicht mehr die Mehrheit. Sie (und die jugendlichen Gewalttäter) dominierten das Stadionerlebnis im modernen Fußball immer weniger. Es kamen nun andere Leute, das Fan-Sein fächerte sich auf.

In England war der Einschnitt besonders scharf: Dort wurde durch den Wegfall der billigen Plätze und den damit verbundenen drastischen Preisanstieg ein Teil des traditionellen Publikums schlichtweg ersetzt. 1992 lag der durchschnittliche Eintrittspreis für ein Spiel in der Premier League bei 7,55 Pfund, bereits sieben Jahre später hatte er sich auf 16,27 Pfund mehr als verdoppelt, und das war nur der Anfang einer gewaltigen Preisspirale. Dadurch änderte sich die Zusammensetzung des

Publikums, und es erhob sich die Klage über Stadionbesucher, die keine »richtigen Fans« sind. Prototypisch dafür steht die Beschwerde von Roy Keane, dem ehemaligen Mannschaftskapitän von Manchester United, der im Jahr 2000 über einen Teil der Zuschauer bei seinem Klub klagte: »Sie haben ein paar Drinks und wahrscheinlich Krabben-Sandwiches, bekommen aber nicht mit, was auf dem Spielfeld vor sich geht. Ich glaube, dass einige der Leute, die ins Old Trafford kommen, das Wort ›Fußball‹ nicht buchstabieren können, geschweige denn das Spiel verstehen.« Der abschätzige Begriff »Krabben-Sandwich-Brigade« für die auf den teuren Plätzen ging in den englischen Fußball-Wortschatz ein.

2007 trat auf der Jahreshauptversammlung des FC Bayern ein Mitglied ans Rednerpult, um das »Identitätsproblem« des Klubs anzusprechen. Es seien zu viele VIPs in der Allianz Arena und zu wenige echte Fans, was für miese Stimmung sorge. In den Logen werde nur Hummer verzehrt, aber nicht angefeuert. (Offensichtlich gab es mit dem Hummer in München ein Upgrade zu den Krabben in Manchester.) Der Redner sehnte sich jedenfalls in die Zeiten zurück, »als die Eintrittskarten noch nicht auf E-Bay gehandelt wurden und als weniger Zuschauer da waren«. Er bekam stürmischen Applaus. Der damalige Manager Uli Hoeneß antwortete darauf mit einer legendär gewordenen Wutrede. »Das ist populistische Scheiße«, schrie er. »Für die Scheiß-Stimmung seid ihr verantwortlich, nicht wir.« – »Was glaubt ihr eigentlich, wer ihr seid? Wir reißen uns für euch den Arsch auf. Dafür lassen wir uns nicht an die Wand stellen.« – »Das Stadion hat 340 Millionen gekostet – das ist mit sieben Euro Eintritt nicht zu finanzieren.« – »Ihr wollt Ribéry und Toni, aber keinen Champagner in den Logen. Wir sollen die Champions League gewinnen, aber es darf nichts kosten.«

So leicht waren die sich ausdifferenzierenden Welten innerhalb der Stadien nicht mehr unter einen Hut zu bringen. Im Grunde war der Konflikt die Folge einer ganz speziellen Form von Gentrifizierung. Normalerweise beschreibt dieser Begriff den Strukturwandel städtischer Bereiche: Ehemals billiger Wohnraum wird durch Renovierungen aufgewertet und zieht neue, zahlungskräftige Käufer oder Mieter an. Die bisherigen Bewohner müssen wegziehen, weil sie sich die nun teureren Wohnungen nicht mehr leisten können. In England passierte genau das, in Deutschland hingegen war es etwas anders, weil es aus Gründen, auf die wir noch kommen werden, weiterhin günstige Plätze gab. Nur mussten sich die Alteingesessenen und die Zugezogenen arrangieren. Ein Teil des Arrangements bestand darin – und Hoeneß erinnerte daran –, dass die auf den billigen Plätzen, nach Marktbegriffen viel zu billigen Plätzen, eine Zusatzleistung bringen mussten, indem sie für Stimmung sorgten und sich nicht über die Scheiß-Stimmung beschwerten, weil die besser bezahlenden Hummeresser nicht mitmachten. Der große Populist Hoeneß brachte mit seinem gezielten Wutausbruch die deutschen Verhältnisse auf den Punkt: Emotion als Währung.

Als Christian Bromberger die Vorlieben des Publikums bei Olympique Marseille untersuchte, befragte er die Zuschauer auch danach, welche Spieler ihrer Mannschaft sie favorisierten. Dabei stellte sich heraus, dass Menschen unterschiedlicher sozialer Herkunft unterschiedliche Lieblingsspieler hatten. Der als besonders nüchtern und besonnen geltende Mannschaftskapitän wurde vor allem von den Unternehmern, Geschäftsleuten und Handwerkern der Ober- und Mittelschicht geschätzt. Favorit der jungen Zuschauer aus unteren Schichten war ein kapriziöser, spektakulärer Torwart. Bei ihnen in der Kurve war der strategische Spielmacher am wenigsten populär, der auf der Haupttribüne hingegen besonders geschätzt wurde. Fans lieben eben jene Spieler besonders, die so rüberkommen, wie sie selbst gerne sein möchten: knallharte Typen, seriöse Arbeiter, sachliche Strategen, lustige Vögel, verpeilte Künstlernaturen oder was auch immer. Je nachdem, wie das Publikum zusammengesetzt ist, kann das Pendel in die eine oder andere Richtung ausschlagen. Ein tapfer kämpfender Kicker mit limitierten Fähigkeiten mag bei einem Klub zum absoluten Publikumsliebling aufsteigen, während andernorts die Zuschauer maulend seine Mängel registrieren.

Bromberger untersuchte nicht nur die Vorlieben der Fans für einzelne Spieler, sondern auch, was das Publikum insgesamt an den Verein band. Dazu verglich er das Selbstverständnis von Olympique Marseille mit dem des knapp 400 Kilometer entfernten italienischen Rekordmeisters Juventus Turin. Dieser definiere sich über die drei S, »Semplicità, Serietà, Sobrietà«, also Einfachheit, Ernsthaftigkeit und Nüchternheit, erklärte er. Werte, die gut zu einem Industrieunternehmen passten, Juventus ist bis heute in der Hand der Fiat-Eigner. In Marseille hingegen wurden die drei R propagiert, »Rêve, Risque et Rire«, also Träumen, Risiko und Lachen. Anders als bei Juventus ging es um Emotionalität und Spektakel. Dass beide Klubs in den folgenden Jahren in gewaltige Korruptionsskandale verstrickt waren und zwangsweise absteigen mussten, mag man im Gegensatz zu ihren Selbstbildern sehen oder als passend: Juventus hielt sich nüchtern nur an die eigenen Regeln, Olympique ging dagegen ins Risiko und gab sich lustvoll dem Skandal hin.

Auf gewisse Weise bilden alle Klubs Gesamtidentitäten aus, an die man als Fan andocken kann. Damit zogen die Vereine auch Anhänger von außerhalb ihres näheren Einzugsgebiets an. Das galt in Deutschland ab den 1970er-Jahren vor allem für Borussia Mönchengladbach und den FC Bayern, den Hamburger SV in den 1980ern und später dann für Borussia Dortmund. Die Erklärung dafür war, dass sie sportlich erfolgreiche Zeiten erlebten und dadurch häufiger im Fernsehen zu sehen waren. Live-Übertragungen waren damals noch selten, und so hatte es etwas Besonderes, den Gladbacher Weg zum Gewinn des Uefa-Cups 1979 oder den Weg des HSV bis zum Gewinn des Europapokals der Landesmeister 1983 miterleben zu können. Nicht wenige Menschen wurden bei solchen Gelegenheiten zu Fans, selbst wenn sie weit entfernt wohnten.

Wachsende Mobilität half ebenfalls, von 1970 bis 1990 verdoppelte sich die Zahl der Autos in Deutschland auf 40 Millionen. Niemand musste Gladbach oder den HSV mehr aus der Ferne bestaunen, sondern konnte sich in seinen Wagen setzen und ins Stadion fahren. So sammelten einige Klubs ein bundesweites Publikum an, Anhänger des FC Bayern kommen heute aus durchschnittlich 250 Kilometer Entfernung zu den Spielen in die Arena nach München, bei Borussia Dortmund oder Schalke 04 sind die Distanzen nicht viel kürzer.

Die Globalisierung des Fußballs gab dieser Entwicklung noch einen weiteren Dreh, ab den 2010er-Jahren standen dem Publikum erst durch Kabel- und Satellitenfernsehen und später durch Streamingdienste immer mehr Wettbewerbe und Ligen zur Verfügung. Zunächst die Champions League, die Premier League und die anderen großen Ligen; heute kann man auch die holländische Eeredivisie oder die argentinische Primera División anschauen. Dadurch konkurriert etwa ein Klub wie der SC Rot-Weiß Oberhausen nicht mehr nur mit den Ruhrgebietsnachbarn Rot-Weiss Essen oder Schalke 04 – oder mit dem FC Bayern. Ein Kind in Oberhausen kann inzwischen genauso leicht Fan des FC Barcelona, von Real Madrid oder Liverpool werden. Im vormodernen Fußball waren das noch Klubs aus fernen Ländern, heute ist es im Grunde sogar leichter, ihnen zu folgen als Rot-Weiß Oberhausen, weil sie häufiger im Fernsehen zu sehen und präsenter in den sozialen Medien sind.

Ein Fan, der seine Liebe zu verschenken hat, verfügt also über eine riesengroße Auswahl. Das ist wie bei der Partnerwahl: Früher war man darauf angewiesen, in der Nachbarschaft, an der Arbeitsstelle, an der Schule, beim Ausgehen oder auf Reisen reale Menschen zu treffen. Heute kann man sich auf dem Smartphone durch ein grenzenloses Angebot wischen, bei Tinder – oder bei DAZN. Vielleicht geht die Liebe trotzdem an Rot-Weiß

Oberhausen, aber es ist nicht mehr exzentrisch, bei der AS Rom zu landen oder den Boca Juniors in Buenos Aires. Oder es geht alles zusammen, das lokale Fußballerlebnis in Oberhausen, großer Fußball in Dortmund und vielleicht noch eine sanfte Zuneigung für die Roma, der man per Streamingdienst folgt.

Das Phänomen gibt es auch in der Gegenrichtung: 2015 reiste der FC Bayern nach China und wurde in den Stadien von Tausenden chinesischen Fans in Bayern-Trikots begrüßt, die zur sichtbaren Verblüffung der Münchner Delegation die Vereinshymne »Stern des Südens« singen konnten. Das wirkte reichlich bizarr, legte aber auch den Mechanismus offen, wie das heute mit der Fan-Liebe funktioniert. Die Bayern-Fans in Shanghai und Peking hatten keine Eltern, Nachbarn und Freunde, von denen sie die Liebe zum FC Bayern hätten erben können. Sie konnten sich nicht als Ober- oder Niederbayern regional von dem Klub repräsentiert fühlen, und ein Stadionerlebnis konnte sie ebenfalls nicht infiziert haben. Sie waren also einem imaginären FC Bayern zugetan, einer Geschichte des Klubs, die sie am Fernseher erlebt hatten oder in den sozialen Medien, die der FC Bayern selbstverständlich auch auf Chinesisch bespielte.

»Satelliten-Fans« werden solche Anhänger genannt, die aus der Ferne um einen Klub kreisen. In Skandinavien hat das eine lange Tradition, weil englischer Fußball dort schon in den 1960er-Jahren im Fernsehen gezeigt wurde. Es gibt Tausende skandinavische Fans von Liverpool und Manchester United, Leeds United oder Ipswich Town. Sie haben eigene Fanklubs, reisen regelmäßig nach England und sind akzeptierte Mitglieder der Fanszenen. Darüber hinaus gibt es nach England einen globalen Fan-Tourismus. 2019 zählte die britische Fremdenverkehrsbehörde 226.000 Reisen aus dem Ausland allein zum Stadion Old Trafford in Manchester und weitere 213.000 an die Anfield Road in Liverpool. Das erschwerte es den Fans vor Ort, an Eintrittskarten zu kommen. Sogar das wirtschaftsfreundliche Magazin *Forbes* warnte: »Wenn die Vereine vom Fußballtourismus profitieren wollen, müssen sie darauf achten, dass sie es nicht auf Kosten der einheimischen Fans übertreiben, sonst riskieren sie, die Gans zu töten, die die goldenen Eier des Fußballtourismus legt.« Aber wer weiß: Vielleicht sind ja Shanghai Reds in Manchester irgendwann mal genauso anerkannt wie Stockholm oder Oslo Reds.

Es gibt leider keine Untersuchung dazu, die über die Jahrzehnte den sozialen Wandel bei der Zusammensetzung des Publikums in deutschen Stadien erforscht hat. Es dürfte aber keine allzu steile These sein, dass sie heute in größerem Maße ein »getreues Miniaturabbild« der Gesellschaft liefern, als das früher der Fall war. Frauen sind zwar nach wie vor unterrepräsentiert, aber nicht mehr annähernd so krass wie früher. Menschen mit migrantischem Hintergrund sind auf den Rängen allerdings immer noch nicht annähernd so stark vertreten wie in der Gesellschaft. Dennoch ist das Stadion ein diverser Ort geworden. Allerdings ist es im modernen Fußball für die Vereine auch eine Kunst geworden, die auseinanderdriftenden Kräfte einigermaßen zusammenzuhalten, München und Peking, Hummer und Bratwurst, »der Fan« will ganz unterschiedliche Dinge.

12

Sitzen ist fürn Arsch

Im Dezember 1994 demonstrierten 300 Fußballfans in Schals und Trikots, mit Fahnen und Trompeten, zur Mittagszeit vor dem Deutschen Fußball-Bund in Frankfurt. Es war die erste Demonstration am Sitz des größten Fußballverbandes der Welt. Dementsprechend groß war die Zahl der Kamerateams, und die Reporter waren zufrieden, schließlich waren die Bilder leicht verständlich arrangiert. Um – natürlich – »fünf vor zwölf« inszenierten gut gelaunte Fans von 25 Klubs aus ganz Deutschland ihren Unwillen, selbst die Anhänger der großen Rivalen Dortmund und Schalke lagen sich zu diesem Zweck demonstrativ in den Armen. Um ihre Anliegen klarzumachen, nahm ein Teil der Fans auf mitgebrachten Sitzbänken Platz, eine zweite Gruppe blieb stehen, und eine dritte spielte vor den anderen Fußball. Auf den Sitzplätzen blieb alles ruhig, während die Stehenden mächtig aufdrehten, die Botschaft hieß schließlich: »Sitzen ist für'n Arsch!« Denn Sitzen führt zu Scheiß-Stimmung, für die richtige wird auf den Stehplätzen gesorgt.

Seit dem Herbst 1992 durften die Zuschauer bei Spielen im Rahmen der Fifa-Wettbewerbe allerdings nicht mehr stehen. Das war die globale Schlussfolgerung aus den Stadionkatastrophen in England. Der europäische Fußballverband hatte den Beschluss zur Saison 1993/94 übernommen, bei den Europapokalwettbewerben durften nun ab dem Viertelfinale keine Stehplätze mehr angeboten werden. Die deutschen Fußballfunktionäre überlegten angesichts dieser Entwicklung, für die Bundesliga ebenfalls das Ende der Stehplätze zu beschließen.

In diesem Moment trafen die Funktionäre zu ihrer Verblüffung auf eine Fanszene, die ihre Interessen selbstbewusst, gut organisiert und mit Sinn für mediale Inszenierungen vertrat. Diese Fußballfans forderten Mitsprache ein, weil sie, wie die kleine Aufführung für die Fernsehkameras klarmachte, zum Gelingen des Spiels beitrugen. Weil sie auf den Stehplätzen für Stimmung sorgten, beanspruchten sie auch, dass diese erhalten blieben. Die Stehplätze abzuschaffen, verstanden sie als Angriff auf das, was nun immer öfter »Fankultur« hieß.

Fans waren nie reine Konsumenten des Spiels und gestalteten das Ereignis spätestens entscheidend mit, seit auf den englischen Stehtribünen der frühen 1960er-Jahre die rätselhafte Kultur mit Gesängen und Ritualen entstand, die den Reporter der BBC so fasziniert hatte. Der amerikanische Futurologe Alvin Toffler prägte 1980 den in diesem Zusammenhang hilfreichen Begriff »Prosumer«. Menschen werden dann zu Prosumenten, wenn sie als Konsument und Produzent zugleich agieren. Ein typisches Beispiel sind soziale Medien, bei denen die User die Inhalte nicht nur konsumieren, sondern auch herstellen. Im Fußballstadion ist es genauso: Das Raunen der Zuschauer, ihre Zwischenrufe und die Gesänge aus den Kurven machen das Spiel erst zu dem, was es ist. Als in der Pandemie Geisterspiele ausgetragen wurden, konnte man sehen, welch dramatischen Mangel ein auf den reinen Sport skelettiertes Spiel offenbarte.

Das Bewusstsein dafür, das Spiel mitzugestalten, führte in der Fanszene zur Gründung eigener Medien. 1989 wurde mit dem *Millerntor Roar* das erste Fußballfanzine in Deutschland veröffentlicht. Es war aus einer Stadtteilinitiative entstanden, die sich gegen den Bau eines Sportdomes als Eventcenter nach amerikanischem Vorbild an der Stelle des Millerntor-Stadions wendete. Die Redaktion setzte sich aus Fans des FC St. Pauli, aus Anwohnern und Mitgliedern der damals im Viertel starken Punkszene zusammen. Ihr Protest war erfolgreich, der Sportdome wurde nicht gebaut, und der *Millerntor Roar* wurde zu einer wichtigen Stimme um den Verein.

Ähnliches passierte vielerorts, England war das Vorbild. Einerseits für die Gründung der Fanzines, aber auch für die Entwicklung einer Haltung. »Reclaim the game«, der Slogan der Football Supporters Association, kam auch in Deutschland an. Holt euch das Spiel zurück, das war die Haltung. Fans, für die Fußball auch ein politisches und kulturelles Ereignis war, gründeten also Fanzines und debattierten mit den Klubs über ihre Belange. Dabei ging es um die Zuteilung von Eintrittskarten, deren Preise, Sicherheitsmaßnahmen oder ob es eine gute Idee ist, Cheerleader im Stadion zu haben. Ein weiterer wichtiger Treiber der Entwicklung war der Kampf gegen den Rassismus, der damals Mainstream in vielen Fan-Kurven war. 1993 gründete sich das bundesweite Bündnis antifaschistischer Fanklubs und Faninitiativen (BAFF), in dem Fan-Initiativen, Fanklubs, Fanzine-Macher und einzelne Fans zusammenkamen, die etwas gegen die damalige Hegemonie der Skinheads und Neonazis in den Stadien unternehmen wollten.

Dass all das in Deutschland eine größere Durchschlagskraft als in allen anderen Ländern entwickelte, hatte eine Vorgeschichte. Nachdem die Probleme mit gewalttätigen Fußballfans zugenommen hatten, gab das Bundesministerium des Innern 1979 ein Gutachten zum Thema »Sport und Gewalt« in Auftrag. Dieses forderte, Sozialarbeiter sollten sich mit den Fußballfans beschäftigen: »Dieser Einsatz könnte dazu beitragen, dass die Jugendlichen in ihrer Freizeit insbesondere das Bedürfnis nach Erlebnis, Aktivität, Spannung, eigener Wirksamkeit sozial angemessen realisieren, alternative Interessen aufbauen, Vorurteile abbauen u. a.«

Zwei Jahre später wurde in Bremen von Studenten das erste Fanprojekt gegründet, zwischen 1983 und 1988 entstanden in Hamburg, Mannheim/Ludwigshafen, Bielefeld, Frankfurt, Hannover, Karlsruhe und Dortmund sieben weitere. Zunächst war die Skepsis groß, ob man dem Problem so beikommen könnte, die Klubs wie auch der DFB wollten damit nichts zu tun haben. Gewalttätige Fans seien kein Problem des Fußballs, hieß es, sondern eines der Gesellschaft, um das sich die Polizei kümmern müsse. Doch dann übernahm die Deutsche Sportjugend die Koordination der Fanprojekte. Sie sorgte dafür, dass Fanprojekte im »Nationalen Konzept Sport und Sicherheit« festgeschrieben wurden. Hinter diesem Konzept stand eine bemerkenswerte Anstrengung, alle, die von Fußballgewalt betroffen waren, saßen dazu gemeinsam am Tisch: Innenministerkonferenz, Bundesinnenministerium und Bundesministerium für Familie, die Verkehrsministerkonferenz, Jugend- und Familienministerkonferenz, der DFB, der Deutsche Sport-Bund und Deutsche Städtetag. 1993 trat das Konzept in Kraft, nun wurden Fanprojekte in allen Bundesligastädten eröffnet sowie in unteren Ligen dort, wo regelmäßig gewaltbereite Fans auffielen. Der DFB übernahm ein Viertel der Kosten, der Rest kam von der öffentlichen Hand.

Im internationalen Vergleich war es ein einzigartiger Ansatz, der Fußballgewalt durch Sozialarbeit beikommen zu wollen. In England oder Spanien, Frankreich oder Italien ging es in jener Zeit nämlich fast ausschließlich um strengere Gesetze wie etwa das berühmte Königliche Dekret 75, das in Spanien Anfang 1992 von der Nationalen Kommission gegen Gewalt bei Sportveranstaltungen verabschiedet wurde und ein reines Sicherheitsgesetz war. In England wurden Hooligan-Gruppierungen sogar durch Undercoveragenten der Polizei infiltriert. Ein Teil der Probleme dort löste sich, nachdem es in den englischen Stadien keine billigen Stehplätze mehr gab und sich viele Problemkinder den Stadionbesuch schlichtweg nicht mehr leisten konnten.

Die Präsenz der Sozialarbeiter in Deutschland trug entscheidend dazu bei, dass die Fußballgewalt langsam abnahm. Dass Zuschauer sich in den folgenden Jahren wieder zurück in die Stadien trauten oder ein neues Publikum kam, hatte auch mit ihrer Arbeit zu tun. Die Fanprojekte wurden darüber hinaus aber auch für die »normalen Leute« zur Anlaufstelle. Sie moderierten regelmäßig Konflikte zwischen Fans und Vereinen oder Fans und der Polizei, die das Potenzial zur Eskalation hatten. So entstand über viele Jahre das, was in der Diplomatie »Gesprächskanäle« genannt wird.

Als 1994 die Demonstration für den Erhalt der Stehplätze stattfand, gab es bereits ein bundesweites Netzwerk von Fans, die, mal mithilfe der Fanprojekte, mal ohne diese, für ihre Interessen kämpften. Die Kampagne »Sitzen ist für'n Arsch« wurde ihr erstes großes Erfolgserlebnis. Nach einer spontanen Diskussion mit fünf Fan-Vertretern am Rand der Demo hatte DFB-Generalsekretär Horst R. Schmidt noch verkündet, dass »wir die Zuschauer im Laufe der Zeit an die Sitzplätze gewöhnen müssen«. Der DFB wollte es sich schließlich nicht mit anderen Fußballverbänden verderben, denn er bewarb sich gerade um die Austragung der Weltmeisterschaft 2006. Außerdem bedeutete es für die Bundesligavereine im Europapokal einen zusätzlichen Aufwand, wenn sie ihre Stehplätze bei internationalen Spielen in Sitzplätze verwandeln mussten – und dann wieder zurück. Doch nicht zuletzt wegen des Drucks der Fans schlug der deutsche Fußball einen Sonderweg ein. Während alle großen Fußballligen in Europa nach und nach die Stehplätze abschafften, blieben sie in der Bundesliga erhalten.

Die Folgen dieser Entscheidung können kaum unterschätzt werden, wenn es um die Stimmung in den Stadien geht. Fans wurden dadurch zudem auf eine Weise als Teilhaber des Spiels anerkannt wie in keiner anderen Fußballnation. Dieser Erfolg trug auch dazu bei, dass in den folgenden Jahrzehnten in Deutschland die im internationalen Vergleich am besten organisierte Fanszene entstand. Sie konnte jederzeit viele Tausend Menschen mobilisieren und tat das auch immer wieder. Fans etablierten sich in den Institutionen, für Klubs wurde es etwa obligatorisch, Fanbeauftragte zu beschäftigen. Bei vielen Vereinen haben Fans einen festen Sitz im Aufsichtsrat. Die erwähnten Gesprächskanäle blieben offen, und es entstanden neue. Das war auch nötig, denn Ende der 1990er-Jahre betrat eine neue Generation Fans die Bühne.

13

Maximale Liebe gegen den modernen Fußball

»Wie ein Licht, das uns erhellt,
wie ein Stern am Himmelszelt,
Blume, die niemals verwelkt,
Liebe, die ein Leben hält.«

Dieses Schmachten stammt nicht aus einem Liebesgedicht, es sind auch keine Reime eines deutschen Schlagers. Gesungen werden sie von den Ultras des Karlsruher SC, die damit der maximalen Liebe zu ihrem Klub Ausdruck geben. Das kann man für schwülstig halten oder sich über den Ton wundern, der aus romantischer Liebeslyrik stammen könnte, aber die Karlsruher stehen damit nicht allein. Im Liedgut der meisten Ultra-Gruppen geht es ähnlich pathetisch zu.

Im modernen Fußball wurden die Ultras in fast allen Ländern zur dominierenden Fankultur. Von Italien ausgehend, breitete sich der neue Entwurf der Fußballliebe in den frühen 1980ern zunächst über die Grenzen nach Marseille, Belgrad und Zagreb aus. Spanien folgte, dann Portugal, Griechenland und Westeuropa, Skandinavien und schließlich Osteuropa. Ultras gibt es heute in Nordafrika, dem Mittleren Osten, in Indonesien und Malaysia, in China, Korea und Japan sowie den USA. Einzig Großbritannien blieb weitgehend immun gegen ihren Siegeszug, während Südamerika ein Spezialfall ist. Von den dortigen Torcidas und Barras Bravas entlehnten die Ultras einige der theatralischen Stilmittel.

Das ist im Wortsinne zu verstehen, denn die Ultras verwandelten die Kurven in eine Bühne wie keine andere Generation Fußballanhänger zuvor. Besonders spektakulär waren ihre

Choreografien, die anfangs nur ihre Bereiche im Stadion, dann ganze Fankurven und später mitunter sogar komplette Stadien umfassten. Dabei kamen gigantische Stoffbanner zum Einsatz und Papptafeln wie bei den Arirang-Festspielen in Nordkorea, wo die angebliche Liebe zum großen Führer Kim Il-Sung monumental zum Ausdruck gebracht wird. Die Politikassoziation ist nicht zufällig, denn die ersten Ultras in Italien übernahmen ab Ende der 1960er-Jahre viele Stilmittel politischer Demonstrationen, von denen es damals in Italien viele gab. Das Land war extrem politisiert, und viele Ultra-Gruppen positionierten sich auch politisch, entweder bei der extremen Linken oder der extremen Rechten. Sie brachten Doppelhalter und Transparente mit ins Stadion, die Sprechchöre und Lieder stimmte ein Vorsänger am Megafon an. Den Rhythmus gaben Trommeln vor.

Die politisierte Ultra-Kultur passte mit ihrem Showcharakter allerdings auch perfekt ins aufziehende Zeitalter des modernen Fußballs. Es sah im Fernsehen super aus, wenn sich die Kurven spektakulär inszenierten. »Der Betze brennt«, hieß es etwa, wenn in der Westkurve in Kaiserslautern so viele Pyrofackeln gezündet wurden, dass es wirkte, als würde das Betzenbergstadion glühen. Farbige Rauchwände verzögerten manchmal den Anstoß, weil die hustenden Spieler warten mussten, bis sich der Rauch verzogen hatte, aber beeindruckend sah auch das aus. Tausende sangen unablässig sogar dann, wenn auf dem Rasen nichts los war. Die Fernsehkameras liebten all das, denn es erzählte denen daheim auf dem Sofa, wie großartig es im Stadion war.

Zugleich wurden die Ultras aber auch die lautesten Kritiker des modernen Fußballs. Sie waren nicht die ersten Fans, die unterschiedliche Anstoßzeiten oder Spiele am Montag als falsche Zugeständnisse ans Fernsehen kritisierten und überhaupt die Kommodifizierung des Spiels. Aber die Ultras erkoren den modernen Fußball ausdrücklich zu ihrem Feind. Das Ultra-Paradox bestand also darin, dass der moderne Fußball die Ultras liebte, weil sie den Spektakelcharakter des Spiels unterstrichen, diese ihn aber grundsätzlich infrage stellten.

1999 veröffentlichten die Ultras des AS Rom auf ihrer Website ein Manifest, das ein Schlüsseltext wurde, weil er in den folgenden Jahren auf Hunderten von Ultra-Websites zu finden war. Er lieferte gleich in der Überschrift den Slogan, hinter dem sich eine ganze Generation von Fußballfans versammeln sollte: »Contro il calcio moderno«. Gegen den modernen Fußball. Der folgende Text war eine seltsame Mischung aus Kritik und Forderungen sowie Ermahnungen an die Ultras selbst. Er hob in einer Art Präambel mit der Beschwerde darüber an, dass die Spitzenklubs mithilfe der Verbände eine Europaliga vorbereiteten, die kleinere Vereine auf lange Sicht in den Ruin treiben würde. Dann wurde beklagt, dass nur noch »der gezähmte Fan« erwünscht sei. Die Freiheit der Ultras, große Fahnen, Transparente oder Feuerwerkskörper ins Stadion zu bringen, sei durch Videoüberwachung und massive Präsenz von Ordnern und Polizei eingeschränkt. »Man will die Art von Zuschauer, die man in einem Kino oder einem Theater antrifft«, hieß es. Gegen »die Fußball-Fabrik« sollten alle Kurven der Welt »eine mächtige Einheit bilden«.

Das eigentliche Manifest war ein aus heutiger Sicht teilweise seltsames Sammelsurium von Forderungen: das Verbot von Spielertransfers in der laufenden Saison, die Beschränkung der Zahl ausländischer Spieler, das Verbot von Farm Teams und die Abschaffung der Champions League zugunsten des alten Europapokals der Landesmeister. Außerdem wurden die Ultras ermahnt, nicht mit der Polizei zu kooperieren. Sie sollten stattdessen »mit den Ultras anderer Vereine zusammenarbeiten, um die ›Ware TV-Fußball‹ unattraktiver zu machen«.

In einer Schrift des Bundesinstituts für Sportwissenschaft über »Wandlungen des Zuschauerverhaltens im Profifußball«, die 2006 erschien, wird anonym ein Ultra eines deutschen Klubs zitiert, der sagte: »Wir verwehren uns ausdrücklich dagegen, ein ungeliebter Teil dieses ›Events‹ Fußball zu sein … wir sind die Hauptsache. WIR sind das Spiel und der Verein. Wir sind der Grund, warum der Fußball nach wie vor eine große Faszination auf Menschen jeder Altersklasse ausübt.« Diese Behauptung war eine ziemliche Anmaßung: Nicht die Spieler, nicht das Spiel und nicht die Klubs sorgen für die Faszination des Fußballs, die Fans tun es. Das traf das Selbstverständnis vieler Ultras, die sich nicht mehr nur als Prosumenten des Fußballerlebnisses sahen, sie machten das Spiel.

Kein Wunder, dass sie Vereinsbossen und Fußballfunktionären damit gehörig auf die Nerven gingen, schon bald kam ein Dauerkonflikt in Gang. Ultras betrachteten sich als eine Art Avantgarde der Fankultur, weil sie mehr Zeit und Energie für ihren Verein aufwandten als andere Fans und die Dinge mit heiligem Ernst betrieben. Das Banner, hinter dem sich die Gruppe im eigenen Stadion oder bei Auswärtsspielen in der Gästekurve versammelte, wurde wie eine Monstranz behandelt. Konnte eine rivalisierende Gruppe es entwenden, musste sich die Gruppe auflösen. Die Ultra-Kultur hat in vielerlei Hinsicht romantische Züge. Sie ist mehr Sub- als Fankultur, weil sie einen Totalitätsanspruch über das Stadion hinaus stellt. Das erklärt auch, warum die Ultras eine große Erfolgsgeschichte schrieben und vorangehende Fankulturen ablösten.

In Deutschland gab es seit den 1970ern die sogenannten Kutten-Fans, deren Stil sich teils an englischen Fans und teils an Rockergangs orientierte. Von Letzteren hatten sie sich das Tragen von Kutten abgeschaut, also Jeans- oder Lederwesten mit Vereinsabzeichen. Ihre Fanklubs blieben auch bestehen, als in den 1980ern die Hooligans in den Kurven auftauchten. Diese legten bald Schals, Fahnen und überhaupt alle Vereinsfarben ab, um von der Polizei schlechter erkannt zu werden, wenn sie gegen die Hooligans anderer Klubs kämpften. Das war aber nur kurzzeitig erfolgreich, weil Hooligans bald einen Kleidungsstil pflegten, an dem sie relativ leicht zu erkennen waren. Bewusst setzten sie sich von den rustikalen »Kutten« ab, gaben sich modebewusst und waren vergleichsweise teuer angezogen. Stilbildend waren die englischen »Casuals«, deren Ausflüge zu Europapokalspielen in den 1980ern oft zu regelrechten Raubzügen ausgeartet waren, bei denen sie sich mit schickem Sportswear vom Kontinent eingedeckt hatten, das es in England noch nicht gab.

Doch irgendwann war das kulturelle Angebot, das beide Gruppen machten, nicht mehr ausreichend. Die Kutten wirkten Mitte der 1990er proletarisch gemütlich und gesetzt, und der latente Nihilismus der Hooligans, bei denen man nie so ganz wusste, ob sie Fans des Klubs oder Fans von Gewalt waren, verlor seinen Reiz. Jedenfalls dominierten die Ultra-Gruppen, die in Deutschland vor allem ab Mitte der 1990er-Jahre entstanden, nach nur kurzer Zeit die Kurven. Deren Totalitätsanspruch passte zur 24/7-Kultur der Zeit: Ihre Vorgänger hatten zwar mitunter ebenfalls jenseits des Spieltags ihre Freizeit zusammen verbracht, doch Ultra war man immer. Viele Ultra-Gruppen füllten die komplette Freizeit ihrer Mitglieder aus. Unter der Woche bereiteten sie Choreografien vor, und beim Spiel verausgabten sie sich im Support nicht weniger als die Spieler auf dem Platz.

Im Laufe der Jahre kam es allerdings zu Generationskonflikten, denn die frühen Ultras in Deutschland waren Fans gewesen, die für ihren Fanatismus neue Ausdrucksmöglichkeiten gesucht hatten. Im Laufe der Jahre verschoben sich die Schwerpunkte, eine neue Generation Ultras lebte nicht mehr unbedingt 24/7 ihren Verein, sondern ihre Subkultur, wie ihnen die Älteren vorwarfen. So sehnsuchtsvoll die Liebe für ihren Verein besungen wurde – die Liebe für die Gruppe war oft größer, und das wurde auch so ausgedrückt.

Zu diesem Wandel trug nicht unmaßgeblich das 2007 gegründete Magazin *Blickfang Ultra* bei. Es griff das Konzept des italienischen *Super Tifo* auf, aus der Szene über die Szene zu berichten. Es kamen nicht nur die Gruppen und ihre Protagonisten zu Wort, auf vielen Seiten konnte man Choreografien vergleichen oder die Botschaften auf den Bannern lesen, die Ultras der jeweiligen Klubs gezeigt hatten. Und natürlich versuchten die Gruppen, dabei besonders gut auszusehen. Es wurde auch über die handfesten Auseinandersetzungen berichtet, ähnlich wie im 1986 gegründeten *Fan Treff*. Das Fanzine hatte einige Jahre lang aus der Hooligan-Szene berichtet, vor allem wer sich wo mit wem geprügelt und wer gewonnen hatte. Ultras wurden im Laufe der Jahre zunehmend unironisch, wie das bei Subkulturen häufig der Fall ist. Das gipfelte in einer Art Märtyrerkult um die Mitglieder der Gruppen, die nach Konflikten mit der Polizei oder Ordnern nicht mehr zum Fußball durften, weil sie ein Stadionverbot erhalten hatten. »Diffidati con noi« hatte es in Italien geheißen, später wurde der Slogan in vielen Sprachen wiederholt: Ausgesperrte immer bei uns.

In der bereits erwähnten Schrift des Bundesinstituts für Sportwissenschaft hieß es: »Die Kultur der Ultras kann als eine Zuneigungs-, Demonstrations- und Provokationskultur verstanden werden, die ihre Wurzeln in der italienischen linksgerichteten Protest-, Studenten- und Widerstandsbewegung hat. Dementsprechend ging und geht es den Ultras heute anders als vielen traditionellen Fußballzuschauern auch nicht mehr nur um das Anfeuern und Feiern der eigenen Mannschaft, sondern um das Aufdecken und Ändern von vermeintlichen Missständen im heutigen ›Wirtschaftsprodukt Fußball‹.«

Während sich das Spiel globalisierte, stellten viele Ultra-Gruppen bewusst das Lokale dagegen und versammelten sich teilweise sogar eher hinter den Stadtfarben als hinter denen ihres Vereins. Sie produzierten ihr eigenes Merchandising, um das »Wirtschaftsprodukt Fußball« nicht zu unterstützen. (In Italien wurde das allerdings ein Geschäft, in dem sogar die organisierte Kriminalität mitmischte.) Gewalt spielte entlang der teilweise sogar internationalen Landkarte von Freund- und Feindschaften nicht nur eine Nebenrolle, das tribalistische Element teilten die Ultras mit den vorangegangen Fankulturen: Wir gegen die, auch unter Einsatz von Gewalt. Wobei sich der Ultra-Style an dem des schwarzen Blocks der Autonomen orientierte, die sich uniform in Schwarz kleideten, um auf Polizeivideos schwerer identifiziert zu werden.

Im Laufe der Jahre fächerte sich die Ultra-Kultur weit auf. Einige Gruppen betrieben eine Art interner Sozialarbeit, inklusive Hausaufgabenhilfe oder beruflicher Integration, andere waren im Grunde nicht weit von den alten Hooligans entfernt. Die einen versuchten die Widersprüche des modernen Fußballs theoretisch zu durchdringen, die anderen wollten Action. Es gab linke Gruppen, die kritisch die Vereinsgeschichte aufarbeiteten, exemplarisch die »Schickeria« in München, die sich um das jüdische Erbe ihres Klubs verdient machte. Für ihr Engagement gegen Antisemitismus und Diskriminierung wurde die Gruppe 2014 vom DFB sogar mit dem Julius-Hirsch-Preis ausgezeichnet. Aber es gab auch rechtsradikale Ultras.

So blieb letztlich nur ein Minimalkonsens. Dazu gehörten der Kampf gegen die reale, mitunter aber auch imaginäre Repression und das Ringen um die Legalisierung der Pyrotechnik. Was anfangs von den Vereinen und im Fernsehen als atmosphärisch gefeiert worden war, wurde immer häufiger als Delikt behandelt und mit Stadionverboten belegt. Weil die Ultras aber darauf bestanden, ihrer Begeisterung durch Rauchtöpfe und Leuchtfackeln Ausdruck zu geben, gab es Hunderte von Stadionverboten und Strafverfahren.

Der andere Teil des Minimalkonsenses blieb die Ablehnung des modernen Fußballs, und damit punkteten die Ultras auch bei anderen Fans. Das beeindruckendste Beispiel dafür gab es am 12.12.2012. Die »12« stand für den »12. Mann«, den Fan also, der seine Mannschaft unterstützt. Für diesen Tag mobilisierten Ultras bundesweit zu einer Protestaktion: Die ersten 12 Minuten und 12 Sekunden sollten die Zuschauer in allen Stadien schweigen. Der »Stimmungsboykott« richtete sich einerseits konkret gegen Sicherheitspläne der Deutschen Fußball Liga, andererseits ging es aber darum, zu zeigen, wie der Fußball ohne jene aussehen würde, die für das besondere Flair des Stadionerlebnisses sorgten. Es schwiegen an jenem Tag aber nicht nur die Ultras, es hielten sich alle Zuschauer daran. Das war erstaunlich, weil Ultras beim restlichen Publikum oft umstritten waren. Sie nervten mit ihrer Arroganz, die besseren Fans zu sein, und mit ihren Dauergesängen viele. Ihr Auftreten als schwarzer Block wirkte mitunter unangenehm militant, doch nicht wenige Zuschauer im Stadion sahen in ihnen wohl auch eine Art Prätorianergarde zum Schutz des Stadionerlebnisses vor den Zumutungen des modernen Fußballs.

14

Legacy Fans

Es war ein seltsamer Begriff, der in jenen Tagen des Aprils 2021 um die versuchte Gründung der Super League aus dem Kreis der Verschwörer nach außen drang. *Legacy Fans* nannten einige der Klubvertreter hinter vorgehaltener Hand ihr traditionelles Publikum. Der Begriff war neu, und er war hässlich. In manchen Geschäftskreisen wird nämlich der Begriff *Legacy Hires* für Mitarbeiter benutzt, die man bei der Übernahme eines Unternehmens vorfindet und durch neue ersetzen will, die den eigenen Vorstellungen besser entsprechen. Sie sind also nichts anderes als Altlasten, und genau so schauten einige Klubbosse auf ihr Publikum. Im Zuge der Super League wollten sie dieses Publikum durch »die Fans von morgen« ersetzen.

Wie sie auf die Idee dazu kamen, erläuterte Florentino Pérez, der Präsident von Real Madrid. Er kämpfte auch nach dem Zusammenbruch der Super League noch weiter für die Idee, und eines seiner Hauptargumente für die Super League war die angebliche Unzufriedenheit junger Leute bzw. deren steigendes Desinteresse am Fußball. »Wir müssen darüber nachdenken, warum die 16- bis 24-Jährigen nicht mehr am Fußball interessiert sind«, erklärte Pérez. Junge Leute hätten nämlich aufgehört, sich für Fußball zu interessieren, weil sie ihn langsam und langweilig fänden und »nicht in der Lage sind, ein komplettes Spiel zu sehen«.

Er bezog sich dabei vermutlich auf eine im Herbst 2020 veröffentlichte repräsentative Untersuchung, die von der European Club Association (ECA) in Auftrag gegeben worden war. Die ECA ist eine Lobbyorganisation, in der Real Madrid eine führende Rolle spielte und auf deren Wirken wir noch zurückkommen werden. Für die Studie waren 14.000 Personen in sieben verschiedenen Ländern, oder wie es dort hieß: »Märkten«, befragt worden. Neben den großen europäischen Fußballnationen England, Spanien und Frankreich gehörten die kleineren Niederlande und Polen dazu sowie außerhalb Europas Brasilien und Indien. Die Studie sollte Auskunft über »modernes Fantum« geben. Wie wissenschaftlich stichhaltig sie war, dazu kann man nur Vermutungen anstellen, denn sie war eher intransparent. Die Befragung ergab aber tatsächlich, dass die Fußballbegeisterung bei den 16- bis 24-Jährigen im Vergleich zur jüngeren Altersgruppe der Fans abnahm. Allerdings war die Schlussfolgerung der Studie eine andere als die von Pérez, denn dort hieß es: »Ist dieser Befund spezifisch für diese Generation, oder hat es diese vorübergehende Verschiebung unter den Fans schon immer gegeben?« Die Vorsicht war angebracht, denn an der Grenze von der Kindheit zum Jugendalter wurden immer schon andere Dinge wichtiger als die kindliche Fußballbegeisterung: Schule, Ausbildung und vor allem die ersten Liebesbeziehungen.

Doch Pérez und andere Klubbosse hatten die fixe Idee entwickelt, dass junge Fans nicht mehr so auf Fußball standen. Sie wurde in Interviews und auf Konferenzen so oft wiederholt, dass sie irgendwann zu einer endgültigen Wahrheit wurde. Zweifellos richtig war, dass von vielen Seiten um das Zeitbudget junger Menschen gebuhlt wird. Schließlich versucht nicht nur der Fußball, die Welt zu erobern, auch die NBA mit US-Basketball oder die NFL mit American Football bemühen sich rund um den Globus durchaus mit Erfolg um Zuschauer, gerade junge. Computerspiele und E-Sport finden etliche Jugendliche ebenfalls attraktiver als Fußballspiele. Aber hätte Pérez auch die Marktstudien gelesen, die in Spanien über die Zuschauerentwicklung gemacht worden waren, hätte er feststellen können, dass seine Behauptung über den Zuschauerwandel schlichtweg falsch war. So war die Zahl der Fernsehzuschauer unter 24 Jahren zur Saison 2020/21 in Spanien um fast zehn Prozent gestiegen, der Zuwachs lag über dem allgemeinen Anstieg der Gesamtzuschauerzahl. Der Anteil junger Menschen zwischen 13 und 24 Jahren, also der angeblich »fehlenden Generation«, war sogar größer geworden, obwohl sie in der Pandemie die Spiele nicht mehr in Kneipen und Bars anschauen konnten, was vorher ein wichtiger Treffpunkt für sie war. Der größte Zuschauerrückgang war bei den über 64-Jährigen zu verzeichnen. Konnten sie sich nicht mehr auf ein ganzes Spiel konzentrieren?

Auch das, was in den sozialen Netzwerken passierte, bestätigte Pérez' Aussagen nicht. Auf TikTok, wo ein besonders junges Publikum zu finden ist, generierte Fußball die meisten Aufrufe aller Sportinhalte, noch vor Fitnessvideos und Basketball. In den sozialen Netzwerken waren von den 25 Sportlern mit der weltweit größten Reichweite 17 Fußballspieler, auf den Plätzen von eins bis drei standen Cristiano Ronaldo, Neymar und Lionel Messi. Die Medienmacht der Spieler führte in Deutschland zu steilen Thesen. »Junge Menschen haben kein Problem damit, mit Lionel Messi im Trikot des 1. FC Heidenheim ›Fifa 22‹ zu spielen. Die Faszination für Helden steigt, die Bindung an Vereine wird brüchiger«, sagte Christian Seifert, der damalige Chef der Deutschen Fußball Liga. Aber stimmte das, oder unterlag Seifert einer ähnlichen Fehlinterpretation wie Pérez? Auch früher schon waren Kinder und Jugendliche schließlich oft zunächst Fans einzelner Spieler gewesen. Weil sie Günter Netzer bewunderten, blieben sie vielleicht an Borussia Mönchengladbach hängen oder aus Begeisterung über Kevin Keegan am Hamburger SV. Oder Netzer und Keegan blieben zwar ihre Lieblingsspieler, aber sie wurden trotzdem Fans von anderen Vereinen.

Die Studie der ECA präsentierte vollmundig »unsere neue Fan-Segmentierung«, und drei dieser Segmente beschrieben Fans, deren Anhänglichkeit an Klubs nicht sonderlich ausgeprägt war. Am flüchtigsten ist sie bei den sogenannten *Tag alongs*, den »Anhängseln«, die sich für Fußball nur deshalb interessieren, weil es Freunde oder Familienmitglieder tun. Die *Main Eventer* verfolgen im Wesentlichen die großen Wettbewerbe, vor allem Welt- und Europameisterschaften. Sie hatten ab der WM 2006 in Deutschland durch das damals populär werdende Public Viewing großen Zulauf. Mit 27 Prozent die größte Gruppe waren die *FOMOs*, benannt nach dem fürs digitale Zeitalter typischen Phänomen »Fear of Missing Out«. Dabei geht es um die Sorge, dass man etwas verpassen könnte, die vor allem in den sozialen Medien ständig genährt wird. Das Interesse der *FOMOs* an Fußball besteht vor allem darin, über etwas mitreden zu können, worüber viele sprechen.

Die Fußballinteressierten dieser drei Gruppen machen den größten Teil des Fußballpublikums aus, das unter den Bedingungen des modernen Fußballs dazugekommen ist. Laut der Studie stellten die »Anhängsel«, *Main Eventer* und *FOMOs* fast zwei Drittel der Fußballinteressierten. Das bedeutet auch, dass der Großteil des Wachstums der letzten drei Jahrzehnte flüchtig ist. Denn diese Fußballinteressierten sind keine so verlässliche Kundschaft wie traditionelle Fans, die man, wenn man sie einmal erobert hat, kaum noch verlieren kann.

Das letzte Drittel Fußballinteressierte teilte sich in drei weitere Segmente. Eines davon und das durchschnittlich älteste sind die »Klub-Treuen«. Auf ihren Klub fokussiert, entsprechen sie am ehesten dem Bild vom traditionellen Fan, das Nick Hornby in »Fever Pitch« gezeichnet hat. Sie machten 14 Prozent aus. Die sogenannten »Fußballfanatiker« interessieren sich passioniert hingegen für alle Aspekte des Fußballs und gehen gerne ins Stadion, um dort Gemeinschaft zu erleben. Sie machen elf Prozent aus, genauso groß ist die Gruppe der »Ikonen-Nachahmer«. Bei ihnen stehen einzelne Spieler im Mittelpunkt des Interesses, weil sie diese sympathisch finden oder von ihnen fasziniert sind. Sie sind jung und spielen lieber selbst Fußball, als zuzuschauen. Es sind jene, die Messi im Heidenheim-Trikot auflaufen lassen.

Primitive Vorstellungen darüber, wie »die Jugend« so ist, wiederholen sich in jeder Generation. Die Älteren haben skeptische Vorstellungen über die Jüngeren, weil die Dinge anders handhaben als sie selbst. Aber Behauptungen wie die von Pérez, dass junge Leute kein ganzes Fußballspiel mehr anschauen können, machen einen bemerkenswert schlichten Eindruck und legen nahe, dass selbst die größten Fußballbosse gar nicht wissen, was ihre Kundschaft will. Die von ihnen behauptete Zerstreutheit ihres Publikums ist teilweise auch in den Stadien zu beobachten, wo mancher Zuschauer mehr mit seinem Smartphone beschäftigt ist als mit dem Spiel. Einige Ultra-Gruppen haben sogar schon ein Smartphone-Verbot ausgesprochen. Dass Zuschauer Spiele im Fernsehen inzwischen auf dem »Second Screen« ihrer Tablets oder Telefone begleiten, ist ebenfalls nicht zu bestreiten. Ausdruck einer Unfähigkeit, sich auf ein ganzes Spiel zu konzentrieren, ist das aber nicht. Fußballspiele liefern genug Unterbrechungen, um Freunden Nachrichten zu schicken, in sozialen Medien zu posten, dort die Diskussion über ein Spiel zu verfolgen oder ein paar Statistiken zu checken.

Wie wir Fußballspiele anschauen, ändert sich beständig, und die Klubs, die Ligen und Verbände müssen darauf reagieren. Aber ihre Logik ist manchmal rätselhaft, etwa bei der besessenen Fixierung auf die NFL und vor allem den Super Bowl. Für viele Bosse der Superklubs scheint er der Heilige Gral zu sein, obwohl das Finale der Champions League viel mehr Menschen erreicht. Und warum muss man sich den Fan der Zukunft suchen, wenn man schon in der Gegenwart so viele hat? Warum riskiert man sogar, diese Leute zu vergraulen?

Als sich am Tag nach der Ankündigung der Super League Fans des FC Chelsea am Stadion ihres Klubs zum Protest versammelten, hielt einer von ihnen ein Protestplakat hoch, auf dem stand: »WE WANT OUR COLD NIGHTS IN STOKE!« Das war eine Anspielung darauf, dass das Stadion von Stoke City in England als besonders kalt und zugig gilt und dass dort gerade Spitzenmannschaften immer wieder so in Schwierigkeiten gerieten, dass gerne an Spieler die Frage gestellt wurde: »But can he do it on a cold night in Stoke?« Dass gerade Stoke, das in England als besonders unattraktive Stadt gilt, als Sehnsuchtsort beschworen wurde, zeigte aber auch, wie wenig die Propagandisten der Super League ihr Publikum kannten. Denn es waren nicht ergraute Alt-Fans, die da protestierten, sondern es dominierten die jungen Gesichter.

Pérez hat aber nicht nur über die vermeintlichen Wünsche junger Zuschauer klare Vorstellungen, er weiß vor allem, auf welche Kundschaft er insgesamt zielt. »Wir haben Fans in Singapur, in China, auf der ganzen Welt, das sieht man in den sozialen Medien. Das bringt das Geld rein«, sagte er. Aus solchen Bemerkungen und aus dem Begriff »Legacy Fans« sprach eine erstaunliche Geringschätzung. Außerdem zeigte sich dabei ein ziemlich unterkomplexes Verständnis vom Zusammenspiel des Lokalen und des Globalen. Die chinesischen Fans von Real Madrid oder des FC Bayern finden an diesen Klubs gerade auch liebenswert, was vor Ort entsteht. Aber es wirkte fast so, als ob den Machern der Super League ihr bisheriges Publikum auf die Nerven ging und sie gerne ein anderes hätten. Oder warum spielte Pérez die Satelliten-Fans gegen jene aus, die in seinem Stadion sitzen? Auf jeden Fall hinterließ die Idee der Super League den Eindruck, dass deren Macher ein bemerkenswert schlichtes Bild ihrer Kundschaft und von deren Wünschen hatten. Lag es vielleicht daran, dass sie das Business gar nicht so richtig verstanden, das sie da betrieben? Oder war an diesem Geschäft grundsätzlich etwas faul?

TEIL 4

Was ist eigentlich die Fußballindustrie?

15

Eine neue Branche

Fußballfans blenden gerne aus, dass fast alle Entwicklungen im Fußball der letzten drei Jahrzehnte eng mit Fragen der Wirtschaft, des Handels oder der Finanzen verbunden sind. Ohne das viele Geld und den Wettkampf darum, möglichst viel davon abzubekommen, hätte das Spiel auf dem Rasen keine derartige Blütezeit erlebt. »It's the economy, stupid!«, könnte man in diesem Zusammenhang James Carville zitieren. Der Politstratege war – übrigens 1992 – Leiter der erfolgreichen Wahlkampfkampagne von Bill Clinton und hatte darauf gedrängt, im Kampf um die US-Präsidentschaft zuvorderst über die Wirtschaft zu sprechen. Auch angesichts der Phänomene des modernen Fußballs ist das hilfreich. Denn es erklärt nicht nur, warum der Spitzenfußball solch stratosphärische Höhen erreicht hat, sondern auch, weshalb er für so viel Frustrationen sorgt. Ein relevanter Teil des Publikums lehnt ihn schließlich mittlerweile ganz grundsätzlich oder zumindest in vielen seiner Ausprägungen ab. Die Verwandlung des Fußballs in eine Ware stößt nicht nur Ultras auf, wenn diese darauf hinweisen, dass auf der einen Seite mit Millionensummen jongliert und auf der anderen das Publikum geschröpft wird. Selbst in Deutschland ist es nicht mehr günstig, ins Stadion zu gehen, wenn auch die Preise nicht so obszön hoch sind wie etwa in England. Um die Spiele seiner Lieblingsmannschaft im Fernsehen anschauen zu können, braucht es inzwischen zwei, teilweise drei und mitunter sogar vier unterschiedliche Abonnements von Fernsehsendern und Anbietern von Streamingdiensten. Zudem kümmern sich viele Klubs oft lieber um die Bedürfnisse ihrer Sponsoren und der Fernsehanstalten als um die der Menschen, die ins Stadion kommen.

All das wird seit vielen Jahren heftig kritisiert, meistens in Form kultureller Fragen: Welchen Fußball wollen wir? Wofür soll Fußball stehen? Wem gehört das Spiel? Oder: Darf Fußball überhaupt ein Geschäft sein? Diese Fragen werden zu Recht gestellt, eine ganz andere Frage wird aber oft übersehen: Wenn man sich auf die seit 1992 vorherrschende Logik des kommodifizierten Fußballs einlässt, taugt der Fußball, wie er derzeit betrieben wird, überhaupt zum Business? Es gibt deutliche Indizien dafür, dass das nicht der Fall ist. Und wenn das so wäre, hätte das weitreichende Folgen.

Wie schon beschrieben, verwandelten sich zuerst in England die Klubs ab den 1980ern in Fußballunternehmen. Das Konzept des Non-Profit-Business war Geschichte, und die neuen Anteilseigner, die oft genug auch die alten waren, sahen sich nicht mehr unbedingt als Wächter über ein gefühlt kollektives Eigentum der Anhänger, der Stadt oder der Region, sondern als Unternehmer. Bald wurden die Ersten auch reich dadurch, besonders Martin Edwards. Schon seinem Vater Louis hatte die Mehrheit der Anteile Manchester Uniteds gehört, und wie schon erwähnt wurde Martin Edwards 1981 einer der ersten bezahlten Direktoren im englischen Fußball. 1990 verdiente er bereits mehr als 100.000 Pfund im Jahr, dazu kam noch eine Viertelmillion aus Dividenden, dem würden heute rund drei Millionen Euro entsprechen.

Wirklich reich wurde er jedoch auf andere Weise. Im Laufe der 1980er hatte Edwards für insgesamt 600.000 Pfund Anteile des Klubs aufgekauft, die sich im Streubesitz befanden und für die meisten Besitzer eher sentimentalen Wert besaßen. (Auf diese Weise hatte sich schon sein Vater zwei Jahrzehnte zuvor die Mehrheit am Klub gesichert.) Zwischen 1994, als Manchester United unter Alex Ferguson das Double gewann, und 2002 verkaufte er sie für über 100 Millionen Pfund weiter. Der Wert eines mehr als 100 Jahre alten Unternehmens war in die Höhe geschossen wie der eines erfolgreichen Start-ups. Das ehemals »tote Geld« war bemerkenswert lebendig geworden.

Martin Edwards ist bei vielen Fans des Klubs auch deshalb nicht sonderlich beliebt. Aber er war nicht das einzige Beispiel dafür, dass man als Besitzer eines Fußballklubs reich werden konnte, denn gerade zu Beginn der Ära des modernen Fußballs stieg deren Wert explosionsartig. Sir John Hall, ein Immobilienentwickler, hatte 1990 zwei Millionen Pfund für seine Anteile an Newcastle United ausgegeben. Eigentlich ging es ihm bei diesem Investment vor allem darum, sich als wichtigster Entrepreneur in der Region zu profilieren. Als der Klub 1997 aber an die Börse ging, waren seine Anteile nominell 102 Millionen Pfund wert, de facto verkaufte er sie zehn Jahre später für 55 Millionen.

1997 schrieb der englische Journalist David Conn in seinem Buch »The Football Business – Fair Game in the 90s?«: »Profit wurde zum bestimmenden Prinzip des britischen Lebens. Es ist ernüchternd, wenn man bedenkt, wie weit es vorgedrungen ist, wie viele Bereiche des Lebens – Gesundheit, Bildung, Sport – ihren Sinn für das, was sie sind, verloren haben und nach dem Diktat von Kaufen und Verkaufen regiert werden. Einige der härtesten Köpfe der Achtzigerjahre, denen die Marktkräfte den Reichtum beschert hatten, warfen einen kalten Blick auf die Zahlen und bekundeten plötzlich den Wunsch, sich im Fußball zu engagieren. Eine neue Generation von Fußballberatern kam auf den Markt – Buchhalter, Makler, Anwälte, geschult im Nihilismus der ›Marktkräfte‹ – und betrachtete den Fußball auf höchst oberflächliche Weise. Für die Börse ist Fußball ein ›Unterhaltungsprodukt‹, die Vereine sind Marken.«

Doch so reich einige der Vereinsbesitzer und frühen Investoren auch wurden, sosehr die Nihilisten der Marktkräfte, um in Conns Bild zu bleiben, die Szenerie bestimmten, entpuppte sich die *Football Industry,* wie sie in England genannt wurde, als Geschäft auf tönernen Füßen. Ab Mitte der 1990er gab es im englischen Fußball einen wahren Aktienboom, zwischen 1995 und 1997 sammelten 15 Klubs durch Börsengänge frisches Kapital ein, allen voran Newcastle United, das so über 50 Millionen Pfund erhielt. Für Anleger erwies sich das als kein gutes Investment, die Kurse lagen meist umgehend unter dem Ausgabepreis und blieben dort auch. In Deutschland war das nicht anders, als Borussia Dortmund im Jahr 2000 als erster und einziger Klub des Landes an die Börse ging. Doch nicht nur die Kurse entwickelten sich aus Sicht der Anleger wenig erfreulich.

Sir John Madejski, ein Selfmade-Unternehmer, dem jahrelang die Mehrheit am FC Reading gehörte, machte gerne den Witz: »Wissen Sie, wie man mit einem Fußballklub eine Million macht?« Die Frage beantwortete er dann selbst: »Indem man zwei Millionen mitbringt.« Dass die Pointe weitgehend zutreffend war, ist deshalb so erstaunlich, weil in den frühen 1990ern ein sagenhafter Boom begann. Abgesehen von kleinen Zwischenkrisen, stiegen die Umsätze bis zum Beginn der Coronapandemie 2020 ständig. Die Bonanza wurde vor allem von den Medienerlösen angetrieben. Bekam die Premier League für die vier Jahre von 1997 bis 2001 noch 168 Millionen Pfund pro Saison, waren es von 2019 bis 2022 mehr als 1,5 Milliarden Pfund pro Spielzeit – und das waren nur die Einnahmen aus dem nationalen Geschäft. Noch größer war das Wachstum beim Rechteverkauf an Fernsehsender und später auch Streamingdienste rund um die Welt. Zwischen 1997 und 2001 kamen dabei bescheidene 25 Millionen Pfund pro Jahr zusammen, zwischen 2019 und 2022 war es bereits eine Milliarde Pfund. Für die Zeit danach werden die internationalen Fernsehrechte die nationalen sogar erstmals übertreffen.

Es gab auch in den anderen Bereichen phänomenale Steigerungen, bei den Marketingeinnahmen oder denen am Spieltag, sodass die 44 Klubs von Premier League und The Championship, der zweiten englischen Liga, in den zehn Jahren von 2011 bis 2020 einen Umsatz von 41 Milliarden Pfund machten. Die Zahlen zusammengetragen hat ein in der Schweiz lebender Brite aus dem Finanzbusiness, der unter dem Namen Swiss

Ramble seit Jahren einen Blog betreibt. Er hat dazu die Geschäftsberichte der Klubs ausgewertet und stellte dabei fest, dass sie in diesem Zeitraum auf Betriebsverluste von insgesamt sieben Milliarden Pfund kamen. Nur drei von 44 Klubs schrieben schwarze Zahlen: Manchester United (461 Millionen Pfund), Tottenham Hotspur (137 Mio.) sowie der kleine nordenglische FC Burnley (37 Mio.).

Doch wie konnte es sein, dass selbst in der Premier League, der umsatzstärksten Fußballliga der Welt, die meisten Klubs nicht profitabel waren? Bei der Mehrzahl der defizitären Klubs wurden die Verluste zudem von den Besitzern ausgeglichen. Was aber sagte das über ihr Geschäftsmodell, wenn sie vor allem Löcher stopfen mussten? Diese Frage stellte sich nicht nur in England, sondern eigentlich überall. Zwischen 2019 und 2021 verzeichneten nun allerdings unter den Bedingungen der Pandemie nur zehn von über 1000 europäischen Klubs einen Gewinn von mehr als einer Million Euro, also weniger als ein Prozent. Dabei war mit der Kommodifizierung des Fußballs doch ein Versprechen auf Rationalität und gute Geschäfte einhergegangen.

Am 30. Juni 1992, im Jahr des Big Bang im Fußball, hatte es auch in Spanien geknallt. Bis um 24 Uhr an jenem Tag mussten alle Profiklubs das Grundkapital für eine Aktiengesellschaft beschaffen, sonst würden sie in der folgenden Saison nicht mehr am Spielbetrieb teilnehmen dürfen. Damit wurde ein Gesetz gültig, das aufgrund der zuvor verheerenden wirtschaftlichen Situation der spanischen Fußballvereine verabschiedet worden war. Dass gerade eine sozialistische Regierung unter Felipe González die Kommodifizierung der Mitgliedervereine vorantrieb, war ein Akt der Notwehr. Fast alle Klubs waren hoch verschuldet, nach heutigem Wert hatten sie ein Minus von fast einer halben Milliarde Euro aufgehäuft. Nur vier Vereine blieben von der Zwangsumwandlung ausgenommen, weil sie in den vorangegangenen Jahren keine Schulden gemacht hatten: Real

Madrid, FC Barcelona, Athletic Bilbao und Osasuna Pamplona. Die anderen Vereine wurden in sogenannte Sociedades Anónimas Deportivas (SAD) umgewandelt, eine neue, auf Sportvereine angepasste Unternehmensform.

Das Grundkapital für diese neuen SADs kam von Banken und Fans, von Privatanlegern und Unternehmen. Wobei es mancherorts auch den Versuch gab, die alte Struktur in die neue zu überführen. Real Sociedad San Sebastián z. B. begrenzte das maximale Stimmrecht für einzelne Aktionäre auf zwei Prozent. Als die Umwandlung vollzogen war, verkündete Javier Gómez Navarro, Staatssekretär für Sport: »Damit beginnt eine Ära, in der Einnahmen optimiert und Kosten reduziert werden – in der Fußball ein rentables Geschäft wird.« Aus dieser Ankündigung sprach die Hoffnung, dass unter unternehmerischen Bedingungen endlich Vernunft in die Klubs einziehen würde. Sie entsprach auch in Spanien dem Zeitgeist, dass der Markt die Dinge am besten regelt.

Eines stimmte zweifellos: So wie es gewesen war, konnte es nicht weitergehen. Das galt für Spanien, aber auch in anderen Ländern bekamen die Vereine ihre Finanzen nicht in den Griff. Außerdem investierten sie zu wenig in ihre Infrastruktur, ob nun Stadien oder Nachwuchsakademien. In Frankreich waren die Klubs bis weit in die 1990er ähnlich organisiert wie früher in England, zwar als Unternehmen, aber Direktoren durften ebenfalls nicht bezahlt werden, die Auszahlung von Dividenden war sogar komplett verboten. Eine französische Besonderheit war, dass mancherorts die Kommunen Mehrheitseigner der Vereine waren. 1995 musste Olympique Marseille, der populärste Klub des Landes, von der Stadt vor der Insolvenz gerettet werden, im folgenden Jahr passierte dasselbe bei der AS Saint-Étienne, einem weiteren Traditionsverein. Da es aber nicht sinnvoll sein konnte, aus dem Kommunalhaushalt schlecht geführte Fußballklubs vor der Pleite zu bewahren, kam es um die Jahrtausendwende zu einer Entflechtung von Klubs und öffentlicher Hand.

In der Folge kauften etliche französische Medienunternehmen Klubs der Ligue 1 (damals Division 1). Die Zeitungsgruppe Socpresse übernahm den FC Nantes, die Pathé-Gruppe wurde Mehrheitseigner von Olympique Lyon, und der zur RTL-Gruppe gehörende Fernsehsender M6 kaufte Girondins Bordeaux. Dahinter stand die Idee einer medialen Wertschöpfungskette, die in Frankreich besonders populär war. Canal+, das die Fernsehrechte an der französischen Liga hielt, hatte 1991 nämlich Paris Saint-Germain gekauft, um das Interesse an der Division 1 anzufachen und mehr Abonnenten anzulocken.

Doch ob Frankreich, Spanien, England oder wo auch immer, die *Football Industry* wollte einfach nicht profitabel werden. Es gab einzelne gute Jahre und Beispiele von Klubs, die über längere Zeit Gewinne machten, von denen noch die Rede sein wird. Die Klubs konnten noch so viel Geld einnehmen, im nächsten Moment war es verdampft. Warum war das so, und warum ist das bis heute so? Wird das Fußballgeschäft von unfähigen Hasardeuren betrieben, oder machen es die Umstände unmöglich, wirtschaftlich vernünftig zu agieren?

16

Die Macht der Spieler

Roger Milla schoss ein Tor, lief zur Eckfahne und wackelte kurz so mit der Hüfte, wie man das aus dem Video zum Welthit »Lambada« kannte. Dann schoss er noch ein Tor und noch eins, anschließend wackelte er an der Eckfahne wieder mit der Hüfte, und die Welt war verzaubert. Die meisten Zuschauer hatten seinen Namen vor der Weltmeisterschaft 1990 noch nie gehört und waren verblüfft, dass in Kamerun so gut Fußball gespielt wurde. Vor allem aber hatten sie noch nie gesehen, dass ein Fußballspieler seine Treffer so feierte, dass es sein Markenzeichen wurde.

Wenn einer bislang getroffen hatte, sprang er halt in die Luft, riss die Arme hoch und fiel seinen Mitspielern um den Hals. Doch mit Milla änderte sich das, und drei Jahrzehnte später könnte man eine Kulturgeschichte des Torjubels schreiben. In Deutschland begann sie mit dem Stürmer Stefan Kuntz, der auf die Knie ging und eine imaginäre Säge betätigte, wenn er ein Tor geschossen hatte. Heutzutage werden Jubelposen auch schon mal von anderen Sportarten entliehen, wie es der deutsche Nationalspieler Serge Gnabry tut, der nach einem Treffer in einem imaginären Topf rührt. Er kopiert damit den US-Basketballer James Harden, den Gnabry bewundert. Sogar Computerspiele wie Fortnite wurden zu Inspirationsquellen. Der Franzose Antoine Griezmann überführte bei der WM 2018 das »Take the L« von der digitalen Welt in die reale. Er zappelte nach Toren wie ein Hampelmann herum und hielt dabei die Hand über dem Kopf, Daumen und Zeigefinger zu einem »L« für »Loser« geformt. Es war eine Triumphgeste gegenüber den Geschlagenen, wie sie bei Fortnite populär war: Nimm die Niederlage, Verlierer! Es gab noch mehr Jubelgesten, die nur noch Gamer verstanden, aber selbstverständlich landeten auch weiterhin Daumen im Mund oder Bälle unterm Trikot, wenn die Torschützen werdende Väter waren.

Der Torjubel ist ein popkulturelles Phänomen geworden. Sogar in gesponserter Form gab es ihn, als Mario Gomez 2009 ein Tor für den VfB Stuttgart erzielte. Er lief auf die Eckfahne zu, bewegte dabei seine Arme wie Flügel und riss eine imaginäre Dose auf. Der deutsche Nationalstürmer spielte damit auf den Werbeslogan von Red Bull an, der verspricht, das Getränk verleihe Flügel. Der Kontrollausschuss des Deutschen Fußball-Bundes befasste sich mit dem Fall, beschied dann aber: »Das eventuelle Nachspielen einer Werbemaßnahme im Rahmen einer Jubelszene allein durch Gestik erfüllt nicht die Voraussetzung der Unsportlichkeit.« Den Mainstream repräsentiert Cristiano Ronaldo, sein Jubel ist weltberühmt. Der fünffache Weltfußballer des Jahres springt mit halber Drehung ein und steht dann breitbeinig mit gestreckten Armen da, die er dann nach unten reißt.

Dass Fußballspieler das Jubeln als eine Möglichkeit entdeckten, sich zu inszenieren, war auch eine Folge des Fernsehfußballs. Er sorgte für einen ähnlichen Effekt wie die Einführung des Films, als Schauspieler nicht mehr nur für ein physisch anwesendes Theaterpublikum spielten, sondern für Kinozuschauer, die sie nun in Großaufnahme sehen konnten. So entstand mit wachsender Präsenz der Spieler im Fernsehen ein Resonanzraum, in den hinein sie sich inszenieren konnten. Diese mediale Vervielfältigung führt auch zur Antwort auf eine häufig gestellte Frage: Warum eigentlich verdienen Fußballprofis mehr als Menschen, die einer gesellschaftlich viel wichtigeren Arbeit nachgehen?

»Der Kontrast zwischen den Konstellationen von hohem Verdienst und geringem Nutzen bei Sportstars und niedrigem Verdienst und hohem Nutzen bei Gruppen wie Krankenschwestern und Lehrern erklärt sich vor allem durch die Technologien, mit denen Erstere arbeiten und die es ihnen ermöglichen,

Dienstleistungen, wenn auch von bescheidenem Wert, für ein sehr großes Publikum anzubieten. Die letztgenannten Gruppen erbringen Dienstleistungen von wesentlich höherem Wert, haben aber nur eine sehr begrenzte Zahl von Nutzern, was sich durch dieselben technologischen Bedingungen erklären lässt«, schreiben die Wirtschaftswissenschaftler Stephen Dobson und John Goddard in ihrem Klassiker »The Economics of Football«. Die stocknüchterne Analyse erklärt den Mechanismus: Eine Lehrerin oder ein Krankenpfleger kann sich jeweils nur um eine Schulklasse oder eine begrenzte Zahl von Patienten auf einer Krankenstation kümmern. Daran ändern auch moderne Kommunikationstechnologien nichts. Im Fußball ist das anders, hier füllen die Spieler nicht mehr nur Stadien, sondern locken Zuschauer vor die Bildschirme, die dafür bereit sind, Geld zu bezahlen.

Bevor Fußballspieler auf diese Weise ein Millionenpublikum erreichten, verdienten sie nicht viel mehr als der Durchschnitt der Bevölkerung. Als die deutsche Nationalmannschaft 1954 die Weltmeisterschaft gewann, bekamen die Spieler 2500 Mark, einen Fernseher, einen Lederkoffer und einen Motorroller der Marke Goggomobil. Das entsprach den Wünschen, die in der Zeit des Wirtschaftswunders viele Menschen hatten, aber machte die Spieler nicht reich. Zwei Jahrzehnte später gab es für den WM-Sieg 1974 schon umgerechnet 35.900 Euro plus einen VW Käfer, 2014 waren es 300.000 Euro für jeden Spieler – ein Auto gab es nicht mehr. In England durfte ein Fußballprofi im Jahr 1958 nicht mehr als 20 Pfund die Woche verdienen, in der Sommerpause nur 17 Pfund. Ein Handwerker verdiente damals knapp 13 Pfund. Wenn man bedenkt, dass die Spieler nur kurze Karrieren hatten und danach einen neuen Job finden mussten, war das wenig. Zumal die 1950er für den englischen Fußball ein Goldenes Zeitalter waren, denn nie zuvor und nie danach waren die Stadien so gut besucht. Die Spieler profitierten davon jedoch nicht, ihre Bezahlung war bis 1961 gedeckelt. In Deutschland gab es solche Beschränkungen noch länger. Profifußball wurde erst 1963 mit der Bundesliga offiziell eingeführt, aber die Spieler durften zunächst trotzdem nicht mehr als 1.200 D-Mark Grundgehalt beziehen. Der monatliche Durchschnittsverdienst in der Bundesrepublik lag da bei 980 Mark. Dass die Spieler, deren Prämien ebenfalls gedeckelt waren, weniger bekamen, als aufgrund der Einnahmen möglich gewesen wäre, führte zu notorischen Schwarzgeldzahlungen. Hertha BSC wurde 1965 sogar zum Zwangsabstieg aus der Bundesliga verurteilt, weil der Klub seine Spieler unter der Hand bezahlt hatte.

Heute sind die Verhältnisse komplett anders, wie die beiden dänischen Strategieberater Mads Davidsen und Dan Hammer in ihrem Buch »How hard can it be?« feststellen: »Die größte Herausforderung für die Fußballbranche stellen die Spieler und ihre Agenten dar. Ihre überlegene Verhandlungsmacht ist die finanzielle Achillesferse der Branche.« Aus betriebswirtschaftlicher Sicht seien die Ablösesummen, die Gehälter und Handgelder für die Spieler sowie die Honorare für deren Agenten der zentrale Kostentreiber der Fußballbranche, heißt es weiter. Davidsen und Hammer sind der Ansicht, dass ein wirtschaftlich gesund geführter Klub nicht mehr als 60 Prozent seiner Einnahmen für Spielerkosten ausgeben sollte. In Wirklichkeit lag der Wert bei den meisten Klubs in den meisten Ligen deutlich höher.

Diese »überlegene Verhandlungsmacht« der Spieler und ihrer Agenten ist ein relativ neues Phänomen. Bis 1995 gab es für die Spieler keine freie Wahl des Arbeitsplatzes. Selbst wenn ihr Vertrag ausgelaufen war, konnte ihr Verein von einem möglichen neuen Arbeitgeber eine Ablösesumme verlangen. Dass heute gelegentlich mit verklärtem Blick auf die Vereinstreue der Spieler von damals geschaut wird, unterschlägt, dass sie zu dieser Treue in gewisser Weise gezwungen wurden. Überhaupt ist es erstaunlich, dass eine solch krasse Einschränkung des Grundrechts auf freie Wahl des Arbeitsplatzes fast ein Jahrhundert lang Bestand hatte.

Dieses Recht setzte im Fußball der belgische Fußballprofi Jean-Marc Bosman durch. Als er 1990 vom belgischen Erstligisten RFC Lüttich zum französischen Zweitligisten Dünkirchen wechseln wollte, verlangten die Belgier eine Ablösesumme, der Wechsel kam daraufhin nicht zustande. Anschließend kürzte der Klub Bosmans Bezüge auf 75 Prozent des vorangegangenen Gehalts. Der Spieler klagte, und im November 1990 entschied ein belgisches Gericht zu seinen Gunsten, dass er ablösefrei wechseln dürfe. Der Prozess ging durch die Institutionen, 1995 entschied der Europäische Gerichtshof letztinstanzlich, dass Ablösesummen nach Vertragsende illegal seien. Außerdem wurden Beschränkungen für EU-Ausländer, wie es sie in den meisten Ligen gab, für nichtig erklärt.

Die meisten Klubs waren nicht annähernd darauf vorbereitet, dass sich die Machtverhältnisse von einem Moment auf den nächsten umkehrten. Ab sofort landete ein wesentlicher Teil der Gelder, die zuvor zwischen den Klubs zirkuliert waren, bei den Spielern und ihren Agenten. Im Streit um die Rechtmäßigkeit von Ablösesummen hatten Vereine und Verbände stets argumentiert, dass diese das Wirtschaftssystem des Fußballs stabilisierten. Das stimmte auch, größere Klubs hatten kleinere teilweise durch Transfers querfinanziert, was nun seltener passierte. Es war auch leichter gewesen, Mannschaften über einen längeren Zeitpunkt zu entwickeln, indem man die wichtigen Spieler behielt. Aber all das war auf Kosten der Spieler gegangen, und das war nun vorbei.

Schon in den ersten vier Jahren nach dem Bosman-Urteil stieg der Anteil der Gehaltskosten in der Premier League von 45 auf 59 Prozent, die durchschnittliche Bezahlung für Spieler verdreifachte sich. In anderen Ländern war es ähnlich, aber im englischen Fußball ist das am besten nachzuvollziehen, weil die Klubs ihre Bilanzen veröffentlichen müssen. Die entscheidende Erklärung für diese galoppierende Entwicklung lieferte der britische Ökonom Stefan Szymanski, der für die Jahre 1997 bis 2008 das Verhältnis von Personalkosten und Platzierung in der Tabelle in der englischen Premier League untersucht hatte. Von kleinen Abweichungen abgesehen, waren Personalaufwendungen und sportliche Platzierung über ein Jahrzehnt betrachtet identisch. Den Zusammenhang zwischen Personalkosten und sportlichem Erfolg bezifferte Szymanski auf 83 Prozent und kam zu dem Schluss: »Je mehr man seinen Spielern bezahlt, desto höher wird man in der Tabelle stehen.«

Davidsen und Hammer kamen 2021 zu einer etwas modifizierten, aber letztlich ähnlichen Schlussfolgerung: »Unsere Formel legt nahe, dass etwa 70 Prozent des sportlichen Erfolgs eines durchschnittlichen Klubs im Laufe der Zeit durch Lohnausgaben (einschließlich Abschreibungen der Transferkosten und Agentenkosten) erklärt werden können und etwa 20 Prozent durch die fußballstrategischen Entscheidungen und Maßnahmen im Tagesgeschäft. Mit anderen Worten: Unsere Formel lautet 70 Prozent Kapital und 20 Prozent Kompetenz. Die letzten 10 Prozent fallen auf Zufall oder Glück.« Egal, zu wie viel Prozent man den sportlichen Erfolg mit den Aufwendungen für die Spieler erklären will, im modernen Fußball sind sie der wichtigste Faktor. Je mehr man für seine Spieler ausgeben kann, desto wahrscheinlicher sind Erfolge. Oder anders gesagt: An jedem Fußballsieg baumelt ein Preisschild. Zwar gibt es immer wieder Fälle, in denen dieser Zusammenhang spektakulär außer Kraft gesetzt ist, aber sie sind als Ausnahmen von der Regel zu betrachten.

Es gibt andere Wirtschaftsbereiche, in denen Angestellte ebenfalls horrende Gehälter kassieren. In Investmentbanken, Anwaltskanzleien oder Wirtschaftsberatungsgesellschaften werden Top-Mitarbeiter nicht selten sogar besser als Spitzenprofis bezahlt. Allerdings gibt es einen großen Unterschied, denn anders als im Fußball ist ihre Bezahlung variabel. Läuft der Laden nicht, verwandeln sich exorbitante Gehälter ganz schnell in durchschnittliche. Im Fußball hingegen machen Prämien selten einen so großen Teil aus. Läuft es nicht, kommen die Klubs nicht von ihren Kosten herunter.

So ist es eine besondere Kunst, die angemessene Bezahlung zu finden. Stellt sich nämlich heraus, dass ein Spieler im Vergleich zu seiner Leistung überbezahlt ist, kann der Klub bis zum Ende des Vertrags wenig machen. Der Spieler wird bleiben wollen, weil er anderswo weniger verdienen würde. Deshalb gibt es immer wieder Fälle, in denen Klubs solche Spieler an andere Vereine ausleihen und einen relevanten Teil des Gehalts weiter bezahlen. Damit sparen sie zumindest etwas Geld, und es besteht die Hoffnung, dass sie dort im Schaufenster neue Interessenten anziehen. Ein besonders spektakuläres Beispiel war der Brasilianer Philippe Coutinho, für den der FC Barcelona 2018 eine Ablösesumme von 135 Millionen Euro an den FC Liverpool bezahlte. Weil er bei den Katalanen nicht Fuß fasste, liehen sie ihn nur ein Jahr später für eine Saison an den FC Bayern aus. Doch auch nach der Rückkehr aus München konnte Coutinho sich in Barcelona nicht durchsetzen. So wurde Coutinho im Januar 2022 erneut ausgeliehen, mit Aston Villa nun zu einem Klub, der nicht einmal international spielte. Anschließend kauften ihn die Engländer für 20 Millionen Euro.

Wenn ein Verein einen Spieler hingegen unterbezahlt, kann er sich zwar darüber freuen wie ein Schnäppchenjäger, aber bei nächster Gelegenheit wird sich dieser Spieler einen Klub suchen, der ihn angemessen bezahlt. Im aus Sicht seines alten Klubs günstigen Fall kassiert dieser noch eine Ablösesumme, und viele Vereine versuchen das zu ihrem Geschäftsmodell zu machen. Auf internationalem Spitzenniveau ist Borussia Dortmund eines der Beispiele. Dort verpflichtete man über Jahre anerkannte Supertalente, etablierte sie auf dem Niveau der Champions League und verkaufte sie dann mit hohem Aufschlag weiter, wie Ousmane Dembélé an den FC Barcelona, Jadon Sancho an Manchester United und Erling Haaland an Manchester City.

Eine kleine Schar globaler Superstars verfügt nicht nur über Verhandlungsmacht, sondern auch über Medienmacht. Ende 2021 gab es acht Spieler, die in den sozialen Medien mehr Follower hatten als die Klubs, bei denen sie spielten, Cristiano Ronaldo bei Manchester United und Lionel Messi bei Paris Saint-Germain vorneweg. Außerdem galt das für Neymar (PSG), Zlatan Ibrahimovic (AC Mailand), Marco Reus (Borussia Dortmund), Luis Suárez und Antoine Griezmann (Atlético Madrid) sowie Mesut Özil (Fenerbahce Istanbul). Klubs können von der Social Media Power reichweitenstarker Profis durchaus profitieren, und solche Überlegungen spielen bei Großtransfers inzwischen auch eine Rolle.

Auch die Digitalisierung des Fußballs in einem ganz anderen Bereich hat dazu beigetragen, dass die Spitzenprofis verstärkt als Einzelspieler wahrgenommen werden: Fußballsimulationen auf Konsolen oder am Computer. Ungemein populäre Spiele wie FIFA und Pro Evolution Soccer, bei denen die Gamer sich ihre Mannschaften teilweise selbst zusammenstellen können, haben für noch mehr Aufmerksamkeit für die Spieler und ihre Fähigkeiten gesorgt. Dem trägt auch die Sportartikelindustrie Rechnung, indem sie verstärkt Verträge mit Einzelspielern abschließt, während das Ausrüsten von Klubs keine so wichtige Rolle mehr spielt.

Insgesamt haben die Spieler mehr Macht als je zuvor. Der britische Autor Simon Kuper zitiert in seinem Buch über den FC Barcelona dessen ehemaligen Präsidenten Sandro Rosell. Der sagte über Lionel Messi, den über viele Jahre prägenden Spieler des Klubs: »Er muss nichts sagen. Seine Körpersprache ist die stärkste, die ich je gesehen habe. Ich habe gesehen, wie er mit einem Blick in den Umkleideraum geschaut hat, der jeden wissen lässt, ob er zustimmt oder nicht.« Der Argentinier wollte, so erklärte Rosell, dass Barcelona nach seinen Vorlieben in Bezug auf Spieler, Formation und Taktik spielte. Also wurden 15 Jahre lang seine Wünsche bezüglich Transfers, wichtigen taktischen Entscheidungen und Auswahl der Trainer erfüllt. Kuper kam zu dem Schluss: »Die Klubs haben die Illusion aufgegeben, ihren mobilen, multinationalen, hochreichen, fast unersetzlichen Spielern, die meist mit einem großen Ego, einem listigen Agenten und verschmusten Journalisten ausgestattet sind, ihren Willen aufzwingen zu können. In einem Bereich, in dem sich alles um Talent dreht, ist es unvermeidlich, dass Talent regiert.«

Dass das aber so ist, liegt daran, dass die *Football Industry* einen grundsätzlichen Baufehler hat.

17

Rattenrennen

Für jedes Unternehmen ist es ein Traum, ein Produkt oder eine Dienstleistung auf einem Markt anbieten zu können, auf dem es möglichst wenige oder möglichst schwache Wettbewerber gibt. In diesem Fall sind nämlich hohe Profite garantiert. Für den Profisport gilt das Gegenteil. »Was das Sportbusiness anders macht, ist der Umstand, dass es ohne Rivalen kein Geschäft wird. Was das Sportbusiness verkauft, ist Rivalität – ohne Rivalen gibt es nichts zu verkaufen. Man kann noch weiter gehen: Sport braucht nicht nur Mitbewerber, sondern solche, die einigermaßen gut passen«, schreibt der bereits erwähnte englische Ökonom Stefan Szymanski in seinem Buch »Playbooks and Checkbooks«. Mit passenden Mitbewerbern meint er Gegner auf Augenhöhe.

Das liegt auf der Hand, Bayern München oder Real Madrid brauchen nicht nur irgendwelche Gegner, damit Zuschauer ins Stadion kommen oder den Fernseher anstellen. Wenn sie regelmäßig mit 7:0 oder höher gewinnen würden, fände sich kaum Publikum dafür. Im amerikanischen Profisport ist die *Uncertainty of Outcome*-Hypothese daher ein zentraler Gedanke für den Betrieb einer Liga. Ob in Football oder Baseball, Basketball oder Eishockey, stets geht man davon aus, dass die Zuschauer eine hohe Unsicherheit darüber wünschen, wie die Spiele ausgehen. Deshalb wird der Wettbewerb so organisiert, dass sich möglichst viele Teams auf Augenhöhe begegnen und es keine sicheren Sieger gibt. Das funktioniert, wie der Blick in die Siegerlisten zeigt. Die Major League Baseball hatte in den zehn Jahren zwischen 2012 und 2021 neun unterschiedliche Meister, acht waren es in der National Football League, sieben in der National Hockey League und fünf in der National Basketball League. In der Major League Soccer, der nordamerikanischen Fußballliga, gab es acht unterschiedliche Meister.

Einen sportlich offenen Wettbewerb zu gestalten ist unter den Bedingungen des US-Sports vergleichsweise einfach. Die Klubs sind keine Einzelunternehmen, die wirtschaftlich untereinander konkurrieren, sondern Franchise-Nehmer. Das Prinzip ist nicht unähnlich dem bei McDonald's, wo die einzelnen Schnellrestaurants von unabhängigen Unternehmern betrieben werden, die aber vom Konzern klar vorgegebene Standards erfüllen müssen. Dementsprechend lassen die Profiligen Unternehmen an den unterschiedlichen Standorten ein Team betreiben, organisieren dafür den Spielbetrieb und die gemeinsame Vermarktung. In der Major League Soccer, der nordamerikanischen Profifußball-Liga, sind die Spieler nicht einmal bei den Klubs angestellt, sondern bei der Liga. Das würde einer Regelung entsprechen, nach der Thomas Müller oder Robert Lewandowski nicht mehr beim FC Bayern unter Vertrag stünden, sondern bei der Deutschen Fußball Liga.

Die nordamerikanischen Ligen sind geschlossen, man kann aus ihnen nicht absteigen. Man kann in sie aber auch nicht aufsteigen. So ist sichergestellt, dass man vor Ort nicht plötzlich mit einem Mitbewerber konfrontiert ist. Um eine Inflation der Personalkosten wie im Fußball zu verhindern, gibt es Gehaltsobergrenzen, die von den Ligen mit den Gewerkschaften der Spieler verhandelt werden. Ablösesummen bei Spielerwechseln zwischen den Franchise-Nehmern gibt es keine, aber sie können Spieler untereinander tauschen. Talentierte Spieler aus den College-Mannschaften, aus denen der Nachwuchs vor allem kommt, werden vor jeder Saison durch ein Draftsystem verteilt, wobei dort in jeder Runde das schlechteste Team der Vorsaison zuerst und das beste zuletzt wählen darf. Auch dadurch wird dafür gesorgt, dass die sportliche Qualität der Teams sich angleicht. Letztlich ermitteln alle US-Ligen ihre Meister über Playoffs, in denen der Zufall ein größerer Faktor ist als nur über eine

Saison in Punktspielen. Formschwächen oder Verletzungen, unglückliche Schiedsrichterentscheidungen und Spielverläufe schlagen in den wenigen Spielen der Play-offs stärker durch als über eine lange Spielzeit.

Es wird häufig gespottet, dass gerade im US-Sport der Sozialismus verwirklicht wäre, aber die Pointe stimmt nicht. Das Business ist so konstruiert, dass die Besitzer verlässlich Profite machen können. Ihre jeweiligen Franchises stehen zwar in sportlicher Konkurrenz, aber nicht in wirtschaftlicher, sie bilden also ein Kartell. Deshalb gibt es ein gemeinsames Interesse an einer möglichst spannenden Liga, weil in einer solchen höhere Erträge erzielt werden können, und deshalb steht eine annähernde Waffengleichheit bei den Spieleretats außer Frage. Teilweise werden sogar die Zuschauereinnahmen in den Stadien mit den Gästeteams geteilt, wie in den alten Zeiten in England.

Auch im Fußball gibt es ein Bewusstsein dafür, dass Gegnerschaft auf Augenhöhe nötig ist, um Publikum anzulocken. 1999 entschied das italienische Kartellamt, dass die bisherige Praxis, nach der die italienische Fußballliga für alle Profiklubs gemeinsam Fernsehverträge abschloss und die Erträge anschließend unter den Vereinen verteilte, gegen das Kartellrecht verstieß. Also verhandelten die Vereine nun einzeln mit den Sendern und erwirtschafteten erwartungsgemäß höchst unterschiedliche Beträge. Die drei Großklubs Inter und AC Mailand sowie Juventus Turin kamen erwartungsgemäß auf ein Vielfaches kleiner Vereine. Um die Konkurrenz zumindest einigermaßen auf Augenhöhe zu halten, gaben die großen drei jeweils 18 Prozent ihrer Fernseheinnahmen freiwillig ab, die unter den restlichen Klubs verteilt wurden. Etwas, das kein Unternehmer in einer anderen Branche machen würde. Die Vorstellung, dass ein Autohersteller oder eine Versicherung kleineren Konkurrenten Geld gibt, um sie zu stärken, ist absurd. Allerdings ist dieses Beispiel eher ein Beleg dafür, wie ungleichmäßig die Reichtümer im Fußball in den letzten 30 Jahren verteilt worden sind. Die freiwillige

Abgabe war mehr eine Geste, als dass dadurch ein sportliches Gleichgewicht in der Serie A hergestellt worden wäre. Ab 2002 gingen alle Meistertitel an die großen drei.

In der Bundesliga waren die Fernsehgelder bis 1992 gleichmäßig untereinander aufgeteilt worden. Der Deutsche Fußball-Bund schloss mit den öffentlich-rechtlichen Sendern einen Fernsehvertrag, behielt einen kleinen Teil für sich ein, der Rest wurde durch 18 geteilt. Ob der FC Homburg oder der Hamburger SV, alle bekamen das Gleiche. Als die Bundesligarechte 1992 zu SAT.1 wechselten, wurde ein Sonderbetrag von 300.000 Mark für ein Live-Spiel im Free-TV ausgewiesen, und dieses Geld kam erstmals nicht in den gemeinsamen Topf. Ein Argument dafür war, dass ja nicht jeder Klub gleich viele Fans vor die Fernseher zog, wir kennen es schon im Zusammenhang mit der Einführung der Premier League.

Außerdem ergaben sich nun vermehrt für unterschiedliche Klubs auch unterschiedliche Konkurrenzsituationen. So verlor der FC Bayern München regelmäßig Spieler in die damals wirtschaftlich stärkste Liga in Europa, die italienische Serie A. 1984 wechselte Karl-Heinz Rummenigge zu Inter Mailand, vier Jahre später auch Lothar Matthäus und Andreas Brehme. 1991 waren Jürgen Kohler und Stefan Reuter zu Juventus Turin sowie im Jahr darauf Brian Laudrup und Stefan Effenberg nach Florenz verkauft worden. Die sportlichen Folgen des fußballerischen Braindrains wuchsen sich in der Saison 1991/92 zu einem sportlichen Fiasko aus, die Bayern wurden nur Zehnter, es war ihre zweitschlechteste Platzierung in der Bundesligageschichte.

Die nordamerikanischen Sport-Franchises kennen mit Ausnahme jener im Fußball die Probleme nicht, die sich aus einer internationalen Konkurrenz innerhalb ihres Sports ergeben. Die Klubs der NFL, NBA oder MLB haben kein Nebeneinander von nationalen und internationalen Wettbewerben. Es gibt keine ausländischen Ligen, die ihnen Spieler ernsthaft streitig machen könnten. Genau das aber sorgt im Fußball für vielfältige Rückkopplungseffekte. Ein Beispiel dafür ist der rasante Aufstieg von Borussia Dortmund zu einer internationalen Größe in den frühen 1990ern. Der Klub hatte vorher komplizierte Zeiten erlebt und den Anschluss an die Bundesligaspitze verloren, doch nach dem Gewinn des DFB-Pokals 1989 ging alles schnell – und dann noch schneller. 1992 qualifizierte sich der BVB für den Uefa-Cup, und 1993 klagte Gerhard Mayer-Vorfelder, Präsident des VfB Stuttgart und Vizepräsident des Ligaverbandes der Profiklubs: »Als wir mit dem VfB Stuttgart 1989 das Uefa-Cup-Finale erreichten, haben wir drei Millionen Mark netto in dem Wettbewerb verdient. Borussia Dortmund hat jetzt 23 Millionen erhalten. In einem Spiel nahmen sie mehr ein, als der gesamte Jahresetat einiger Bundesligisten beträgt. So entsteht in der Bundesliga eine Schere zwischen Arm und Reich, die nicht gewollt sein kann.« Der BVB hatte massiv davon profitiert, dass er auf dem Weg ins Endspiel des Uefa-Cups 1993 die Fernsehgelder nicht mehr mit den anderen Bundesligisten teilen musste, wie es zuvor der Fall gewesen war.

Durch diese für damalige Verhältnisse gewaltigen Mehreinnahmen war Borussia Dortmund plötzlich ein Klub auf Steroiden und konnte sich Transfers leisten, bei denen die nationale Konkurrenz nicht mithalten konnte. Im Sommer 1993 kam Nationalstürmer Karlheinz Riedle, ein Jahr später Andreas Möller aus Italien und mit ihm der Brasilianer Júlio César. 1995 wurde Borussia Dortmund erstmals seit 32 Jahren wieder deutscher Meister, zwei Jahre später gewann der Klub die Champions League. Nachhaltig war der Aufstieg zur besten Vereinsmannschaft Europas aber trotzdem nicht, denn der Klub schrieb selbst im Moment der größten sportlichen Erfolge rote Zahlen. Dennoch war das ein typisches Beispiel für die Dynamik der sportlich-wirtschaftlichen Erfolgszyklen im modernen Fußball. Sportlicher Erfolg wurde mit hohen Erträgen belohnt, die, in noch bessere Spieler investiert, für noch mehr sportlichen Erfolg sorgten und noch höhere Einnahmen.

Dieser Mechanismus setzte genau jene Energie frei, die dafür sorgte, dass im Fußball »alles super« wurde, von der Ausbildung der Talente über die Trainingsbedingungen der Profis, von der Qualität der Spieler und ihrer medizinischen Betreuung bis zur Arbeit der Trainer. Allerdings kam zugleich das in Gang, was der Schweizer Wirtschaftswissenschaftler Egon Franck bereits im Jahr 2000 als »Rattenrennen« bezeichnete. »Die Ratten laufen los, aber nur eine kriegt das Stück Käse – und der Kalorienverbrauch ist höher als das, was der Käse bringt«, erklärte er das Konzept in einem Interview. Mit den Ratten meinte er die Klubs und mit dem Käse die möglichen Einnahmen. Der Kalorienverbrauch waren die Ausgaben.

Das erklärt auch die Verhandlungsmacht der Spieler: Man braucht sie, um sportlich und damit wirtschaftlich erfolgreich zu sein. Das ließen sie sich bezahlen. Wenn die Klubs aber mehr ausgeben müssen, um mehr einzunehmen, klappt's mit der Profitabilität nicht. »Der Klubfußball per se ist eigentlich unprofitabel. Man liefert sich ein ruinöses Rattenrennen, und die sportliche Balance geht verloren«, sagte Franck. Er wurde für das Bild des »Rattenrennens« vielfach kritisiert, und tatsächlich trifft es auch nicht exakt. Schließlich bekommt nicht nur eine Ratte den Käse, sondern alle bekommen ihre Stücke. Nur, sie sind unterschiedlich groß.

18

Die Ohnmacht der Gierigen

Im Oktober 2020 legten einige kleinere Klubs aus den beiden deutschen Bundesligen ein internes Papier vor, das als »streng vertraulich« deklariert war. Es sollte innerhalb der DFL eine Diskussion über die Verteilung der Medienerlöse anstoßen. Das Papier erinnerte noch einmal daran, dass die sportliche Tabelle das Abbild der finanziellen Möglichkeiten ist, und schlüsselte dann auf, wie sich diese finanziellen Möglichkeiten im Laufe der Jahre verändert hatten. Als in der Saison 1996/97 die Fernsehgelder zum letzten Mal zu 18 gleichen Teilen unter den 18 Bundesligisten verteilt wurden, hatte der FC Bayern als deutscher Meister einen rund doppelt so hohen Personaletat wie der Tabellenletzte. Heute ist er neunmal so hoch. Aber nicht nur die Unterschiede zwischen ganz oben und ganz unten haben sich seither dramatisch vergrößert. Konnte der Erste damals fünf Prozent mehr für seine Spieler ausgeben als der Zweite und acht Prozent mehr als der Dritte, beträgt der Abstand inzwischen 50 bzw. 180 Prozent. Konkret bedeutet das: Im Jahr 2020 konnten die Bayern nach Erhebungen der Uefa knapp 100 Millionen Euro mehr fürs Personal aufbringen als der größte Konkurrent Borussia Dortmund, das sind fünf Spieler in der Gehaltskategorie von Robert Lewandowski und Manuel Neuer. Auch im unteren Tabellendrittel klaffen gewaltige Abstände: Der Tabellenzwölfte der Saison 1996/97 hatte einen 14 Prozent höheren Lizenzspieleretat als der Letzte, heute ist er fast doppelt so hoch.

Das hat einerseits mit der Verteilung der Fernsehgelder zu tun. Als 1997/98 das Konzept der Gleichverteilung aufgehoben wurde, bekam der Meister ungefähr das 2,4-Fache des Tabellenletzten. Im Laufe der Jahre vergrößerte sich der Abstand, heute beträgt der Faktor 3,2. Dabei nicht eingerechnet sind die gewaltigen Summen, die Klubs international, vor allem in der Champions League, erwirtschaften können. Die Wirtschaftskraft entwickelte sich auch in anderen Bereichen auseinander, so nimmt der FC Bayern allein durch die Vermarktung seiner Logen im Stadion 30 Millionen Euro mehr ein als Borussia Dortmund. Vom Trikotsponsor Telekom erhielt der FC Bayern in der Saison 2021/22 rund 45 Millionen Euro, ein Klub wie Borussia Mönchengladbach kommt auf acht Millionen und einer wie Mainz 05 auf rund vier Millionen Einnahmen in diesem Bereich. Außerdem agieren Klubs wie Bayern und der BVB weltweit und nicht mehr nur auf nationaler Ebene. Der FC Bayern eröffnete 2014 ein Büro in den USA, drei Jahre später eines in China und 2022 eines in der thailändischen Hauptstadt Bangkok, Borussia Dortmund hat seit 2014 eine Niederlassung in Singapur. Mittelgroße Bundesligisten sehen da nur die Rücklichter.

Viele Fans, aber auch Akteure in der Fußballbranche mögen es nicht, darüber zu reden. Es erscheint ihnen zu fatalistisch, die finanziellen Möglichkeiten als entscheidenden Erfolgsfaktor heranzuziehen. Schließlich gibt es in jeder Saison Gegenbeispiele von Mannschaften, die trotz bescheidener Mittel reüssieren. Dass in der Saison 2021/22 mit Werder Bremen, dem Hamburger SV und Schalke 04 der Dritte, Vierte und Siebte der Ewigen Bundesligatabelle nur zweitklassig spielten, war schließlich nicht dadurch zu erklären, dass diese Traditionsvereine zu wenig Geld zur Verfügung gehabt hatten. Sie hatten es nur katastrophal eingesetzt. Dennoch: Die Folgen der Ungleichheit schlagen in der Bundesliga seit Beginn der 2010er massiv durch. Im Jahr 2022 feierte der FC Bayern seine zehnte Meisterschaft in Folge und dominierte die Liga im Laufe dieses Jahrzehnts fast nach Belieben. In der Langzeitbetrachtung zeigte sich zudem: Klubs im oberen Drittel der Tabelle holten immer mehr, jene im unteren Drittel immer weniger Punkte. Unter diesen Bedingungen verwundert es nicht, dass im internen Papier festgestellt wurde: »Die Meisterschaft ist in der Regel langweilig!«

Zum Teil waren die Unterschiede gewollt. Christian Seifert, bis 2021 Geschäftsführer der Deutschen Fußball Liga, verfolgte eine Strategie, mit der große Klubs gezielt gestärkt wurden. Die Idee dahinter war eine Variante der Trickle-down-Theorie, die im Zeitalter des Neoliberalismus populär wurde und unter dem US-Präsidenten Ronald Reagan und der englischen Premierministerin Margaret Thatcher praktisch umgesetzt wurde. Knapp zusammengefasst, sagt sie, dass die Armen in einer Gesellschaft indirekt davon profitieren, wenn die Reichen mit weniger Abgaben belastet werden. Der positive Effekt davon würde nämlich nach unten herunterrieseln (»trickle down«). In der Wirtschaftswissenschaft ist das ziemlich umstritten, um es vorsichtig zu formulieren.

Spitzenklubs bekamen über viele Jahre einen größeren Anteil nationaler Fernsehgelder, weil sie die Ware Fernsehfußball insgesamt attraktiver machten. Zweifellos bezahlen mehr Menschen für TV-Fußball, um Bayern München oder Borussia Dortmund zu sehen als den SC Freiburg oder Mainz 05, so sympathisch diese Klubs auch sein mögen. Die Spitzenklubs sollten auch in der Lage sein, in internationalen Wettbewerben für Aufsehen zu sorgen, vor allem in der Champions League, um die Bundesliga international attraktiv zu machen. Das wiederum sollte sich positiv beim Abschluss von Fernsehverträgen im Ausland niederschlagen. Instinktiv leuchtet das ein. Schließlich haben Bayern und Dortmund mehr Fans als alle anderen Klubs der Bundesliga – auch international. Aber womöglich ist es auch schlicht ein Kreisschluss: Sie haben deshalb mehr Anhänger, weil sie über die Jahre systematisch groß gemacht worden sind.

Allerdings ging die Rechnung nicht auf. Während die globalen Medienerlöse der Premier League auf über zwei Milliarden Euro pro Saison stiegen und inzwischen sogar die inländischen übertreffen, sanken die der Bundesliga von bereits 250 Millionen auf 150 Millionen Euro im Jahr 2022. Der englische Fußball schrieb eine weltweite Erfolgsgeschichte, der deutsche wurde zum Mauerblümchen. Vielleicht hat die Strategie der Ungleichheit mittelfristig sogar größeren Schaden angerichtet, als sie positive Effekte hatte. Denn die Bundesliga verstößt (übrigens deutlich stärker als die Premier League) gegen das erste Gesetz des US-Sports, dass ein attraktiver Wettbewerb ein möglichst großes Maß an Unsicherheit über seinen Ausgang braucht.

Im US-Sport gibt es auch Franchises, die andere aufgrund ihrer Geschichte und ihrer Popularität weit überstrahlen. Die New York Yankees im Baseball, die LA Lakers im Basketball oder die Dallas Cowboys im Football spielen in ihren Sportarten eine ähnliche Rolle wie Real Madrid, Manchester United oder Bayern München im Fußball. In der NFL machten die Dallas Cowboys sogar im Pandemiejahr 2020 einen Gewinn von 280 Millionen Dollar und blieben zudem das wertvollste Sportteam der Welt. Den Super Bowl gewannen sie allerdings zuletzt 1996 und erreichten seitdem nicht einmal mehr das Finale. Das wäre so, als ob Real Madrid im letzten Vierteljahrhundert kein Finale der Champions League mehr erreicht hätte – und trotzdem der wertvollste Fußballklub der Welt wäre.

Im europäischen Fußball ist das nicht möglich, weil sportlicher und wirtschaftlicher Erfolg der einzelnen Vereine so eng miteinander verbunden sind. Daraus resultiert aber nicht nur in der Bundesliga eine Dominanz der Immergleichen. Von zehn möglichen nationalen Meistertiteln zwischen 2012 und 2021 gewannen Juventus Turin und der FC Bayern jeweils neun, Paris Saint-Germain sieben sowie Manchester City und der FC Barcelona jeweils fünf. Doch nicht nur nationale Titel werden immer ungleicher verteilt. Bis zur Einführung der Champions League war der Europapokal der Landesmeister auch an Mannschaften aus Holland, Jugoslawien, Schottland, Rumänien, Frankreich und Portugal gegangen. Nach 1992 kamen, abgesehen von Olympique Marseille 1993, Ajax Amsterdam 1995 und zuletzt 2004 dem FC Porto, alle Titelträger nur noch aus Spanien, Italien, England und Deutschland. Ab dem Viertelfinale der Champions League waren die Klubs aus diesen vier Ländern und aus Frankreich weitgehend unter sich. In den zehn Jahren von 2012 bis 2021 wurden nur acht der 80 Plätze im Viertelfinale von Klubs aus anderen Nationen besetzt, nur Ajax Amsterdam erreichte das Halbfinale.

Auch das erklärt sich dadurch, wie die Einnahmen verteilt werden. Ab 1999 wurde der Name Champions League dadurch ad absurdum geführt, dass nicht mehr nur nationale Meister sicher teilnahmen. Damals wurde die Teilnehmerzahl auf 32 Klubs erhöht, und auch die Zweiten aus Italien, Deutschland, Spanien, Frankreich, den Niederlanden und England qualifizierten sich. (Warum das passierte, darauf werden wir noch zurückkommen.) Zur Saison 2018/19 wurde der Qualifikationsmodus erneut reformiert, nun qualifizierten sich auch die Zweitplatzierten der besten sechs Ligen ebenso wie die Tabellendritten und -vierten der besten vier Spielklassen. Welche Liga welche Position im Ranking einnahm, wurde über eine Fünfjahreswertung ermittelt, bei der alle Spiele in internationalen Wettbewerben gezählt wurden. Deren erste vier Plätze belegen seit zwei Jahrzehnten fast ausnahmslos England, Spanien, Deutschland und Italien.

Um zu verstehen, weshalb die großen Klubs aus diesen Ligen die Champions League in diesem Maß dominieren, hilft ein exemplarischer Blick in die Saison 2017/18. Damals qualifizierte sich der Schweizer Meister FC Basel fürs Achtelfinale und schied dort gegen Manchester City aus. Paris Saint-Germain sowie die drei englischen Klubs Chelsea, Tottenham und Manchester United schieden ebenfalls im Achtelfinale aus, doch als die Uefa die Prämien auszahlte, fielen sie sehr unterschiedlich aus. Der FC Basel bekam rund 29 Millionen Euro, Manchester United hingegen gut 40 Millionen, Tottenham und Paris

Saint-Germain jeweils 61 Millionen und Chelsea sogar 65 Millionen Euro. Aber warum wurde die gleiche Leistung so unterschiedlich honoriert?

Jeder Klub, der an der Champions League teilnimmt, erhält das gleiche Antrittsgeld und die gleichen Prämien für Siege in den Gruppenspielen und der K.-o.-Phase. Darüber hinaus gibt es aber noch Preisgelder, die über einen sogenannten Klub-Koeffizienten vergeben werden und der sich danach errechnet, wie gut ein Verein in der Vergangenheit in den internationalen Wettbewerben abgeschlossen hat. Der FC Basel lag dort zwar vor Tottenham Hotspur, aber deutlich hinter den anderen genannten Klubs. Für den entscheidenden Unterschied sorgte aber das Geld aus dem sogenannten TV-Pool. Ein Viertel der Preisgelder wurde an die Vereine entsprechend der Höhe ausgezahlt, die die Fernsehanstalten in ihren Ländern an die Uefa überwiesen hatten. In der Schweiz war das sehr wenig, in England sehr viel.

In einer Untersuchung der Unternehmensberatung Ernst & Young hieß es bereits 2008: »Das Verteilungsprinzip der Vermarktungseinnahmen der Champions League wirkt bei der Betrachtung der Competitive Balance wie ein Teufelskreis. Die erfolgreichen Klubs vereinnahmen immer höhere Prämien und können somit ihre sportliche Qualität weiter steigern und die Wahrscheinlichkeit des erneuten Erfolgs erhöhen. Der Mechanismus des Marktpools wirkt sich dabei besonders zugunsten der Top-5-Ligen aus, da diese die größten TV-Märkte repräsentieren. Somit können Mannschaften aus den Top-5-Ligen selbst bei Misserfolg noch recht hohe Prämien vereinnahmen.« Das hätte auch eine Ultra-Gruppe schreiben können, und die Situation ist nicht besser geworden.

Zur Saison 2019/20 wurde der Anteil aus dem TV-Pool von 25 auf 15 Prozent reduziert und jener, der über den Klub-Koeffizienten verteilt wurde, von 25 auf 30 Prozent erhöht. Außerdem wurde der Klub-Koeffizient nicht mehr auf einer Basis von fünf, sondern zehn Jahren berechnet. Das klingt wahnsinnig technisch, hatte aber Folgen. Einerseits war es eine gute Nachricht für alle Vereine aus kleineren Ligen, denn nun war es weniger wichtig, dass sie aus der Schweiz, Belgien oder der Ukraine kamen. Aber es war nicht nur eine gute Nachricht, denn zugleich stärkte das die Position jener Klubs, die schon länger dabei waren, gegenüber potenziellen Newcomern. Und das entspricht einer Versicherungsmentalität, die wir noch genauer anschauen werden.

In der Champions League konnte der FC Basel wirtschaftlich nicht mithalten, andererseits nahm er dort mehr ein als jeder Klub der Schweizer Super League. So vermochte der FC Basel über Jahre die heimische Liga zu dominieren, zwischen 2010 und 2017 gewann er alle acht Meistertitel. Ähnlich war es in Griechenland, wo Olympiakos Piräus ab 2012 acht von zehn möglichen Meistertiteln gewann. Auch in der Bundesliga ist der entscheidende Faktor für das sportliche Ungleichgewicht an der Spitze nicht die Verteilung der nationalen Fernsehgelder. Vor allem die Gelder aus der Champions League katapultieren Bayern und Dortmund in eine andere Liga.

Der Zusammenhang ist schon lange unbestritten, und den großen Klubs wurde vielfach vorgeworfen, dass sie sich seit Jahren immer größere Anteile am Kuchen sichern. Sie als gierig darzustellen ist aber zu einfach, denn sie können sich die *Uncertainty of Outcome* einfach nicht leisten. In Wirklichkeit wäre es für Real Madrid, den FC Bayern und die anderen Superklubs der blanke Horror, wenn sie in ihren Ligen auch mal Achter werden könnten. Sie würden dann auf einen Schlag dreistellige Millionensummen verlieren, müssten Personalkosten senken und wären sofort in einem Abwärtsstrudel. Der Effekt wäre nämlich genauso katastrophal wie der Abstieg eines mittelgroßen Klubs in die Zweitklassigkeit. Die vermeintliche Gier ist also Ausdruck einer Ohnmacht. Die großen Klubs sind verdammt dazu, Erfolge zu monopolisieren.

Diese Entwicklung hat allerdings eine derart starke Eigendynamik bekommen, dass sie zu einer komplett verzerrten Wahrnehmung führte. Als sich Atalanta Bergamo 2019 erstmals für die Champions League qualifizierte, sagte Andrea Agnelli, der Präsident von Juventus Turin: »Ich habe großen Respekt vor allem, was Atalanta macht, aber ohne internationale Historie und dank nur einer großartigen Saison hatten sie direkten Zugang zum wichtigsten europäischen Klubwettbewerb. Stimmt das oder nicht?« Agnelli hatte offensichtlich so lange in der dysfunktionalen Welt des modernen Fußballs gelebt, dass er Sport ohne dessen Unwägbarkeiten wollte – also keinen Sport.

19

Kampf dem Zufall

Die Sache mit der Wettbewerbsgleichheit im Fußball ist so aus den Fugen geraten, dass er nach US-amerikanischem Verständnis eigentlich als gescheitert betrachtet werden müsste. Doch das ist er nicht. Weder boykottieren die Zuschauer den Gang ins Stadion noch kündigen sie in Massen ihre Abonnements. Ist eine ausgeglichene Liga etwa viel weniger wichtig, als die Doktrin von der *Uncertainty of Outcome* das behauptet? Eine Antwort darauf ist, dass die Menschen nicht nur ins Stadion kommen, um einen interessanten sportlichen Wettkampf zu erleben, sondern vor allem Gemeinsamkeit und Zugehörigkeit. Wie das genau funktioniert, darum wird es später noch ausführlich gehen. Außerdem war die Welt des Fußballs auch in vormodernen Zeiten schon stärker in Groß und Klein geteilt als im nordamerikanischen Sportsystem. Die NFL trägt den Super Bowl seit 1969 aus, und bis 2022 gewannen 22 unterschiedliche Teams den Titel. Im gleichen Zeitraum gab es in England nur zwölf unterschiedliche Meister, elf in Italien, neun in Deutschland und in Spanien sogar nur sieben.

Eine weitere Erklärung für die Geduld des Publikums mit den immer gleichen Siegern ist, dass es im Fußball einen eingebauten Unsicherheitsfaktor gibt: den Zufall. Beim Fußball gewinnt das Spiel nicht immer die bessere, sondern immer wieder auch die glücklichere Mannschaft. In einzelnen Spielen gehen die großen Klubs selbst gegen die Kleinen als Verlierer vom Platz – zumindest gelegentlich. Allerdings ist der Zufall in den letzten Jahren auf unterschiedliche Weise unter Druck geraten.

Im März 2011 beschloss der Vorstand der Deutschen Fußball Liga, eine »Expertenkommission für die Sicherstellung der Rasenqualität in den Stadien der Bundesliga und 2. Bundesliga«

zu bilden. Ligapräsident Dr. Reinhard Rauball verkündete: »Für uns geht es darum, im Sinne des Spiels und zur Vermeidung von Wettbewerbsbeeinträchtigungen optimale Platzqualität sicherzustellen – und die Bundesliga national und international bestmöglich zu präsentieren.« In der Folge entwickelte die Kommission ein einheitliches Bewertungssystem für die Qualität der Plätze, ein Konzept für die Weiterbildung der Greenkeeper und lobte den Award »Pitch of the Year« aus.

Noch bis tief in die 1980er-Jahre waren Fußballspiele unter teilweise abenteuerlichen Bedingungen ausgetragen worden und Spielabsagen im Winter keine Seltenheit. Geschäftsschädigend war das schon damals gewesen, denn ausgefallene Partien mussten oft im Laufe der Woche nachgeholt werden, wo weniger Zuschauer kamen. Im Zeitalter eng verwobener internationaler Spielkalender wurden Spielausfälle erst recht zum Problem, außerdem sahen Spiele auf holprigen und matschigen Plätzen im Fernsehen nicht gut aus. Die Sender forderten Rasen, auf denen der Ball so gut rollte wie auf einem Billardtisch und nicht wie bei jenem legendären Spiel am 14. April 1998 in Moskau. Spartak empfing da Inter Mailand in der Champions League auf einem Spielfeld, auf dem schlichtweg kein Gras war, nur Matsch und Sägemehl. Die »Königsklasse« sah wie die Kreisklasse aus.

Durch die Stadionneubauten ab den 1990er-Jahren ergaben sich neue Probleme. Beispielhaft dafür stand die 1996 eröffnete AmsterdamArena, in der einfach kein Gras mehr wachsen wollte. In den ersten Jahren musste der Rasen bis zu viermal pro Saison ausgetauscht werden, manchmal wurde der Platz auch nur grün gestrichen, um wenigstens wie Rasen auszusehen. Die Ursache dafür war nicht nur in Amsterdam die Architektur der neuen Arenen. Um die Dächer so leicht wie möglich zu machen und weil das Publikum das wollte, wurden die Tribünen sehr nah ans Spielfeld gebaut. Aufs Spielfeld fiel so weder ausreichend Licht noch zirkulierte genug Luft. Ähnliche Probleme gab es in vielen Stadien, die in diesen Jahren neu gebaut oder wie Old Trafford von Manchester United und das Westfalenstadion in Dortmund erweitert wurden. Eine kostspielige Antwort auf dieses Problem waren fahrbare Rasen wie im 1998 eröffneten Gelredome in Arnheim und in der Arena in Gelsenkirchen, die drei Jahre später ihren Betrieb aufnahm. Zusätzlich hatten diese Stadien den Vorteil, dass man sie mit verschließbaren Dächern in Veranstaltungshallen verwandeln konnte. Andernorts bekam man die Probleme dank künstlicher Beleuchtung und Hightech-gesteuerter Bewässerung und Düngung nach und nach in den Griff.

Beim Bemühen um gute Spielfelder ging es allerdings nicht nur darum, sich vor Spielausfällen zu schützen oder dass es im Fernsehen gut aussah, wie die Historie zeigt. Am 13. Dezember 1954 empfing der englische Meister Wolverhampton Wanderers das Team von Honved Budapest, in dem sechs Spieler des ungarischen Nationalteams standen. Dieses hatte in den vorangegangenen zwölf Monaten das Selbstbewusstsein des englischen Fußballs tief erschüttert, in denen es die englische Nationalmannschaft zweimal besiegte. Der 6:3-Sieg in Wembley und das 7:1 in Budapest bedeuteten eine Zeitenwende, denn offensichtlich stimmte die englische Selbstwahrnehmung nicht mehr, als Erfinder des Spiels auch dessen Meister zu sein.

Weil damals noch kein Europapokal ausgespielt wurde, kam dem Freundschaftsspiel zwischen den Wolves und Honved eine besondere Bedeutung zu. Als die Engländer zur Halbzeit mit 0:2 zurücklagen, wies deren Trainer Stan Cullis an, den sowieso schon matschigen Rasen zusätzlich zu wässern. Im Grunde ließ er den Platz in eine Schlammwüste verwandeln. Wenn man so will, lockte Cullis eine überlegene Armee in die Sümpfe. In der zweiten Halbzeit konnte Wolverhampton seine physischen Vorteile ausspielen, die vor der Pause unübersehbare fußballerische Überlegenheit von Honved hatte keine Bedeutung mehr. Die Engländer drehten das Spiel, gewannen 3:2 und wurden in der englischen Presse als »Champions of the world« gefeiert.

In Wirklichkeit konnte man aus diesem Spiel vor allem lernen, dass schlechte Platzverhältnisse spielerische Unterlegenheit nivellieren.

Dass im Fußball der Zufall eine größere Rolle als in allen anderen Spielsportarten spielt, liegt daran, dass so wenig Tore fallen, im Schnitt nur etwas mehr als drei pro Spiel. Deutlich unterlegene Teams können gewinnen, wenn der Gegner beste Chancen nicht verwertet und ein glücklicher Fernschuss oder ein Treffer nach einer Standardsituation dem Außenseiter den Sieg bringt. Als eine »der letzten Oasen des Zufalls« bezeichnete der Philosoph Wolfram Eilenberger den Fußball. »Im Kern des Spiels geht es darum, Menschen unter Regelbedingungen in Situationen zu bringen, die sie nicht selbstbestimmt lösen können«, sagte er weiter und führte als Beispiel dafür das Finale der Champions League 1999 an. Damals führte der FC Bayern noch zu Beginn der Nachspielzeit mit 1:0 und verlor doch noch mit 1:2. »Die schlechtere Mannschaft hat in einer unglaublichen Dramatik gewonnen. Das ist nicht nur dumme Romantik. Das sagt uns etwas über die Erwartung, die wir an das Spiel herantragen. Die Erwartung ist nicht das Gewinnen, sondern das Überraschtwerden«, meinte Eilenberger.

Die Macht des Zufalls gibt dem Fußball eine Magie, die anderen Sportarten fehlt. Hier liegt auch die Erklärung dafür, warum sich das Publikum trotz schwindender Wettbewerbsgleichheit nicht abgewandt hat. Es gibt nach wie vor Überraschungen. Sie mögen seltener werden und sich kaum noch in der Tabelle niederschlagen. Weil sie sogar noch überraschender wirken, erinnern wir uns umso nachdrücklicher an sie. Die soundsovielte Meisterschaft von Manchester City bleibt kaum in Erinnerung, die wundersame von Leicester City 2016 aber schon. Vermutlich bringen die Fans von Bayern München die ganzen Pokalsiege ihres Teams durcheinander, der von Eintracht Frankfurt 2018 wurde zum Stoff von Büchern und Filmen. Frankfurts Sieg beim FC Barcelona und der Gewinn der Europa League 2022 werden vermutlich noch in Jahrzehnten erzählt werden.

Im modernen Fußball bedeuten Glück und Pech jedoch ein Problem. Wie gesehen, müssen sich die großen Klubs vor sportlichen Risiken schützen, weil das wirtschaftliche Folgen hat. Die Verbesserung der Spielflächen steht in diesem Zusammenhang. Platzwarte heißen heute Greenkeeper und sind keine bescheidenen Handwerker mehr, die etwas Rasen mähen oder düngen, sondern hoch bezahlte Spezialisten, um die es einen internationalen Wettbewerb gibt. Nachdem Paris Saint-Germain 2011 vom katarischen Staatsfonds übernommen wurde, verpflichtete der Klub nicht nur namhafte Fußballstars, sondern auch Jonathan Calderwood, der zuvor zweimal für seine Arbeit bei Aston Villa als *Groundsman of the year* ausgezeichnet worden war. Sein Auftrag: Durch bessere Plätze wollte PSG einerseits die Zahl der Verletzungen reduzieren und seinen Spielern zugleich einen Rasen anbieten, der zu ihrem anspruchsvollen Kombinationsfußball passte. Superspieler brauchten für ihren Superfußball angemessene Superrasen.

Supertrainer wie Pep Guardiola haben genaue Vorstellungen davon, wie die Plätze für ihre Spielweise beschaffen sein müssen. Als er 2016 zu Manchester City kam, forderte Guardiola eine Rasenlänge von 19 Millimetern, wie er sie zuvor schon in Barcelona und beim FC Bayern München durchgesetzt hatte. In Manchester waren angesichts des Klimas letztlich nur 23 Millimeter möglich, weil der Rasen sonst zu schnell beschädigt worden wäre, aber immerhin. Auch Jürgen Klopp forderte nach der Saison 2016/17 von den Platzwarten beim FC Liverpool, den Rasen schneller zu machen. Entsprechend seinen Wünschen wurde er neu gestaltet, in der anschließenden Saison blieb Liverpool zu Hause ungeschlagen.

Kurzum: Superplätze sorgen für eine Reduzierung des Zufalls. Eine Versicherung gegen den Zufall ist es auch, wenn der FC Bayern 100 Millionen Euro mehr für seine Spieler ausgeben kann als Borussia Dortmund – vom Rest der Liga ganz zu schweigen. Selbst an einem besonders schlechten oder auch nur sehr unglücklichen Tag ist die Wahrscheinlichkeit einer Niederlage nicht mehr hoch. Die legendären Teams aus der Vergangenheit der Bayern, von Real oder Manchester United haben früher viel häufiger verloren. Sie hatten nämlich vielleicht sieben oder acht überragende Spieler im Team, heute sind es 14 oder 15.

Der Groll des Publikums über diese Entwicklung äußert sich an überraschender Stelle – bei den technischen Eingriffen. 2012 erlaubte die Fifa die Torlinientechnik, mit der geklärt werden konnte, ob der Ball mit vollem Umfang hinter der Torlinie war oder nicht. Damit waren Fehlentscheidungen wie das berühmte »Wembley-Tor« passé, als im WM-Finale 1966 der Engländer Geoff Hurst unter die Latte schoss und der Ball auf die Linie sprang, aber der Treffer für England gegeben wurde. Oder wie bei der WM 2010, als der Engländer Frank Lampard gegen Deutschland unter die Latte schoss, von wo der Ball hinter die Linie sprang und wieder aus dem Tor hinaus, der Treffer aber nicht gegeben wurde.

Viele Fans mochten das schon nicht, aber es kam noch heftiger. 2018 führte der für Regeländerungen zuständige International Football Association Board den Video-Assistenten für Schiedsrichter (VAR) ein. Er sollte anhand von Fernsehbildern »eindeutige und offensichtliche Fehler« der Schiedsrichter verhindern. Viele Fans, aber auch Spieler und Trainer hassen den VAR bis heute inbrünstig. Aber warum eigentlich? Zunächst einmal nervt es, dass bei Toren die unmittelbare Emotion gebremst wird. Viele Treffer werden erst einmal überprüft, und vor allem die Kontrolle von Abseitspositionen dauert oft lange. Die Gegner des VAR lassen sich auch nicht durch das zentrale Argument für den Videobeweis besänftigen. Als einen »historischen Schritt für mehr Fairness im Fußball« feierte der International Football Association Board ihn. Das stimmt, und es profitierten davon nicht einmal vornehmlich die großen Teams. Vielleicht gilt gar das Gegenteil, denn tendenziell bevorzugten

Fehlentscheidungen der Schiedsrichter eher die Favoriten als die Außenseiter.

Das Argument von der größeren Fairness verpasst aber den Kern der Debatte. Dass Fußball eine »Oase des Zufalls« ist, war mitentscheidend dafür, dass er zum erfolgreichsten Sport der Welt wurde. Der dauerhafte Kampf gegen den Zufall ist quasi ein Kampf gegen das, was Fußball groß gemacht hat.

20

In der Blase

Antonio Percassi debütierte mit 17 Jahren in der italienischen Serie A und machte in den 1970er-Jahren als Verteidiger 110 Spiele für Atalanta Bergamo, bevor er mit nur 23 Jahren aufgrund von Verletzungen seine Karriere beenden musste. Das war tragisch, aber Percassi sollte anschließend mit Mode, Kosmetik und Gewerbeimmobilien ein reicher Mann werden. Und 2010 kaufte er für 14 Millionen Euro 86 Prozent der Anteile von Atalanta Bergamo. Das war ein riskantes Investment, denn der Klub, jahrelang mal in der Serie A, mal in der Serie B, spielte damals zweitklassig. In guten Zeiten hatte Atalanta sogar mal den Uefa-Cup erreicht, in schlechten war der Klub aber bis in die dritte Liga abgerutscht. Im Grunde also das, was man von einem Klub aus einer Provinzstadt mit 120.000 Einwohnern in Sichtweite der Metropole Mailand erwarten konnte.

Percassi begann mit Atalanta jedoch eine große Erfolgsgeschichte, vor allem nachdem er 2014 Giovanni Sartori als technischen Direktor verpflichtete, der zuvor die Sensationsmannschaft von Chievo Verona zusammengestellt hatte. Zwei Jahre später kam Trainer Gian Piero Gasperini dazu, und bald musste man den Eindruck bekommen, in Bergamo hätten sie den Stein der Fußballweisen gefunden. Sartori fand Spieler für wenig Geld, die Gasperini veredelte und zu einer Mannschaft machte, die mehr als die Summe ihrer Einzelteile war. Dreimal qualifizierte sie sich zum Verdruss der Agnellis dieser Welt für die Champions League und zweimal für die Europa League.

In der Ära Percassi stiegen die jährlichen Einnahmen von 38 auf 241 Millionen Euro, auch weil der schwunghafte Spielerhandel so erfolgreich war. Sartori verpflichtete Spieler, die mit 130 Millionen Euro Gewinn weiterverkauft wurden, darunter den deutschen Nationalspieler Robin Gosens an Inter Mailand. Die Nachwuchsabteilung, die beste in Italien, bildete Talente aus, mit denen Atalanta weitere 200 Millionen Euro Transfererlöse erzielte. Das alte Stadion pachtete Atalanta für 99 Jahre von der Stadt Bergamo und modernisierte es komplett, das klubeigene Trainingszentrum wurde ebenfalls auf modernsten Stand gebracht. Dem Klub gelang alles gleichzeitig: Er war sportlich erfolgreich, machte Überschüsse und schuf Werte. Es war, als ob es kein Rattenrennen und keinen verzerrten Wettbewerb gäbe. Sympathisch war Atalanta auch noch, weil hinter diesem Erfolg ein lokal verwurzelter Unternehmer steckte, für den der Klub eine Herzensangelegenheit war.

Im Februar 2022 verkaufte Percassi 55 Prozent seiner Anteile an eine amerikanische Investorengruppe und bekam dafür 210 Millionen Euro. Innerhalb von knapp zwölf Jahren hatte er eine Rendite von mehr als 2700 Prozent erzielt. Wer bitte schön behauptete denn, dass Fußball kein funktionierendes Geschäft ist? Käufer von Percassis Anteilen war der Amerikaner Stephen Pagliuca, der eine nicht näher spezifizierte Gruppe von Investoren anführte. Daheim in den USA war Pagliuca Miteigentümer der Boston Celtics, einer traditionsreichen Franchise in der NBA. Hauptberuflich saß er im Vorstand des 165 Milliarden Dollar schweren Equity Fund Bain Capital. Pagliuca war zu diesem Zeitpunkt bereits der siebte Amerikaner, der sich persönlich oder über eine Investmentfirma an einem italienischen Erstligisten beteiligt hatte, in der zweitklassigen Serie B gab es noch einige mehr.

Beim Kauf seiner Anteile an Atalanta Bergamo hatte Pagliuca den Gesamtwert des Klubs mit fast 450 Millionen Euro taxiert. Da es sich bei ihm um einen erfahrenen Investor und abgebrühten Finanzprofi handelte, hatte er vermutlich eine klare Vorstellung davon, wie man diesen Wert berechnet. Schließlich werden Unternehmen schon bewertet und verkauft, seit es das kapitalistische Wirtschaftssystem gibt, es besteht darin also eine gewisse

Übung. Oder auch nicht, denn Fußballklubs werden eben erst seit 30 Jahren und so richtig auch erst seit einem Jahrzehnt als Investment gehandelt.

Kurz bevor Atalanta verkauft wurde, erwarb eine von Saudi-Arabien unterstützte Investorengruppe Newcastle United für gut 360 Millionen Pfund. War das nun ein Schnäppchen für einen Verein mit einem spektakulären, 52.000 Zuschauer fassenden Stadion, das immer ausverkauft ist? Newcastle machte sogar in der Saison 2020/2021, die weitgehend ohne Zuschauer stattfand, einen Umsatz von 170 Millionen Pfund. Anders als in Bergamo war in Nordengland allerdings kein Stein der Fußballweisen gefunden worden. Der Klub war weder sonderlich erfolgreich noch entwickelte er tolle eigene Talente oder veredelte Zukäufe. Im Grunde fiel Newcastle United, das seit 67 Jahren keine große Trophäe mehr gewonnen hatte, in die Kategorie »schlafender Riese«. Wie viel würden die Saudis investieren müssen, um ihn zu wecken? In der ersten Transferperiode, vor Beginn der Rückrunde 2021/22, gaben sie erst einmal gut 85 Millionen Pfund aus. Der Klub verabschiedete sich daraufhin zügig aus der Abstiegszone.

Aber wie bewertet man nun einen Fußballklub? Unternehmensberater, die sich im Sport tummeln, sagen: Man multipliziert einfach den Gesamtumsatz. Der Multiplikator ist davon abhängig, in was für einer Liga der Klub spielt. In Belgien ist es eher das Einfache, für einen mittelgroßen Premier-League-Klub liegt der Multiplikator bei 1,5 bis 2,0, für die Bundesliga ebenfalls bei 2,0. Internationale Topklubs können auch das Drei- oder Vierfache ihres Jahresumsatzes wert sein. Warum das so ist? Nun: Weil es so ist! Die Unternehmensberater geben zu, dass solche Berechnungen eher eine Kunst als genaue Wissenschaft sind. Gehässig könnte man auch sagen, dass die Kunst »Pi mal Daumen« heißt. Mit dem Wert eines Fußballklubs ist es in etwa wie mit der Schönheit, die bekanntlich im Auge des Betrachters liegt.

In den letzten Jahren haben etliche US-Unternehmer in Europa Fußballklubs und amerikanische Private Equity Firmen Anteile von Vereinen gekauft. Zu denen in der Serie A kommen sieben Klubs der Premier League, zwei in der französischen Ligue 1 und viele weitere Vereine in Europa. Auch am FC Augsburg kaufte 2021 ein amerikanischer Investor Anteile und ein anderer beim 1. FC Kaiserslautern. Doch warum tun sie das, wenn doch kaum einer der Profiklubs profitabel ist? Eine der Erklärungen dafür ist, dass schlichtweg so viel Geld in der Welt ist, das unbedingt angelegt werden muss. Auch spekulative Investitionen gehören durchaus ins Portfolio. Ein weiterer, dass Sportunternehmen in den USA, also Klubs in der NFL oder Major League Baseball, für ein Sieben- bis Elffaches des Jahresumsatzes den Besitzer wechseln. Dagegen wirken europäische Fußballklubs natürlich wie Schnäppchen. Zumal die Investoren die Einschätzung eint, dass die Fernseh- und Werbeeinnahmen gerade in Italien noch deutlich steigen werden. Außerdem halten viele amerikanische Geschäftsleute den europäischen Fußball generell für abenteuerlich schlecht gemanagt. Also ist der Plan in etwa dieser: dem Klub ein effektives Management verpassen, den Umsatz steigern und damit den Wert, um ihn schließlich mit Gewinn weiterzuverkaufen. Das Beispiel von Percassi und Atalanta Bergamo beweist, dass das funktionieren kann.

Weil der Fußball in den letzten drei Jahrzehnten mit Geld geflutet worden ist, hat diese Flut überdies alle Boote gehoben. Selbst ohne große Managementkünste sind die meisten Klubs im Wert gestiegen, denn jeder neue Fernsehvertrag war höher dotiert als der vorherige, und jeder neue Sponsoringvertrag brachte mehr Geld ein. Die Dinge waren einfach – jedenfalls solange man nicht abstieg. Das Geschäftsmodell, das heute dem Kauf eines Fußballklubs zugrunde liegt, ist also im Prinzip das einer Wette. Die Wette besteht vor allem darin, dass es so weitergeht. Man wettet darauf, dass die Medienrechte noch viel wertvoller werden und auch in anderen Bereichen noch viel rauszuholen ist, etwa bei den Fan-Token oder im Metaverse.

Ausgeschlossen ist das alles nicht, aber es wird den Baufehler der *Football Industry* nicht beheben: Fußballklubs machen in der Regel keine Profite. Deshalb steckt in all diesen Wetten, die da abgeschlossen werden, ein besonderes Risiko. Finanzblasen entstehen dann, wenn bei hohen Umsätzen der Wert dessen überschätzt wird, was gekauft wird. Das letzte große Beispiel dafür war die Weltfinanzkrise 2008, die im Kern darauf beruhte, dass der Wert von US-Immobilien von Banken und Anlegern drastisch überschätzt wurde. Für den Fußball ist Ähnliches schon oft behauptet worden, ohne dass es stimmte. Doch nach drei Jahrzehnten des Wachstums scheint ein Plateau erreicht, und das hat nicht nur mit der Pandemie und ihren Folgen zu tun. Während die Premier League bei ihrer weltweiten Vermarktung noch Rekorde bricht, stagniert das Interesse an den anderen Ligen. In der Bundesliga sind die Erträge aus den Medienrechten sogar leicht rückläufig. Überhaupt konzentriert sich das Interesse auf die Spitzenklubs.

Im Zusammenhang mit Finanzblasen ist oft von der *Greater Fool*-Hypothese die Rede. Danach geht ein Investor, der über den Preis eingestiegen ist, davon aus, einen noch größeren Narren zu finden, dem er das Investment zu einem höheren Preis weiterverkaufen kann. Er überschätzt dabei die Anzahl derjenigen, die dazu bereit sind, und irgendwann finden sich keine Narren mehr. Ob die Investoren der frühen 2020er-Jahre als gewiefte Geschäftsleute oder als Narren in die Geschichte eingehen, wird sich in Zukunft zeigen. Aber die ganze Narretei hat noch einen ganz anderen Sinn.

21

Die Vernunft der Unvernunft

Am 6. September 1992 zeigte der englische Fernsehsender Channel 4 zum ersten Mal ein Spiel der italienischen Serie A live, Sampdoria Genua gegen Lazio Rom. Das war auf den ersten Blick eine überraschende Entscheidung, aber *Football Italia* wurde in England zu einer großen Erfolgsgeschichte. Einerseits füllte das Programm jene Lücke, die entstanden war, weil englischer Live-Fußball ins Pay-TV verschwunden war. Die Übertragungen wurden aber auch deshalb so beliebt, weil die Serie A damals die führende Liga der Welt war und ein besonderes Flair besaß. Italienische Klubs hatten seit Anfang der 1980er auf eine Weise die besten Spieler der Welt eingesammelt, wie es heute die Premier League tut. Michel Platini war 1982 zu Juventus Turin gewechselt, Diego Maradona 1984 zum SSC Neapel, und beim AC Mailand spielten seit 1988 mit Ruud Gullit, Frank Rijkaard und Marco van Basten die besten holländischen Spieler zusammen. Mit Paul Gascoigne wechselte 1992 auch der populärste englische Spieler nach Italien, zu Lazio Rom. Etliche deutsche Nationalspieler spielten ebenfalls in der Serie A, weshalb SAT.1 1992 einen ähnlichen Weg beschritt wie Channel 4. Im Rahmen der Sonntagssendung *ranissimo* wurde zwar kein Live-Spiel, aber neben der Zusammenfassung des Sonntagsspiels der Bundesliga auch die Highlights aus der Serie A gezeigt.

Gegenüber dem krisengeschüttelten Fußball in Nordeuropa war Italien damals ein Traumland. Die Stadien waren voll, und die Fans zeigten in den Kurven spektakuläre Choreografien. Die Stars auf dem Rasen boten sehenswerten Fußball, und der AC Mailand revolutionierte unter Trainer Arrigo Sacchi die taktischen Konzepte. Zwischen 1983 und 1998 erreichten italienische Klubs zwölfmal das Endspiel im Europapokal der Landesmeister bzw. der Champions League. Und noch etwas kannte man so jenseits der Alpen nicht: Geboren waren diese Goldenen Jahre der Serie A aus dem Geist der Verschwendung. Es ging nicht um wirtschaftliche Vernunft, sondern demonstrativ um das Gegenteil, irrational indes war das nicht.

Auch in Italien waren Fußballklubs historisch Unternehmen, im Laufe der 1920er wurden die oft noch von Adeligen gegründeten Vereine von der industriellen Elite des Landes übernommen. Von 1909 bis 1928 führte der Reifenmagnat Piero Pirelli den AC Mailand und baute in dieser Zeit auch das San-Siro-Stadion. Das berühmteste Beispiel für die Patronage der Industriellen ist jedoch bis heute Juventus Turin, seit 1923 in Händen der Agnelli-Familie, der Fiat-Besitzer. Vereinsbesitzer in Italien waren traditionell Patrone, sie bezahlten mit feudalem Gestus für den Spaß aller, sonntags im Stadion fieberten sie dann mit. »Für den Fiat-Gründer Giovanni Agnelli war der Fußballklub ein Teil in einem modernen Feudalreich aus Industrie, Medien und Sport, ein Mosaikstück bei der Eroberung einer ganzen Stadt«, schreibt die in Italien lebende Journalistin Birgit Schönau in ihrer Monografie über Juventus. Diese Logik galt auch sechs Jahrzehnte später noch, als Silvio Berlusconi 1986 den AC Mailand kaufte. Nur dass er nicht mehr nur Mailand erobern wollte. Als junger Mann hatte Berlusconi sein Geld als Sänger auf Kreuzfahrtschiffen verdient, war dann als Immobilienentwickler reich geworden, kaufte den AC Mailand und benutzte den Klub dazu, seine Investitionen ins Privatfernsehen zu fördern. Auch durch Milan sowie die Dauerwerbung auf seinen Fernsehkanälen wurde Berlusconi schließlich so bekannt, dass er seine eigene Partei gründete. Sie hieß nach dem Schlachtruf fürs italienische Nationalteam: Forza Italia. 1994 wurde er erstmals zum Ministerpräsidenten gewählt.

Dass er ein Fan war, verband ihn mit den einfachen Leuten. Dass er sein Geld für den Klub verjubelte, verlieh ihm Grandezza. Im Laufe von 20 Jahren gab er für Milan mindestens eine halbe Milliarde Euro aus, vielleicht sogar mehr. So machten es viele Vereinspräsidenten in der Serie A. Dank der Vereine konnten sie zeigen, dass sie es zu was gebracht hatten, und belegten das durch großzügige Alimentierung ihrer Fußballmannschaften. Erdöl-Magnat Massimo Moratti versenkte zwischen 1995 und 2013 eine gute Milliarde bei Inter Mailand, gewann fünf Meisterschaften, 2010 die Champions League und feuerte unterwegs 19 Trainer. Politische Ambitionen hatte er keine. Wer würde schon den Reinigungsunternehmer Claudio Lotito kennen, wenn ihm nicht Lazio Rom gehören würde? Der AC Parma machte den Konservenzar Calisto Tanzi und sein Lebensmittelimperium Parmalat international bekannt. Gianluigi Buffon, Lilian Thuram, Fabio Cannavaro oder Hernán Crespo spielten dort, als der Klub den Europapokal der Pokalsieger gewann und zweimal den Uefa-Cup. Zwischen 1993 und 1999 war das, dann stürzte der Klub ab, als der Konzern 2003 pleiteging. Ein Jahr später und 2015 ein weiteres Mal musste er neu gegründet werden.

Der italienische Fußball jener Ära, die 2006 mit dem Calciopoli-Skandal endete, als Rekordmeister Juventus wegen Spielmanipulation in die Serie B absteigen musste, war ein wilder Zirkus, und die Vereinsbosse hielten ihn am Laufen. Luciano Gaucci holte sogar den Sohn des libyschen Diktators Muammar al-Gaddafi als Spieler nach Perugia. Saadi Gaddafi spielte für den Klub zwar nur einmal, brachte ihn aber weltweit in die Schlagzeilen. Wie auch der Rauswurf des Südkoreaners Ahn Jung-Hwan. Der hatte bei der WM 2002 das entscheidende Tor gegen Italien geschossen, weshalb die Azzurri nach Hause mussten. »Ich sehe keinen Grund, jemanden zu bezahlen, der den italienischen Fußball ruiniert hat«, verkündete Gaucci. Doch nicht nur in Italien tauchten Lautsprecher, Exzentriker, Spinner und dubiose Figuren auf der Bühne des Fußballs auf. Wer hätte sonst je mitbekommen, dass der montenegrinische Geschäftsmann Ratko Butorović noch mit 50 Jahren wie ein Rapper aussehen wollte, hätte er 2006 nicht den populären FK Vojvodina Novi Sad gekauft? Sieben Jahre später starb er wie ein Rockstar in dem Hotelzimmer, in dem er lebte – an Herzversagen. Wer würde den homophoben Wüterich Gigi Becali kennen, den ehemals reichsten Mann Rumäniens, hätte er nicht den Großverein Steaua Bukarest zu seiner Bühne gemacht? Zwischen 1987 und 2004 unterhielt Jesús Gil y Gil als Besitzer von Atlético Madrid das Publikum mit wildem Irrlichtern und 26 Trainerentlassungen. Seiner Mannschaft wünschte er nach einer Niederlage im kanarischen Las Palmas auf der Heimreise den Flugzeugabsturz. Einen französischen Schiedsrichter beschimpfte er nach einem Europapokalspiel als Homosexuellen und wurde 18 Monate gesperrt. Den spanischen Fußballverband erklärte er bei anderer Gelegenheit zur Mafia und wurde erneut gesperrt.

Das war verrückt, aber vergleichsweise vernünftig im Vergleich zu dem, was beim schweizerischen Traditionsklub Xamax Neuchâtel passierte. Nachdem der tschetschenische Geschäftsmann Bulat Chagaev den Klub 2011 gekauft hatte, warf er in sieben Monaten nicht nur vier Trainer raus, sondern entließ die komplette Geschäftsstelle, weshalb der Klub nicht einmal mehr Eintrittskarten drucken konnte. Ein Jahr später war Xamax pleite und stieg fünf Klassen ab. Das war aber sogar noch besser als das, was dem Darlington FC im englischen Nordosten zustieß. Dort kaufte der ehemalige Safeknacker George Reynolds den Klub, ein inzwischen erfolgreicher Geschäftsmann. Dem Viertligisten baute er gleich ein Stadion (die »Reynolds Arena«) mit 25.000 Plätzen, obwohl meistens nur 2.000 Zuschauer kamen. 2004 wurde Reynolds wegen Steuervergehen verhaftet und anschließend verurteilt. Der Klub ging pleite, wurde aufgelöst und begann in der achten Liga unter neuem Namen.

Es gab in England Menschen, die totes in quicklebendiges

Geld verwandelten, aber andere verbrannten es mit voller Kraft. Weil die Zeiten schrill waren, wurde auch das, was im Juli 2003 in London passierte, zunächst in dieser Perspektive gesehen. Damals kaufte ein international weitgehend unbekannter, erst 36 Jahre alter Russe namens Roman Abramowitsch für umgerechnet 210 Millionen Euro den traditionsreichen, aber schon lange nicht mehr erfolgreichen FC Chelsea. Ein offensichtlich superreicher Russe haute einen gewaltigen Haufen Geld raus, war das *Next level crazy?* Wie der schon als Kleinkind zum Waisen gewordene Abramowitsch in den Wirren der Post-Sowjetunion an sein Geld gekommen war, ist bis heute nicht völlig klar. Zweifellos gehörte er aber zu jenen Oligarchen, die sich nach dem Untergang der Sowjetunion den Reichtum des Landes untereinander aufgeteilt hatten, als Boris Jelzin Präsident war. Es war einer der größten Raubzüge der Geschichte auf Kosten der Bewohner eines Landes.

Abramowitsch hatte anscheinend unbedingt einen Fußballverein in Westeuropa kaufen wollen, es bei Lazio Rom, Tottenham Hotspur, Arsenal und Manchester United versucht, um auf seiner Einkaufstour letztlich in Westlondon erfolgreich zu werden. Seine Motivation, Chelsea zu kaufen, erklärte Abramowitsch in einem seiner raren Interviews der BBC so: »Ich will zwar mein Geld nicht wegwerfen, aber es geht hier wirklich darum, Spaß zu haben, und das bedeutet Erfolg und Trophäen.« In den ersten sechs Wochen als Besitzer von Chelsea gab er gleich mal 140 Millionen Pfund für neue Spieler aus.

Es gab aber noch andere Gründe, den Klub zu kaufen, als einfach nur seinen Spaß zu haben, über die Abramowitsch nicht sprach. Welcher Art genau seine Beziehungen zum russischen Präsidenten Putin waren, ist bis heute unklar, aber sein Reichtum wäre ohne ihn nicht möglich gewesen. Putin setzte Abramowitsch zwischen 2000 und 2008 als Gouverneur der russischen Region Tschukotka im äußersten Nordosten Sibiriens ein. Für den jungen Oligarchen bedeutete der Besitz des Fußballklubs aber auch eine Form des Schutzes vor Putin, jedenfalls argumentierte so der englische Journalist und Buchautor Matthew Syed: »Er hat Chelsea zu seinem Schutz gekauft. Er wusste, dass das Risiko bestand, dass Putin ihn wegen seiner Rolle bei diesen sehr zweifelhaften Geschäftspraktiken unter Jelzin verfolgen würde, wie er es bei anderen Oligarchen getan hat. Und er wusste, dass eine der besten Möglichkeiten, sich vor den russischen Behörden zu schützen, darin bestand, sich mit einem gut sichtbaren britischen Vermögenswert zu verbinden – und er wählte den Chelsea Football Club.«

In den ersten zweieinhalb Jahren investierte Abramowitsch fast eine halbe Milliarde Euro in neue Spieler und mit José Mourinho in einen Trainer, der mit dem FC Porto gerade die Champions League gewonnen hatte. 2005 gewann Chelsea die Premier League, es war die erste Meisterschaft seit 50 Jahren und die zweite der Vereinsgeschichte. In den folgenden Jahren kamen noch vier weitere Meistertitel hinzu, diverse Pokale sowie 2012 und 2021 die Siege in der Champions League. Abramowitsch agierte bei Chelsea nicht wie ein Geschäftsmann, sondern wie ein Mäzen. Ein Mäzen, wie ihn die Fußballwelt noch nicht gesehen hatte. Er stellte einfach so viele Mittel zur Verfügung, wie für den sportlichen Erfolg notwendig waren.

Im Grunde folgte das einer Logik, die man von Start-ups kennt. Da wird anfangs massiv investiert, um möglichst schnell Marktanteile zu bekommen. Das war außerdem gar nicht so anders, als es Berlusconi beim AC Mailand gemacht hatte. Was ihn und Abramowitsch unterschied, waren die Beträge. Für Chelsea schien es keine Grenze zu geben, im Zweifelsfall bot der Klub einfach doppelt so viel wie ein Konkurrent, der einen Spieler ebenfalls verpflichten wollte. Damit inflationierten Abramowitsch und Chelsea den Markt sowie die *Football Industry* insgesamt. Als er den Klub kaufte, war er erst der zweite ausländische Besitzer eines Klubs, in der Saison 2021/22 waren nur noch vier Klubs aus der Premier League in rein englischem Besitz. Wichtiger aber noch, als dass Abramowitsch die Premier League aufseiten der Besitzer zu internationalisieren half, war, dass sich durch ihn die Erwartungen des Publikums an die Besitzer veränderten. Chelsea zeigte, dass man Titel quasi kaufen konnte, wenn man das Höllenfeuer der Geldverbrennung nur entschlossen genug betrieb.

Wohin das führte, musste leidvoll Arsène Wenger erfahren, der erste Supertrainer. 2004 gewann der FC Arsenal zum letzten Mal die englische Meisterschaft, in den Jahren danach musste sich Wenger zunehmende Beschwerden der Fans seines Klubs anhören. Arsenal brachte zwar weiterhin tolle Spieler hervor und spielte schönen Fußball, gewann aber keine Titel mehr, weil der Klub finanziell nicht mithalten konnte. 2006 zog Arsenal ins neue Emirates Stadium, das eigentlich einen Wettbewerbsvorteil verschaffen sollte, doch Abramowitsch machte ihn mit seinem Geld zunichte. Irgendwann brachten frustrierte Arsenal-Fans Protestplakate ins Stadion und sangen in Richtung Wenger: »Spend some fucking money!« – »Gib verdammt noch mal Geld aus!« Um im Bild des Rattenrennens zu bleiben: Chelsea brachte sich seinen Käse selbst mit, an Kalorien mangelte es daher nicht. Um den anderen Käse, also hohe Einkünfte, ging es nebenbei, der Klub wollte Siege und Pokale, Meisterschaften und Glamour.

Der Kauf eines Fußballklubs bedeutet auch den Erwerb von symbolischem Kapital. Weil sich so viele Menschen für den Sport interessieren und an ihren Vereinen hängen, zieht ein Investor positive Emotionen auf sich. Das ist nicht neu, das gab es auch schon vor dem modernen Fußball. Und es funktioniert auch da, wo Fußballklubs keine Unternehmen sind. Der Fleischfabrikant Clemens Tönnies wäre nie so bekannt geworden, hätte er sich nicht bei Schalke 04 engagiert. Florentino Pérez nutzte seine Position als Präsident von Real Madrid auch dazu, sein Bauunternehmen zum größten der Welt zu machen. Hinter den vermeintlichen Fußball-Narreteien steht oft genug auch das Kalkül, symbolisches Kapital anzuhäufen, das man anderswo gut gebrauchen kann.

Die Übernahme von Manchester City durch einen Staatsfonds aus Abu Dhabi im Jahr 2008 folgt dem Modell ebenfalls. Ähnlich wie Chelsea war Manchester City ein traditionsreicher, aber lange schon nicht mehr erfolgreicher Klub gewesen. Es dauerte dann nur vier Jahre, bis Manchester City die Premier League und damit die erste Meisterschaft seit 44 Jahren gewann. Allein für Transfers gab der Klub in dieser Zeit 450 Millionen Euro mehr aus, als er einnahm, was ihn fast aus dem Stand auf internationales Niveau hob. Ab 2011 spielte Manchester City in jedem Jahr in der Champions League.

Die politischen Implikationen bei diesem Investment waren noch komplexer als bei Chelsea und Abramowitsch. Manchester City war einerseits Teil der Diversifizierungsstrategie des Emirats, das sich auf die Zeit nach dem Ende des Ölreichtums vorbereitete. Es investierte in eine Fülle von Unternehmen auf der ganzen Welt, generell in der Absicht, Profit zu erzielen. Bei Manchester City kam jedoch eine andere Form von Rendite hinzu: Soft Power. Das meint jene Macht der Anziehung und Attraktion, die schon bei Abramowitsch eine Rolle spielte: Seht doch, wir mögen exakt das, was ihr auch mögt! Nur dass Abramowitsch sie wahrscheinlich vor allem für sich nutzte, in Manchester versuchte sich ein ganzer Staat als sympathisch, modern und erfolgreich darzustellen. Denn es gab ein Problem.

»Die enorme Investition der Vereinigten Arabischen Emirate in Manchester City ist einer der dreistesten Versuche des Fußballs, das zutiefst angeschlagene Image eines Landes durch den Glamour des Fußballs ›sportzuwaschen‹«, stellte Amnesty International 2018 fest. In den Emiraten gibt es keine demokratischen Institutionen, ist die freie Meinungsäußerung so drastisch beschränkt wie Frauenrechte und die Rechte von Ausländern, die dort als Arbeitskräfte leben. »Sportswashing« und »Soft Power« beschreiben das gleiche Phänomen aus unterschiedlicher Perspektive. Man kann allerdings darüber streiten, ob das besagte »Sportswashing« wirklich das Bild säuberte und schönte. Schließlich erfuhren viele Menschen erst durch das Engagement von Abu Dhabi in Manchester oder des katarischen Staatsfonds beim französischen Spitzenklub Paris Saint-Germain, was in diesen Ländern los war.

Um Soft Power ging es auch, als die chinesische Staatsführung 2014 beschloss, China bis zum Jahr 2050 zu einer Fußball-Weltmacht zu machen. Dazu wurde einerseits ein gewaltiges Nachwuchsprogramm auf den Weg gebracht und andererseits spektakulär in die heimische Super League investiert. Spieler wie Carlos Tévez, Hulk oder John Obi Mikel wechselten für Rekordablösen nach China, Trainer wie Fabio Cannavaro und Luiz Felipe Scolari unterschrieben fantastisch dotierte Verträge. Einige chinesische Oligarchen kauften darüber hinaus ganz oder teilweise europäische Fußballklubs: Inter Mailand, Wolverhampton Wanderers und Aston Villa, Slavia Prag und Atlético Madrid. In Mailand schloss sich der Reigen, als Silvio Berlusconi 2017 den AC Mailand für eine halbe Milliarde Euro an das chinesische Investorenkonsortium Sino-Europe Sports Investment Management Changxing verkaufte.

Die meisten dieser Investments wurden als Demutsgesten gegenüber Staatschef Xi Jinping interpretiert, der als großer Fußballfan hinter dem Engagement im Fußball stand. Als der chinesischen Regierung jedoch klar wurde, dass sich der Weg an die Weltspitze nicht so schnell kaufen ließ, wie sie gehofft hatte, änderte sie radikal die Richtung. Es wurde kein Geld mehr für ausländische Stars in der heimischen Liga ausgegeben. 2021 ordnete die Regierung an, dass die chinesischen Klubs nicht mehr die Namen der Unternehmen tragen durften, denen sie gehörten. Für den chinesischen Meister des Jahres bedeutete die Entscheidung das Ende, weil sich der Mischkonzern Suning aus dem Fußballklub Suning Jiangsu zurückzog, der dann keinen Nachbesitzer fand. Auch die Zahl europäischer Klubs in chinesischer Hand ging von 20 im Jahr 2017 auf die Hälfte im Jahr 2021 zurück. Wobei es aber blieb, war das massive Engagement an der Basis zu Hause: Jedes chinesische Kind soll einmal in der Woche in der Schule Fußball spielen. China entschied sich also für den langen Marsch an die Weltspitze.

22

Deutscher Sonderweg – 50+1

Als in den 1990ern die Vereine in England, Spanien und Frankreich zu Unternehmen wurden, gab es auch in Deutschland eine Diskussion darüber, ob die traditionelle Form des eingetragenen Mitgliedervereins noch zu Klubs passte, die Profifußball betrieben. Diese Organisationsform, die im Prinzip noch aus dem 19. Jahrhundert stammt, war schließlich nie für einen wirtschaftlichen Geschäftsbetrieb vorgesehen gewesen, weshalb einige Klubs sogar glaubten, dass es sich um eine Rechtsformverfehlung handelte. Die zu einem Börsengang entschlossenen Bosse von Borussia Dortmund holten 1998 die Expertise des Unternehmensberaters Roland Berger ein, um das zu klären. Bayern-Präsident Franz Beckenbauer stellte derweil fest: »Mit unserer Ehrenamtlichkeit sind wir noch auf dem Stand von vor 30 Jahren.« Präsident eines Bundesligaklubs zu sein war nämlich ein Ehrenamt.

Diese Diskussionen fanden in einem im internationalen Vergleich eigentümlichen Umfeld statt. In Deutschland gibt es eine historisch tief verwurzelte Skepsis gegenüber dem Berufssport. Als Ende des 19. Jahrhunderts der moderne Sport und damit auch der Fußball nach Deutschland kam, stand er als etwas Ausländisches, Fremdes unter Verdacht. Außerdem stand er in Konkurrenz zum Turnen, das sich im Kaiserreich als staatstragend verstand und von nationalistischen Kreisen befördert wurde. Als Fußball, Boxen oder Radfahren in den 1920ern dann zu populären Massensportarten wurden, gab es Widerstände dagegen, diese professionell zu betreiben. Schon 1918 schrieb der DFB in seinem Jahresbericht: »Den reinen Sportsmann empört der Gedanke, dass Fußball gegen Gelde berufsmäßig betrieben werde.« Die Spieler sollten selbstlose Helden voller Charakterstärke und Opfermut sein, die unberührt von wirtschaftlichen Interessen dem Spiel nachgingen.

Diverse Versuche, eine Profiliga durchzusetzen, wie es sie in Österreich, Frankreich, Spanien, in einigen Ländern Südamerikas und sowieso in England schon gab, schmetterte der DFB im Laufe der 1920er-Jahre ab – übrigens vor allem, um Steuervorteile nicht zu verlieren. Mit der Machtübernahme der Nationalsozialisten 1933 war die Diskussion um Profifußball dann erst einmal ganz vorbei. Nach dem Zweiten Weltkrieg kam es zu der halbgaren Lösung, dass Spieler zwar bezahlt werden durften, sie aber nebenher noch Jobs haben mussten. Dass sie ihre Arbeitsstellen oft genug nur pro forma ausfüllten, verwundert nicht. Erst mit der Gründung der Bundesliga 1963 wurden die Spieler offiziell Berufssportler. Damit war Deutschland mit weitem Abstand die letzte große Fußballnation, in der dieser Schritt vollzogen wurde.

Diese Vorgeschichte spielte auch eine Rolle, als 1998 darüber diskutiert wurde, ob der Mitgliederverein noch die richtige Form für professionellen Fußball war. Der Zeitgeist war schließlich ein anderer, europaweit hatten bereits 25 Klubs den Börsengang gewagt, und es mangelte nicht an Stimmen aus der Finanzwirtschaft, die voraussagten, in fünf oder zehn Jahren wäre das ausnahmslos so. Sogar im traditionell gegenüber Aktien skeptisch eingestellten Deutschland wurde damals massiv für deren Kauf getrommelt. Als Ende 1996 die Deutsche Telekom an die Börse ging, inszenierte das Unternehmen eine bis dato beispiellose Werbekampagne für die T-Aktie als sogenannte Volksaktie.

Vor diesem Hintergrund wurde auf dem 36. Bundestag des Deutschen Fußball-Bundes im Oktober 1998 tatsächlich beschlossen, dass die 36 Profiklubs der ersten und zweiten Fußball-Bundesliga ihre Lizenzspielerabteilungen ausgliedern durften. Ab der Saison 1999/2000 sollten diese Kapitalgesellschaften in den Bundesligen spielen dürfen. Das sollte es leichter machen, sich über den Kapitalmarkt zu finanzieren oder Sponsoren und Mäzene an die Klubs zu binden. Allerdings wurde auch die Sperrklausel eingebaut, die als 50+1-Regel berühmt werden sollte.

Franz Böhmert, der Präsident von Werder Bremen, war an einer Arbeitsgruppe beteiligt, die das Konzept entwickelt hatte. Böhmert, hauptberuflich ärztlicher Direktor im Krankenhaus Links der Weser, fürchtete sich, wie viele andere im DFB, davor, dass die Klubs an der Börse »zu Opfern feindlicher Übernahmen werden oder in falsche Hände geraten« könnten. Bei internen Besprechungen wurde vor der Gefahr gewarnt, ein Bundesligist könne eines Tages »einem thailändischen Geflügelhändler« gehören, erinnert sich der damalige Ligasekretär Wolfgang Holzhäuser. Woher diese seltsame Drohkulisse kam, daran kann er sich allerdings nicht erinnern. Zudem gab es die Sorge, dass ein Klub im Besitz eines anderen landen könnte. Bei den internen Besprechungen des DFB vor dem Bundestag, die damals in der Bibliothek des Verbandes in Frankfurt stattfanden, habe DFB-Präsident Egidius Braun daher die Richtung vorgegeben. »Der Fußball muss das Sagen behalten«, verkündete der konservative Christdemokrat aus dem Rheinland. So wurde der Sprung ins Zeitalter der Finanzwirtschaft relativiert: Wer auch immer in die neuen Kapitalgesellschaften investierte, durfte nicht die Stimmrechtsmehrheit haben. Diese musste der Mutterverein behalten, mit 50 Prozent und einer Stimme, daher der Name 50+1-Regel.

Ein Investmentbanker spottete damals, dass die deutschen Fußballklubs sich waschen wollten, ohne sich nass zu machen. Das stimmte, denn der Einfluss von Investoren ist im deutschen Fußball massiv begrenzt und ein Investment deutlich unattraktiver als in anderen Ländern. Die Entscheidung für die 50+1-Regel war Ausdruck mangelnder Entschlossenheit. Sie war defensiv, eher emotional begründet – und ein Geniestreich. Man könnte retrospektiv versucht sein, sie zu einer Vision für den Fußball zu erklären, die sich bewusst der allgemeinen Kommodifizierung des Spiels widersetzte. Auch wenn das keine bewusste Absicht war – die 50+1-Regel ist in ihrer Bedeutung für den deutschen Fußball nämlich kaum zu unterschätzen. Ähnlich wie beim Erhalt der Stehplätze wurde dadurch ein deutscher Sonderweg beschritten. Während überall sonst in Europa die Klubs zu Unternehmen wurden, konnten sie es in Deutschland bis zu einem gewissen Grad ebenfalls werden, aber ihrem Geist nach nicht.

Fast ein Vierteljahrhundert nach dem Beschluss des DFB-Bundestags von 1998 ist nur ein Bundesligist an die Börse gegangen: Borussia Dortmund – bereits zwei Jahre später. Wobei die Aktie für Anleger ein ähnlicher Flop wurde wie die Volksaktie der Telekom. Etliche Klubs haben ihren Profisport in GmbHs, Kommandit- und Aktiengesellschaften ausgegliedert, doch nur in wenigen Fällen sind klassische Finanzinvestoren eingestiegen. Das spektakulärste Beispiel war Lars Windhorst, der über eine Holding bei Hertha BSC 374 Millionen Euro sportlich weitgehend folgenlos investierte. Ansonsten waren die Investments teilweise strategisch, wie die von Allianz, Audi oder Adidas, die zusammen ein Viertel der Anteile an der FC Bayern AG halten, die nicht an der Börse gelistet ist. Mit dieser Beteiligung sicherten sich die Großunternehmen eine enge Verbindung zum Klub und verhinderten, dass dort Konkurrenten aus ihren Branchen als Sponsoren Fuß fassten. Ähnliches galt für die Beteiligung von Daimler beim VfB Stuttgart. Dazu kamen eher emotionale Investitionen wie die von Klaus-Michael Kühne beim Hamburger SV. Der reiche Logistikunternehmer erwarb ein Fünftel der Anteile an seinem Lieblingsverein, um ihn nach vorne zu bringen, was allerdings bitterlich scheiterte. Bis heute gibt es aber auch noch etliche klassische Mitgliedervereine wie Union Berlin, Mainz 05, Fortuna Düsseldorf, den SC Freiburg oder Schalke 04.

Im Zusammenhang mit der gescheiterten Gründung der Super League 2021 bekam die 50+1-Regel international viel Aufmerksamkeit, auch weil die beiden deutschen Spitzenklubs Bayern und Dortmund sich der Neugründung nicht angeschlossen hatten. Für viele Fans, vor allem in England, wurde 50+1 zur Chiffre für eine bessere Fußballwelt, in der die Fans eines Klubs wirklich was zu sagen haben, weil sie als Mitglieder mitbestimmen werden. Das war eine massive Überschätzung, denn deutsche Fußballklubs sind keine Orte romantischer Basisdemokratie, was auch eine Folge ihres Wachstums ist. 1992 hatte Borussia Dortmund etwas weniger als 3000 Mitglieder, Schalke 04 rund 15.000 und der FC Bayern etwas mehr als 18.000, wobei etliche von ihnen gar nicht den Fußballabteilungen angehörten. Heute sind diese drei Klubs die mitgliederstärksten Vereine in Deutschland, die Bayern sogar in der Welt. Sie kommen auf 154.000, 155.000 bzw. 290.000 Mitglieder.

Mitglied in einem Klub zu sein ist in Deutschland also ein Phänomen des modernen Fußballs. Eine Vereinsmitgliedschaft zeigt, dass jemand mit dem Klub sympathisiert, oft ist der entscheidende Antrieb dahinter aber, dass man ohne Mitgliedschaft oft kaum noch die Chance hat, eine Eintrittskarte zu bekommen. Einkaufsvorteile im Fanshop und schicke Mitgliedermagazine gibt es auch, man darf also davon ausgehen, dass eher eine Minderheit der Mitglieder aus dem Bedürfnis demokratischer Partizipation in einen Verein eintritt. Außerdem kann man darüber streiten, ob auf Jahreshauptversammlungen ernsthaft demokratische Kontrolle ausgeübt wird. Dennoch: Auch das bedeutet immer noch mehr Mitsprache als dort, wo Klubs schlichtweg Unternehmen sind.

Ende 2000 übernahm die Deutsche Fußball Liga, der neu gegründete Zusammenschluss der 36 Profiklubs, die 50+1-Regel in ihre Satzung. Allerdings wurde eine Ausnahme vorgesehen. Sie galt für »Förderer des Fußballsports«, die den Fußball im Mutterverein seit mehr als 20 Jahren ununterbrochen »erheblich« gefördert hatten. Diese »Lex Leverkusen« betraf zunächst Bayer 04 Leverkusen, 1904 als Werkssportverein für die Mitarbeiter des Unternehmens gegründet. In den 1970er-Jahren hatte der Konzern den Werbewert eines erfolgreichen Fußballklubs für das Unternehmen erkannt und die Förderung so erhöht, dass Bayer 04 im Jahr 1979 in die Bundesliga aufstieg und bald ein nationaler Spitzenklub wurde. (Zwischenzeitlich gab es mit Bayer Uerdingen aus Krefeld sogar einen zweiten Konzernklub in der Bundesliga, dann aber wurden die Kräfte in Leverkusen gebündelt.) Durch die Ausnahmeregel durfte der Konzern den Klub nun so lenken wie eine Unterfirma, allerdings war es ihm verboten, den Klub an ein anderes Unternehmen oder Anteile an Investoren zu verkaufen.

2001 wurde dem Volkswagen-Konzern beim VfL Wolfsburg das gleiche Recht eingeräumt, und 2015 übernahm Dietmar Hopp, der Mitgründer des Software-Konzerns SAP, bei der TSG 1899 Hoffenheim die Mehrheit der Fußball-Spielbetriebs-GmbH. Weil über die Jahre immer wieder die Frage gestellt wurde, ob die 50+1-Regel überhaupt dem Kartellrecht entsprach, bat die DFL das Bundeskartellamt um eine Überprüfung. 2021 bezeichnete dieses im Rahmen einer vorläufigen Einschätzung die Regel als »geeignet und angemessen«. Allerdings monierte das Kartellamt die besagten Ausnahmeregeln für Bayer Leverkusen, den VfL Wolfsburg und Hoffenheim. »Hierdurch entstehen Zweifel an der Eignung der Gesamtregelung zur Organisation eines sportlich fairen, vereinsgeprägten Wettbewerbs. Wenn einigen Klubs größere Möglichkeiten zur Einwerbung von Eigenkapital zur Verfügung stehen als anderen, dürfte dies nicht zur Ausgeglichenheit des sportlichen Wettbewerbs beitragen, sondern ihn eher verzerren«, hieß es in der Stellungnahme. Wie dieses Problem gelöst wird, muss sich noch zeigen.

Mit RB Leipzig gibt es noch einen vierten Bundesligisten, der konzerngelenkt ist, vom österreichischen Getränkeunternehmen Red Bull. Allerdings gibt es dazu keine weitere Ausnahmeregelung, sondern es wurde von Red Bull ein Trick angewandt. Die Stimmenmehrheit über das Fußballgeschäft hat zwar regelgerecht der Rasenballsport Leipzig e. V., dieser Verein jedoch ist eine geschlossene Gesellschaft mit nur 21 stimmberechtigten

Vereinsmitgliedern, die mit dem Unternehmen direkt verbunden sind. Neben diesem geschlossenen Kreis gibt es die Möglichkeit, Fördermitglied zu werden, dabei aber keine Mitbestimmungsrechte zu haben. Dadurch handelt sich zwar rechtlich um einen Verein, de facto wird der Vereinsgedanke aber umgangen. RB Leipzig ist letztlich ein Werbemittel für die Produkte des Konzerns, vergleichbar mit dem Rennstall von Red Bull in der Formel 1.

Weil damit bereits vier von 18 Bundesligisten eine Sonderrolle einnehmen, gab es in den letzten Jahren immer wieder Diskussionen darüber, ob die 50+1-Regel überhaupt noch zeitgemäß sei. Eines der Argumente war, dass sich Klubs ohne Investoren nicht so erfolgreich entwickeln konnten, wie das in Leverkusen und Wolfsburg, Hoffenheim oder Leipzig der Fall war. Dagegen spricht, dass es weder beim emotional motivierten Investment von Kühne in Hamburg an Kapital fehlte noch beim angeblich clever kalkulierten von Windhorst in Berlin. Letztlich geht es um gutes Management oder schlechtes. Und da zeigt sich, dass selbst eingetragene Vereine ohne ausgelagerte Kapitalgesellschaften, wie etwa der SC Freiburg oder der 1. FSV Mainz 05, sehr erfolgreich sein können.

Letztlich führt die 50+1-Regel zu einem Unternehmensziel, in dem Profite oder Fragen der Wertsteigerung nur eine Nebenrolle spielen. Bei deutschen Profivereinen ist das Ziel maximaler sportlicher Erfolg bei einigermaßen ausgeglichenen Büchern des Klubs, im Grunde steht er damit da, wo der Profifußball 1888 in England mal anfing. Durch die 50+1-Regel ist der deutsche Profifußball auch von einer Menge Auswüchse verschont worden. Dazu gehören nicht nur verrückte Vereinsbesitzer und Klubs als Spielbälle politischer Interessen. Bei deutschen Klubs gibt es nach wie vor das Bestreben, nicht Teile des Publikums durch zu hohe Eintrittspreise auszuschließen. Trotzdem – aber nicht deshalb – ist die Bundesliga keine Insel der Seligen. Sie leidet unter dem gleichen Mangel von *Uncertainty of Outcome* wie viele andere Ligen, und die deutschen Klubs stecken ebenfalls im Rattenrennen. Doch zugleich haben sie dank der 50+1-Regel viel symbolisches Kapital aufgehäuft. So verwaschen die Situation auch sein mag, ermöglicht diese Regel nach wie vor eine Teilhabe, von der Fußballfans fast überall sonst nur träumen können.

TEIL 5

Der gescheiterte Staat des Fußballs

23

Kleptofußball

Ende 2015 begann eine Website namens *Football Leaks,* gleichsam aus dem Nichts vertrauliche Geschäftsdokumente aus dem Inneren des Wirtschaftssystems Fußball zu veröffentlichen. Der Name spielte auf die *Wiki Leaks* an, die von Julian Assange neun Jahre zuvor gegründete Plattform, auf der geheime Dokumente vor allem von Regierungsstellen aus verschiedenen Ländern öffentlich gemacht wurden. Bei *Football Leaks* verschafften Verträge, Mail- und Chat-Verläufe einen genaueren Blick auf die dunkle Seite des Spiels. Einige Monate später gelang es dem Journalisten Rafael Buschmann vom Nachrichtenmagazin *Der Spiegel,* in Kontakt mit dem Whistleblower zu treten, der die Website betrieb. Es handelte sich, wie die Öffentlichkeit erst viel später erfahren sollte, um den damals 27-jährigen Portugiesen Rui Pinto. Weil Buschmann sein Vertrauen gewann, stellte Pinto dem *Spiegel* im Laufe der folgenden vier Jahre eine gigantische Menge vertraulicher Informationen zur Verfügung, insgesamt 70 Millionen Dokumente auf 3,4 Terabyte Daten. Diesen ungeheuren Berg an Materialien durchforsteten bald drei Dutzend Journalisten der *European Investigative Collaboration,* eines Zusammenschlusses von zwölf Magazinen und Zeitungen aus ebenso vielen Ländern.

Woher die Informationen aus den *Football Leaks* genau kamen, ist bis heute nicht eindeutig geklärt. 2019 wurde Pinto in Budapest verhaftet und nach Portugal überstellt, wo er im Jahr danach aus der Untersuchungshaft entlassen und ins Zeugenschutzprogramm aufgenommen wurde. Er lebte in einem Safe House und stand unter polizeilicher Bewachung, wenn er dieses verließ. Das Material, das zuvor nur den Journalisten zur Verfügung stand, wurde nun auch von Staatsanwaltschaften aus verschiedenen europäischen Ländern ausgewertet.

Die Veröffentlichungen verschafften eine klare Sicht auf ein Panoptikum des Irrsinns. Ein Zusammenhang zwischen Leistung und Ertrag war etwa bei der Honorierung von Beratern kaum noch zu erkennen, die, so die Besonderheit des Fußballgeschäfts, nicht von den Spielern bezahlt werden, sondern von den Klubs. Dass der 2022 verstorbene Agent Mino Raiola für den Transfer seines Klienten Paul Pogba von Juventus Turin zu Manchester United insgesamt 49 Millionen Euro kassierte, war ein inoffizieller Weltrekord. Auch die Honorierung der Protagonisten des Spiels war oftmals bizarr, etwa die von Zinédine Zidane, dem Trainer von Real Madrid. Als Cristiano Ronaldo im Finale der Champions League 2016 gegen Atlético Madrid den entscheidenden Elfmeter zum Titelgewinn verwandelte, verdoppelte sich das Gehalt von Zidane für die folgenden beiden Jahre – eine Siegprämie von 1,5 Millionen Euro gab es auch noch. Der goldene Schuss war für Zidane 13 Millionen Euro wert.

Das war Ausdruck einer bemerkenswerten Verschwendungssucht, aber nicht illegal. Die geleakten Dokumente offenbarten jedoch auch viele Fälle von hinterzogenen Steuern, Geldwäsche, Spekulationsgeschäften mit Nachwuchsspielern, Doping, Korruption und Spielmanipulation. Manche Geschichten waren so bizarr, dass man fast glaubte, sie seien ausgedacht. So überwies die Uefa zwischen 1999 und 2016 Hunderte Millionen Euro, die für den ukrainischen Fußballverband bestimmt waren, auf das Konto einer Firma auf den British Virgin Islands, die Igor Surkis gehörte. Dessen neun Jahre älterer Bruder Georgi war bis 2012 Präsident des ukrainischen Fußballverbands, zwischenzeitlich sogar Vizepräsident der Uefa und vor Igor Surkis der Eigentümer von Dynamo Kiew, dem traditionsreichsten Klub des Landes. Bei den Überweisungen handelte es sich um Prämien aus den Europapokalwettbewerben und der Europameisterschaft sowie Gelder zur Förderung sozialer Projekte. Die Surkis-Brüder verließen die Ukraine 2022 am dritten Tag nach dem russischen Überfall. In einem gepanzerten Maybach S650 bzw. einem Mercedes-Benz ML 500 setzten sie sich nach Ungarn ab, laut Zeitungsberichten hatten sie 18 Millionen Dollar in bar dabei.

»Das Geschäft mit dem Fußball, das zeigt unsere Arbeit an den Football Leaks, ist in vielerlei Hinsicht verroht, verrottet und verdorben«, heißt es in »Football Leaks 2«, dem zweiten Buch, das die Ergebnisse der Recherchen zusammenfasste. Kriminalität hat im Fußball immer schon eine Rolle gespielt, Rechtsverstöße tauchen schließlich in allen Lebensbereichen auf. Auch früher gab es Betrügereien, Korruption und verschobene Spiele. Von Letzteren vermutlich sogar mehr als heute, wo das öffentliche Interesse an den Spitzenligen so gigantisch ist, dass Manipulationen viel schwerer geheim zu halten sind. 1971 geriet die deutsche Bundesliga in eine existenzielle Krise, als der Präsident der Offenbacher Kickers mitgeschnittene Telefonate öffentlich machte, die zeigten, dass etliche Klubs im Abstiegskampf versucht hatten, Spielergebnisse zu ihren Gunsten zu beeinflussen. Über 50 Spieler, zwei Trainer und vier Funktionäre wurden bestraft. Man brauchte damals wenig Fantasie, sich vorzustellen, dass in den Jahren zuvor ähnlich oft Spiele verschoben worden waren.

In der Ära des modernen Fußballs entstanden neue Formen krimineller Aktivitäten, etwa bei der Spielmanipulation. Das Internet ermöglichte einen globalen Wettmarkt, auf dem vor allem in Asien gigantische Summen bewegt wurden. Man konnte In-Game-Wetten platzieren, bei denen während des laufenden Spiels auf einzelne Ereignisse gewettet werden konnte, wie viel Tore noch fielen oder ob und für wen es noch Gelbe Karten gab. Zwar wurden einige spektakuläre Fälle aufgedeckt, wo Spiele in den Top-Ligen beeinflusst wurden, doch den Manipulatoren wurde bald klar, dass sie ihrem Geschäft viel leichter in kleinen, wirtschaftsschwachen Ligen nachgehen konnten, in denen das öffentliche Interesse gering war. Spieler, Trainer und Funktionäre dort waren oft so schlecht bezahlt, dass sie das Risiko, bei einer Manipulation entdeckt zu werden, eher eingingen als Spieler in der Bundesliga oder Premier League, die zu viel zu verlieren hatten. Es gab sogar den Fall, wie Dokumente der *Football Leaks* zeigten, dass Wettpaten sich bei Zweitligaklubs in Irland und Portugal einkauften. Die Mannschaften spielten dann so, wie sie es brauchten.

Es entstand auch ein Markt für Fernsehrechte, auf dem Makler als Scharnier zwischen den TV-Sendern und den Fußballverbänden oft nicht sauber agierten. Bis 2014 wurden die Qualifikationsspiele zur Welt- und Europameisterschaft einzeln vermarktet. Wurde der deutschen Nationalmannschaft ein Gegner zugelost, musste sich der übertragende Sender in Deutschland mit dem Fußballverband des Landes über die Modalitäten einigen. Bei kleinen Fußballnationen war das umständlich, und weil vielen kleinen Fußballverbänden die Sach- und Marktkenntnis fehlte, verkauften diese ihre Fernsehrechte en bloc an Agenturen. Dagegen war im Prinzip nichts einzuwenden, nur wurden sie häufig unter Wert verkauft, weil sich Funktionäre von Rechtemaklern bestechen ließen. Geschädigt wurden dadurch die Verbände und damit der Fußball in den Ländern. Es war ein offenes Geheimnis, dass manche Makler – und auch jene, die Bandenwerbung verkauften – mit Geldkoffern durch die Welt zogen, um Funktionäre zu bestechen. Die *Football Leaks* konnten exemplarisch nachweisen, wie das vonstattenging.

Die intransparente, global verstrickte Welt des Fußballs scheint ein idealer Ort für Geldwäsche, wo der gute alte Koffer mit Bargeld noch nicht aus der Mode gekommen ist. Wer kennt schließlich schon genau den »Wert« eines Spielers? Wenn ein mäßig talentierter Kicker zu einem üppigen Preis verkauft wurde, war da entweder jemand nicht schlau genug gewesen oder wurde schmutziges Geld in Umlauf gebracht. Die *Football Leaks* offenbaren auch legale, doch fragwürdige Praktiken, etwa die, dass eine in Malta angesiedelte Gruppe mit kasachischen

Besitzern den holländischen Traditionsverein Twente Enschede quasi kontrollierte. Das war durch Praxis der sogenannten *Third Party Ownership* möglich. Dabei hielten dritte Parteien, also Privatanleger oder Spielervermittler, Anteile an den Transferrechten der Spieler. Man konnte dadurch in Menschen investieren wie in Schweinehälften – mit beachtlichen Renditen, wenn ein Talent zum Star wurde. Die Fifa verbot die *Third Party Ownership* 2015 zwar grundsätzlich, erlaubte aber ein sogenanntes *Third Party Investment*, das neue Hintertüren öffnete.

Die *Football Leaks* konnten bei vielen berühmten und reichen Spielern eine ähnlich aggressive Kultur der Steuervermeidung dokumentieren, wie man sie von global agierenden Großunternehmen kennt. Cristiano Ronaldo sah sich 2017 als Folge der Veröffentlichungen aus den *Football Leaks* mit einem Strafverfahren konfrontiert, das mit einer Bewährungsstrafe endete. Sein ewiger Konkurrent als »Weltfußballer des Jahres« hatte da schon vorgelegt: Lionel Messi war bereits 2016 zu 21 Monaten Haft auf Bewährung verurteilt worden. Mesut Özil, der zwischen 2010 und 2013 bei Real Madrid spielte, musste Steuern in Höhe von 2.017.152,18 Euro an den spanischen Fiskus nachzahlen. Der deutsche Nationalspieler aber klagte gegen die Berichterstattung des *Spiegel* über den Fall mit der Begründung, es handele sich bei dieser Sache um eine Privatangelegenheit, die in der Öffentlichkeit nichts zu suchen habe. Das Landgericht Berlin lehnte den Antrag ab und schrieb in einer bemerkenswerten Begründung, »dass gerade diejenigen in unserer Gesellschaft, die über ein besonders hohes Einkommen verfügen, mithilfe von hoch bezahlten Steuerberatern alles daransetzen, um ihre Steuerzahlungspflicht zu minimieren, und sich so an der Tragung der Kosten der Gesellschaft nicht mehr in der Weise beteiligen, wie dies nach ihrer Vorbildfunktion von ihnen erwartet wird. Das Ausnutzen sogenannter Steuerschlupflöcher durch den vermögenden Anteil der Gesellschaft stellt einen Missstand dar.« Vereinfacht gesagt, warf das Gericht Özil ein im Wortsinne asoziales Verhalten vor, und das konnte man genauso auf Messi oder Cristiano Ronaldo übertragen. Sie schädigten einerseits die Länder, die sie um Steuereinnahmen brachten. Schaden erlitt aber auch die Idee, dass es sich bei diesen außergewöhnlichen Sportlern um außergewöhnliche Menschen handelte, an denen sich gerade junge Menschen orientieren sollen. Vorbilder waren sie so aber nur auf dem Platz, jenseits davon war ihnen der moralische Kompass abhandengekommen.

24

Beschütze mich vor dem, was ich will

In den sieben Jahren von 2014 bis 2020 häuften die Klubs in The Championship, der zweiten englischen Liga, einen Gesamtverlust von umgerechnet 3,9 Milliarden Euro an. Das kam nicht überraschend, denn die meisten englischen Profiklubs schrieben trotz gigantischer Umsätze keine schwarzen Zahlen. Gerade im Unterhaus des englischen Fußballs lag das Verhältnis von Gehaltskosten zum Umsatz nicht selten bei über 100 Prozent. Für elf der 24 Zweitligisten galt, dass sie für ein Pfund, das sie einnahmen, mehr als ein Pfund für Gehälter ausgaben.

Innerhalb von 15 Jahren verzehnfachten sich in The Championship, ökonomisch sicherlich die verrückteste Liga der Welt, die Personalkosten. Das jährliche Durchschnittseinkommen eines Spielers stieg von 180.000 Euro auf rund 1,8 Millionen Euro im Jahr 2021. Hinzu kommt verrückterweise, dass ein Klub in The Championship bestenfalls mit knapp zehn Millionen Fernsehgeld rechnen konnte, während es in der Premier League mindestens 120 Millionen Euro waren. Es sei denn, ein Klub war gerade aus der Premier League abgestiegen, dann nämlich erhielt er das *Parachute Payment*. Diese »Fallschirmzahlungen« betrugen 48 Millionen Euro im ersten Jahr, 42 Millionen im zweiten und 24 Millionen im dritten, sie sollten nach dem Abstieg für eine sichere Landung des Klubs in der unteren Spielklasse sorgen.

Durch diesen Mechanismus entstand eine Gruppe von Fahrstuhlklubs, die immer wieder ab- und aufstiegen. Norwich City, Fulham, West Bromwich Albion oder Swansea verfügten nicht über genug finanzielle Ressourcen, um in der Premier League mitzuhalten. In der Saison 2020/21 stiegen mit Fulham und West Brom zwei Aufsteiger direkt wieder ab, der dritte Absteiger

Sheffield United war in der Saison zuvor aufgestiegen. Diese drei Absteiger hatten zum ersten Mal in der Geschichte der Premier League in den 38 Punktspielen jeweils weniger als 30 Punkte geholt. Wenn diese Teams allerdings wieder in The Championship aufschlugen, hatten sie dank der Fallschirmzahlungen gegenüber der Konkurrenz enorme wirtschaftliche Vorteile. Ihre Chance auf den erneuten Aufstieg war doppelt so groß wie bei den anderen Klubs der Liga.

Um zumindest in diese Zwischenwelt zwischen Premier League und Championship zu gelangen, setzte ein besonders verrücktes Rattenrennen ein. Weil Klubbesitzer dabei immer wieder existenzbedrohend ins Risiko gingen, wurden zur Saison 2016/17 die *Profitability and Sustainability Regulations* etabliert, mit denen die Schulden gedeckelt wurden. Es war weder in England noch überhaupt der erste Versuch, die Ausgaben von Klubs zu regulieren. Der Deutsche Fußball-Bund führte schon in den 1980ern ein Lizenzierungsverfahren ein, in dessen Rahmen die Klubs nachweisen mussten, dass sie eine Saison finanziell überstehen würden. In Frankreich wurde 1984 aus ähnlichem Grund die Nationale Direktion für Kontrolle und Management (DNCG) geschaffen, um die Profiligen und -klubs in dieser Hinsicht zu regulieren. Die DNCG kann Strafen bis zum Zwangsabstieg aussprechen. Die spanische Liga gibt jedem ihrer Klubs seit 2013 sogar exakt vor, wie viel Geld sie für Spielergehälter ausgeben dürfen. Seither wurden immerhin 630 Millionen Euro Außenstände bei Finanzämtern und Krankenversicherern sowie 100 Millionen bei den Spielern zurückgezahlt. Besonders spektakulär waren die Folgen im Sommer 2021 für den FC Barcelona, der so verschuldet war, dass er mit Lionel Messi seinen ikonischen Spieler nach Paris verkaufen musste.

Der Hauptgrund für solche Eingriffe ist stets der gleiche: Es würde einer Liga enorm schaden, sollte ein Verein im Laufe einer Saison pleitegehen und nicht weiterspielen können. Einnahmen aus Spielen gegen diesen Klub würden fehlen, und Regressforderungen von Fernsehsendern oder Ligasponsoren könnten fällig werden. Das diesbezüglich ambitionierteste Projekt, weil es den ganzen europäischen Fußball betraf, war das sogenannte Financial Fair Play, das der europäische Fußballverband Uefa 2012 startete. Weil die 730 Erstligisten in Europa damals Schulden von insgesamt 1,7 Milliarden Euro aufgehäuft hatten, sah die Uefa ihre Wettbewerbe gefährdet und schritt ein. »Beim Financial Fair Play geht es darum, die finanzielle Gesundheit des europäischen Klubfußballs zu verbessern«, verkündete die Uefa damals. Fortan musste jeder Verein nachweisen, der sich für einen Uefa-Wettbewerb qualifiziert hatte, dass er keine Außenstände bei Spielern, Vereinen sowie Steuerbehörden oder Sozialversicherung hatte. Rote Zahlen waren über einen Zeitraum von drei Jahren auf maximal 30 Millionen Euro gedeckelt. Eine Einschränkung: Um Investitionen nicht zu bremsen, wurden Infrastrukturmaßnahmen wie der Bau von Stadien oder von Nachwuchsleistungszentren, aber auch gemeinwohlorientierte Projekte nicht mitgerechnet. Der zweite Grund für das Financial Fair Play war die abnehmende Ausgeglichenheit der Wettbewerbe. Uefa-Präsident Michel Platini sagte 2010, »gegen das Finanz-Doping« müsse etwas unternommen werden.

Bei der wirtschaftlichen Gesundung hatte das Financial Fair Play tatsächlich den gewünschten Effekt, die Nettoverluste der europäischen Klubs gingen von 2011 bis 2014 um rund 70 Prozent zurück. Die Uefa zeigte auch eine gewisse Entschlossenheit, die Regeln durchzusetzen, und sperrte etliche Klubs für ihre Wettbewerbe: Rapid Bukarest und CFR 1907 Cluj aus Rumänien, CF Málaga aus Spanien, Dynamo Moskau und einige Klubs aus der Ukraine, Lettland oder Serbien. Auf der Liste fehlten aber die großen Namen, obwohl gerade sie massiv gegen den Grundgedanken dieser Regeln verstießen, vor allem Paris Saint-Germain und Manchester City. Deren Besitzer aus dem Mittleren Osten pumpten über fantastisch überbewertete Werbeverträge Geld in ihre Vereine. So war das Sponsoring der katarischen

Tourismusbehörde bei Paris Saint-Germain – dem Verein, der de facto dem katarischen Staat gehört – 2013 mit 215 Millionen Euro pro Saison dotiert. Im Vergleich dazu erhielt der FC Bayern zur gleichen Zeit etwas weniger als 30 Millionen von seinem Trikotsponsor, der Deutschen Telekom. Die Unterschiede waren so absurd, dass die Uefa den *Fair Value* von Sponsoringzahlungen prüfte, also: Würde auch ein fremder Dritter eine solche Zahlung leisten?

Durch die *Football Leaks* wurde publik, wie aggressiv Manchester City gegen das Financial Fair Play verstieß. Der Klub startete sogar ein internes *Project Longbow*, benannt nach dem Langbogen, mit dem die Engländer 1415 in der Schlacht von Azincourt die Franzosen vernichtend geschlagen hatten. »Die« Franzosen waren in diesem Fall aber wohl »der« Franzose, also Uefa-Präsident Platini. Gegen ihn und seine Organisation zog Manchester City in den Krieg, indem der Klub eine komplexe Organisation undurchsichtiger Deals auf den Weg brachte. Praktisch handelte es sich dabei um Zahlungen aus den Emiraten, die der Klub abrufen konnte, wann immer er sie brauchte. Ein Unrechtsbewusstsein gab es nicht, im Gegenteil. Es »drängen alle so sehr auf ein Financial Fair Play, dass sich jeder Industrieverband schämen würde«, schrieb Ferran Soriano, der Vorstandsvorsitzende von Manchester City, in einer geleakten Mitteilung angewidert über die anderen Klubs. Mit konsequenter Rücksichtslosigkeit ging Manchester City mit den Regeln um, die im Selbstverständnis des Klubs nur den Weg zu den Titeln versperrten. Wer das Geld hatte, sollte es auch ausgeben können, und die Besitzer von Manchester City hatten es.

Im Februar 2020 schloss die Uefa den Klub für zwei Spielzeiten aus der Champions League aus und verurteilte ihn zu 30 Millionen Euro Geldstrafe. Dazu hieß es: »Die rechtsprechende Kammer hat nach Prüfung aller Beweise festgestellt, dass der Manchester City Football Club schwerwiegende Verstöße gegen das Uefa-Reglement zur Klublizenzierung und zum finanziellen Fairplay begangen hat. (...) Die rechtsprechende Kammer hat außerdem festgestellt, dass der Klub es unter Verstoß gegen das Reglement versäumt hat, bei der Untersuchung dieses Falls durch das CFCB zu kooperieren.« CFCB, Club Financial Control Body, ist eine Art Staatsanwaltschaft des Fußballverbandes. Fünf Monate später kassierte der internationale Sportgerichtshof CAS das Urteil jedoch weitgehend ein. Die Sperre wurde aufgehoben, die Geldstrafe auf zehn Millionen reduziert. Bestraft wurde Manchester City letztlich nur dafür, nicht mit der Uefa kooperiert zu haben. Der Uefa wurde vonseiten des CAS vorgeworfen, nur Medienveröffentlichungen aus den *Football Leaks* vorgelegt zu haben. Der Verband habe sich nicht darum bemüht, die Originalunterlagen zu diesem Fall zu bekommen. Laut *Spiegel* hatte Whistleblower Rui Pinto das angeboten. Zu diesem Zeitpunkt war das Financial Fair Play zudem bereits abgeschwächt worden. Ab 2015 konnten Klubs, die Auflagen nicht erfüllt hatten, eine »freiwillige Vereinbarung« mit dem Verband treffen. Bei Selbstanzeige entfielen die Sanktionen, de facto war das Financial Fair Play tot. Zumal der europäische Fußballverband nicht in der Lage war, seine Regeln durchzusetzen.

Würde man den Fußball als Staat begreifen, wäre es einer, dessen Institutionen nicht funktionieren. Die Uefa erließ zwar Gesetze, konnte sie aber nicht konsequent durchsetzen, nicht zuletzt, weil sie weder eine funktionierende Polizei aufbieten konnte noch eine effektiv arbeitende Staatsanwaltschaft. Solche Staaten, in denen Institutionen nicht funktionieren oder ganz fehlen, werden in der Politik »schwache Staaten« genannt. In ihnen übernehmen oft alternative Akteure die Organisation des gesellschaftlichen Lebens. Dann sorgen etwa Stammesfürsten oder religiöse Autoritäten für Sicherheit und Ordnung, die dabei aber natürlich Spezialinteressen verfolgen. So ist es auch im »schwachen Staat« des Fußballs.

25

Machtübernahme

Wozu braucht man eigentlich einen Fußballverband? Die Frage mag verblüffen, weil die Existenz von Fußballverbänden so selbstverständlich ist, dass darüber weitgehend in Vergessenheit geraten ist, warum sie einst entstanden sind. Die englische Football Association wurde 1863 als erster Fußballverband der Welt gegründet, weil es ein einheitliches Regelwerk brauchte und jemanden, der es durchsetzte. Denn natürlich ist es sinnvoll, dass nicht erst darüber debattiert werden muss, ob eine Mannschaft mit elf Spielern antritt oder doch mit sieben oder neun, wie groß das Spielfeld ist und der Ball. Wer sich dem Verband anschloss, wusste, dass, wohin immer man kam, der Gegner das gleiche Regelwerk akzeptierte wie man selber. Auf dieser Basis wurde es möglich, Wettbewerbe durchzuführen, in England zunächst den FA Cup. Im Jahr 1871 konnte der erste Gewinner des ersten Fußballwettbewerbs der Welt ermittelt werden, weil es mit der FA eine Organisation gab, die sich darum kümmerte. Schon ein Jahr zuvor hatte das erste Länderspiel stattfinden können, weil es inzwischen auch in Schottland einen Fußballverband gab. Beide Verbände beriefen ihre besten Spieler und verabredeten das Spiel.

Fußballverbände sind historisch gesehen also Dienstleister, die im Laufe der Jahrzehnte ihr Portfolio an Aufgaben erweiterten, etwa die Ausbildung von Schiedsrichtern übernahmen, die Förderung des Nachwuchses oder die Werbung für den Fußball allgemein. All das erfolgte anfangs vor allem aus der Perspektive des Amateurfußballs, weshalb die FA 1888 die schon erwähnte Gründung der Football League für den professionellen Ligabetrieb erlaubte. In den meisten anderen Ländern passierte das viel später, in Deutschland sogar erst im Jahr 2000, als die

Deutsche Fußball Liga gegründet wurde. Im Zusammenleben von Amateuren und Profis, Verbänden und Ligen waren Konflikte vorprogrammiert. Es ging um Zuständigkeiten und natürlich immer um Geld, auch auf europäischer Ebene.

Die Uefa war 1954 gegründet worden und hatte ein Jahr später erstmals den Europapokal der Landesmeister ausgerichtet. Als in den 1990er-Jahren der Boom der Champions League begann, profitierte der Verband davon. 2010 eröffnete er eine hypermoderne neue Zentrale in Nyon am Genfer See, deren Neubau nötig geworden war, weil sich die Zahl der Mitarbeiter innerhalb eines Jahrzehnts verdreifacht hatte. Doch so prächtig das Gebäude auch war, die Uefa war ein »schwacher Staat«, der schon lange von denen bedrängt wurde, die sie eigentlich hätte kontrollieren sollen.

Eines der Rätsel, die den abrupten Zusammenbruch des Super-League-Projekts im Frühjahr 2021 umgaben, war die völlig unzureichende Kommunikation. Man hätte eigentlich erwarten können, dass die Bosse der größten europäischen Klubs gemeinsam auf eine Bühne treten würden, um ihr Projekt vorzustellen. Sie hätten es als visionär oder spektakulär oder jedenfalls auf eine Weise verkaufen können, dass zumindest ein Teil des Publikums gedacht hätte, die Super League sei eine gute Idee. Sie taten das nicht und warben nicht mal bei ihren Angestellten dafür, den Spielern und Trainern. Sie umgarnten keine Politiker und Multiplikatoren, sondern teilten auf den Websites der Vereine einfach nur mit, dass es nun losgehen würde. Als der Proteststurm losbrach, war nichts mehr von ihnen zu hören, nur Real-Präsident Florentino Pérez verteidigte die Idee tapfer weiter.

Eine Erklärung für dieses kommunikative Desaster war die Hybris der Titanen des Fußballgeschäfts, die gewohnt waren, dass gemacht wird, was sie sagen. Außerdem spielte das eine Rolle, was mit dem Begriff »Groupthink« beschrieben wird. Die Bosse der großen Klubs hatten über Jahre ein Gruppendenken entwickelt, nach dem sie sich offenbar gar nicht mehr vorstellen konnten, dass Menschen fundamentale Einwände gegen ihre Pläne haben könnten. Die Super League hatte 2021 zudem bereits eine drei Jahrzehnte alte Vorgeschichte. Die Idee war so oft diskutiert, modifiziert, ins Regal gestellt und wieder hervorgeholt worden, dass wohl alle davon ausgingen, dass ihr Start nur logisch war.

Schon die Gründung der Champions League 1992 war eine Reaktion auf die Drohung gewesen, dass die großen Klubs ihr eigenes Ding machen würden. Den zweiten Anlauf in diese Richtung gab es 1997, also nur fünf Jahre nachdem es losgegangen war. Der Impuls dazu kam aus Italien, wo ein junger Unternehmer namens Rodolfo Hecht in Mailand die Firma Media Partners International betrieb. Hecht und seine Kompagnons kamen aus dem Finanzbereich und hatten 1996 über ihr Unternehmen den Kabelfernsehsender TeleCalcio gegründet, der mit großem Erfolg exklusiv Spiele der Serie A live im Pay-TV übertrug. Sie verkauften viele Abonnements, machten in drei Jahren 45 Millionen Euro Gewinn und dachten, das könne man doch auch europaweit machen.

Nach ihrer Vorstellung sollten in einer ersten Liga der Super League 16 Spitzenklubs spielen, absteigen konnte man aus ihr nicht. In die zweite Liga darunter sollten die aktuell besten 16 Klubs kommen, die nicht schon in der Spitzenliga waren. Außerdem war noch ein Pokalwettbewerb mit den nationalen Pokalsiegern und in ihren Ländern gut platzierten Vereinen vorgesehen, der dem entsprach, was heute die Europa League ist. Den Superklubs der ersten Liga versprach Media Partners mindestens 30 Millionen Euro. Das war gewaltig viel, denn der Halbfinalist der Champions League bekam damals gerade einmal sechs Millionen Euro. Als Investor stand, wie übrigens auch 2021 wieder, die amerikanische Investmentbank JPMorgan bereit.

Allerdings tat Hecht sich schwer, die Spitzenklubs von seinem Plan zu überzeugen. Einige waren aufgrund seiner Verbindung zu Milan-Besitzer Berlusconi misstrauisch, andere trauten den Zahlen nicht. Englische Klubs sorgten sich, der neue Wettbewerb könnte die immer stärker florierende Premier League schwächen. Die öffentliche Meinung war auch negativ eingestellt, sogar die *New York Times* schimpfte: »Die Super League wird den Geist des Wettbewerbs ruinieren: Die europäischen Fußballentführer haben eine dicke Brieftasche.« Und die Uefa drohte, dass kein Klub, der in die Super League eintreten würde, jemals wieder in einem ihrer Wettbewerbe würde spielen dürfen.

1998, als hinter den Kulissen noch über Hechts Pläne diskutiert wurde, wurde ein internationaler Zusammenschluss der Großklubs gegründet, der seine Interessen gegenüber der Uefa besser vertreten wollte. 14 Klubs aus sieben Ländern waren in dieser G14 vertreten. Schon der Name zeigte, wohin es ging: Die G8 versammelte die acht größten Industrienationen der Erde. Die fußballerische G14, die als Lobbyorganisation am Ort der Europäischen Union in Brüssel sogar ein Büro eröffnete, wurde damals zunächst als die »Gierigen 14« verspottet. Von der Uefa wurde sie nicht als Gesprächspartner akzeptiert, weil es für diese Gruppe keine demokratische Legitimation gab. Dennoch traf sich Uefa-Generalsekretär Gerhard Aigner im Spätherbst 1998 mit den Bossen der zwölf größten Klubs, anschließend war die europäische Fußballlandschaft nachhaltig verändert. Zur Saison 1999/2000 wurde der Pokal der Pokalsieger abgeschafft und mit dem Uefa-Pokal verschmolzen, also wie Hecht es vorgeschlagen hatte. Die Zahl der Teams in der Champions League wurde von 24 auf 32 erhöht, vor allem aber das Prinzip aufgegeben, dass sich nur Meister dafür qualifizieren konnten. Mehr Geld gab es auch, der Gewinner der Champions League erhielt nun das Fünffache. Aigner sagte später: »Sie haben die Situation und die Initiative von Herrn Hecht ausgenutzt. Wir mussten einige Zugeständnisse machen, weil wir die Abgänge nicht zulassen konnten.«

Die Super League blieb auch in den Jahren danach ein Schreckgespenst, mit dem die Großen drohen konnten: Wir gehen, wenn ihr nicht so macht, wie wir wollen! Den *Football Leaks* verdanken wir eine genaue Dokumentation, wie sie das Thema ab Ende 2015 generalstabsmäßig angingen. Nach einem Konzept des amerikanischen Sportmanagers Charlie Stillitano sollten die 17 besten Klubs aus den fünf großen Ligen plus je einer Mannschaft aus Portugal, Russland, den Niederlanden oder der Türkei in einer Liga gegeneinander spielen, mit anschließenden Play-offs. Radikal war der damit verbundene Systembruch, die Klubs sollten nämlich ihre nationalen Ligen und sogar Fußballverbände verlassen. Die größten Klubs der Welt wollten sich in eine Parallelwelt des Showfußballs verabschieden. Die treibenden Kräfte waren die üblichen Verdächtigen: Real Madrid, FC Barcelona, Manchester United, der FC Arsenal, Juventus Turin, AC Mailand – und mit besonders großem Eifer der FC Bayern München. Sie prüften die möglichen Folgen eines solchen Schritts: Wären sie gegenüber der Uefa regresspflichtig, weil die Champions League ohne sie an Wert verlor? Dürften ihre Spieler noch in ihren Nationalteams spielen? Könnten Uefa oder Fifa die Spieler unter Druck setzen?

Als der *Spiegel* den Chefjustiziar des FC Bayern zwei Jahre später mit diesen Plänen konfrontierte, moderierte der ab. Das seien nur Gedankenspiele gewesen, die längst vom Tisch seien. Bayerns Vorstandsvorsitzender Karl-Heinz Rummenigge habe angesichts eines privatwirtschaftlich geführten Wettbewerbs »sichtlich Bauchschmerzen gehabt«. Vielleicht stimmte das sogar, auch wenn sich die internen Papiere anders lasen. Hilfreich waren die Bemühungen trotzdem, denn wie schon 1998 erreichte das Kartell der Verschwörer eine erneute Modifizierung der Champions League zu ihren Gunsten. Prozentual wurden die Gelder reduziert, die in die Europa League flossen. Erhöht wurden, wie wir schon gesehen haben, die Siegprämien und die Zahlungen an jene Klubs, die in den letzten zehn Jahren in den europäischen Wettbewerben erfolgreich waren. Davon profitierten wieder einmal die großen Klubs.

Man darf das durchaus als Verrat bezeichnen, denn mit Karl-Heinz Rummenigge setzte einer die Uefa unter Druck, der als Vorsitzender der European Club Association (ECA) eigentlich die Interessen aller Klubs hätte vertreten müssen. Dieser Zusammenschluss war 2008 gegründet worden, und in ihm war die G14 aufgegangen. Diese ECA hat den Anspruch, die Interessen der Klubs gegenüber der Uefa zu vertreten, und ist ein interessantes Beispiel dafür, wie heute im Fußball Politik gemacht wird. 2022 hatte sie 234 Mitgliedsvereine aus allen 55 Uefa-Verbänden, aber Mitglied war beileibe nicht gleich Mitglied. Es gibt nämlich normale und assoziierte Mitglieder, außerdem erklärte der Verband auf seiner Website: »Um eine faire Vertretung auf allen Ebenen der ECA-Mitgliedschaft zu gewährleisten und die Anzahl der Klubs pro Nationalverband festzulegen, die für eine ordentliche ECA-Mitgliedschaft infrage kommen, ist das ECA-Mitgliedschaftspanel in vier ›Unterabteilungen‹ unterteilt. Jede dieser Unterabteilungen hat zwischen 26–30 ordentliche Mitgliedsvereine, die entsprechend der Uefa-Länderrangliste verteilt sind (d. h. Unterabteilung 1 umfasst 30 ordentliche Mitgliedsvereine aus Nationalverbänden, die in der offiziellen Uefa-Länderrangliste auf Platz 1–6 stehen).« Das liest sich kompliziert, und das ist es auch. In allen Feinheiten gibt es vermutlich auf diesem Planeten keine zehn Menschen, die genau verstehen, wie die ECA-Demokratie funktioniert. Letztlich läuft sie aber auf ein Modell hinaus, das an das Ständeparlament in Frankreich vor der Revolution erinnert. Es geht darum, dass die Hungerleider aus Kroatien und Lettland, der Schweiz oder Irland die großen Klubs aus den Top-Ligen nicht überstimmen können. Aus der G14 ist zwar eine G234 geworden, aber an der Logik hat sich nichts geändert: Die Großen bestimmen, wo der Hase langläuft und wer das meiste Geld bekommt. Nämlich sie. Seit 2018 werden 30 Prozent der Fernsehgelder an die 32 Mannschaften in der Gruppenphase auf der Grundlage der Leistungen in den Uefa-Wettbewerben der vorangegangenen zehn Jahre verteilt.

Das durchzusetzen gelang der ECA, nachdem sie 2016 einen ganz besonderen Coup landete. Dabei nutzte sie ein Machtvakuum in der Uefa, das entstanden war, weil der sowieso schon »schwache Staat« auch noch führungslos war. Im Jahr zuvor hatte Uefa-Präsident Platini angekündigt, als Fifa-Präsident zu kandidieren, stolperte aber über einen mit zwei Millionen Schweizer Franken dotierten Vertrag, nach dem er zwischen 1998 und 2002 den Fifa-Präsidenten Sepp Blatter beraten hatte. Platini trat zurück. In dieser Situation gelang es den Großklubs, vier Direktoren in einer gemeinsamen Firma mit der Uefa unterzubringen. Außerdem stellte die ECA nun fast komplett jene Uefa-Kommission, in der alle Fragen im Zusammenhang mit der Champions League und der Europa League behandelt werden, auch die Verteilung der Einnahmen.

Dieses 30-jährige Gezerre zeigt, was die zentrale Frage ist: Wer entscheidet eigentlich, wohin die Reise des Fußballs geht? Die Verbände sind einst als Dienstleister »des Fußballs« angetreten. Sie hatten mal den Anspruch, das Spiel weiterzuentwickeln und es möglichst vielen Menschen zugänglich zu machen. Doch nun gibt es ein Kaleidoskop unterschiedlicher Interessen, und welchen dienen die Verbände? Zumal sie auch selbst Partei sind, weil sie selber vom Boom profitierten.

Im Januar 2022 etwa bündelte der Deutsche Fußball-Bund seine wirtschaftlichen Aktivitäten und digitalen Geschäftsfelder in der DFB GmbH & Co. KG, einer 100-prozentigen Tochtergesellschaft des Verbandes. Doch wem steht was davon zu, was die Nationalmannschaft an Fernsehgeldern einspielt? Inwiefern konkurriert der Verband mit den Vereinen um Sponsoren? In welchem Verhältnis steht der DFB zu den Profiklubs? Und in welchem Verhältnis stehen der DFB als Verband und der DFB als Unternehmen? Ist der DFB nun ein Dienstleister, übergeordnete Institution oder nur einer von vielen Akteuren der *Football Industry*? Dass der DFB innerhalb eines Jahrzehnts fünf unterschiedliche Präsidenten hatte, hatte viel mit internen Konflikten zu tun, die sich daraus ergaben, dass diese Fragen nicht klar beantwortet wurden.

Aber der DFB war mit dem Problem nicht allein. Als die ECA 2016 de facto die Macht in der Uefa übernahm, war Lars-Christer Olsson entsetzt. Der Vorsitzende der European Professional Football Leagues, einer weiteren Lobbyorganisation, in der 35 nationale Ligen in Europa organisiert sind, auch die deutsche Bundesliga, sagte: »Diese Veränderungen sind entstanden durch den Druck und die Einschüchterungen der Topklubs, die von diesem Machtvakuum bei der Uefa profitiert haben. Sie haben ihre Reform mithilfe von Uefa-Apparatschiks durchgesetzt.« Angesprochen fühlen durfte sich zweifellos ein gewisser Gianni Infantino.

26

Wem gehört die Weltmeisterschaft?

Die Geschichte der Vergabe der Weltmeisterschaft 2022 nach Katar begann fast fünf Jahrzehnte zuvor, als die Nationalmannschaft des kleinen Emirats am Persischen Golf gerade mal drei Handvoll Spiele absolviert und erst eines gewonnen hatte. Sie begann 1974 mit einem Brasilianer und einem Deutschen, die großen Einfluss auf die Geschichte des Fußballs nahmen – leider keinen guten. Es ist ein opulenter, fast romanhafter Stoff voller Ränkespiele, Nassauereien und offensichtlicher Korruption, der seit Jahrzehnten eine ganze Garde von Investigativjournalisten beschäftigt. Der Engländer Andrew Jennings, die Deutschen Thomas Kistner, Jürgen Roth und Jens Weinreich sowie etliche Rechercheure mehr haben im Laufe der Zeit diese Welt detailliert ausgeleuchtet, in unzähligen Zeitungsartikeln und etlichen Büchern beschrieben.

Jean-Marie Faustin Goedefroid de Havelange, besser bekannt als João Havelange, verwandelte die Fifa ab 1974 nach seiner Wahl zu ihrem Präsidenten im Laufe eines Vierteljahrhunderts in eine strukturkorrupte Organisation. Unterstützt wurde er dabei von dem Deutschen Horst Dassler. Havelange, Sohn eines Waffenhändlers aus Lüttich, der 1912 die historische Todesfahrt der Titanic nur knapp verpasste, weil er den Hafen von Southampton zu spät erreichte, kam 1916 in Rio de Janeiro zur Welt und nahm 1936 als Schwimmer für Brasilien an den Olympischen Spielen in Berlin teil. Bis zum Ende seines Lebens schwärmte er davon, wie gut die Nazi-Spiele organisiert gewesen waren.

Es gibt wenige Aspekte in seiner Biografie als Sportfunktionär, die nicht undurchsichtig oder dubios wären, und Havelange machte diese Attribute auch zu denen der Fifa. Dabei hätte es ein Zeichen des Fortschritts sein können, als mit ihm einer aus dem globalen Süden an die Spitze des Fußballs gewählt wurde. Bis dahin war dieser Posten ausschließlich von Franzosen und Briten sowie einmal von einem Belgier besetzt worden. Mit einer gewissen Selbstverständlichkeit waren sie die Herren des Fußballs, und so war der Engländer Sir Stanley Rous beim Fifa-Kongress 1974 in München nicht darauf vorbereitet, dass er bei der Wahl des Präsidenten einen Gegenkandidaten hatte. Er verstand auch nicht, wie sehr es ihm in der Zeit des Postkolonialismus schadete, dass er das Apartheidsregime in Südafrika vor Boykottforderungen schützte.

Havelange hatte sich die Stimmen einiger afrikanischer Delegierten aber auch dadurch gesichert, dass er ihnen die Reise zum Fifa-Kongress nach München bezahlt hatte, die sie sonst nicht hätten antreten können. Das Geld dazu hatte er vermutlich beim brasilianischen Verband abgezweigt, dessen Vorsitzender er seit 1958 war. Mit Havelange begann eine Kultur der Korruption, die sich tief in den Weltverband einschreiben sollte.

In den vorangegangenen sieben Jahrzehnten war die Fifa ein weitgehend unglamouröser Dienstleister gewesen. Der 1904 gegründete Weltfußballverband kümmerte sich bis Mitte der 1970er-Jahre vor allem darum, die Zahl der Mitgliedsländer zu steigern und zu verhindern, dass es konkurrierende Fußballverbände gab. Offizieller Fußballverband eines Landes war nur, wen die Fifa anerkannte, womit sie die Verbände vor politischer oder wirtschaftlicher Einflussnahme schützen wollte. Außerdem hatte sie einen globalen Fußballwettbewerb für Nationalteams etabliert. Der erste fand 1908 noch im Rahmen der Olympischen Spiele in London statt, die erste offizielle Weltmeisterschaft 1930 in Uruguay. Wobei man damals noch froh war, dass sich mit Frankreich, Belgien, Jugoslawien und Rumänien überhaupt vier Mannschaften aus Europa auf die lange Seereise nach Südamerika gemacht hatten. Es war der bescheidene Beginn einer globalen Erfolgsgeschichte.

Das berühmteste Zitat von Havelange über seine Amtszeit ist: »Als ich im Fifa-Hauptquartier in Zürich ankam, fand ich ein altes Haus vor und ein bisschen Geld in einer Schublade. Als ich 24 Jahre später meinen Posten räumte, besaß die Fifa Verträge und Besitztümer im Wert von über vier Milliarden US-Dollar.« Die Behauptung war insofern falsch, als schon die WM 1974 in Deutschland ein wirtschaftlicher Erfolg wie noch kein Turnier zuvor gewesen war. Es dürfte also schon etwas Geld in der Schublade gelegen haben. Havelanges wirtschaftliche Bilanz war aber tatsächlich gut, weil während seiner Amtszeit die WM-Turniere – noch vor den nationalen Ligen oder europäischen Pokalwettbewerben – zu einer wertvollen Fernsehware wurden. Außerdem verwandelte Havelange die WM insgesamt in eine Ware und die Stadien in Marktplätze. Doch es hätte bei seinem Abgang 1998 vermutlich noch viel mehr Geld auf dem Konto gelegen, hätte Havelange es nicht großzügig selber eingesteckt oder zu seinem Machterhalt großzügig verteilt.

Möglich wurde die schamlose Bereicherung durch einen faustischen Pakt. Kurz nach seiner Wahl 1974 verbündete sich João Havelange nämlich mit Horst Dassler, der damals auf dem Weg war, Adidas zum größten Sportartikelhersteller der Welt zu machen. »Er wurde zur Schlüsselfigur der neuen, revolutionären Wirtschaftspolitik«, schreiben Thomas Kistner und Jens Weinreich in ihrem Buch »Das Milliardenspiel«. Allerdings war er auch eine sehr fragwürdige Schlüsselfigur, wie sich der ehemalige britische Sportminister Lord Denis Howell erinnerte: »Dassler litt an einer Paranoia. Er dachte immer, es wollte ihm jemand an den Kragen. Deshalb war er immer sehr vorsichtig. Er hat seine Gegenspieler ausspioniert und notfalls bestochen. Alles war Intrige, alles war verdächtig.«

Dassler suchte die Nähe zu Sportverbänden zunächst vor allem, um sie exklusiv mit seinen Produkten auszustatten. Er erkannte früh, wie sehr es dem Verkauf seiner Sportschuhe und Sportsachen mit den drei Streifen half, wenn berühmte Sportler sie trugen. Als einer der Ersten hob er das Potenzial, dass große Unternehmen gerne mit Sport warben, und fädelte mithilfe des englischen Marketingexperten Patrick Nally den ersten Sponsoringdeal der Fifa ein, mit Coca-Cola. 1976 flossen die ersten 360.000 Dollar. Es war damals noch nicht selbstverständlich, dass beim oder mit Fußball geworben wurde. Selbst bei WM-Spielen gab es zwischen den Werbebanden noch große Lücken.

Als Eintracht Braunschweig 1973 mit einem Trikotsponsor antrat, dem Likörhersteller Jägermeister, war das eine Sensation, denn das hatte es in Deutschland noch nicht gegeben. Wobei das nicht ganz stimmt, denn bereits 1967 war der Regionalligist Wormatia Worms drei Spiele lang mit Trikotwerbung für Caterpillar angetreten. Der DFB stellte damals fest, dass es keine Regeln dazu gab, schuf sie aber eilig und verbot die Werbung. »Wormatia Worms tat einen energischen, wenn auch nicht gerade sympathischen Schritt zur weiteren Kommerzialisierung des Leistungssports. Ob es uns gefällt oder nicht, die Tabus eines traditionellen Idealismus werden immer stärker abgebaut«, kommentierte die Tageszeitung *Die Welt*.

An der Konfliktlinie Idealismus vs. Kommerzialisierung blieb Trikotwerbung noch länger umstritten und wurde teilweise auch von den Fernsehanstalten bekämpft. Die BBC weigerte sich anfangs, Spiele von Teams zu übertragen, die Werbung auf der Brust hatten. Auch Bandenwerbung war nicht selbstverständlich. In Worms verbot sie die Stadt, weil Werbung das schöne Stadion verschandeln würde. »Ich war mehr als jeder andere gegen Werbung und Sponsoring. Ich hatte das Gefühl, dass wir damit ein Stück unserer Identität verlieren würden, aber ich habe mich eines Besseren belehren lassen«, sagte Peter Hill-Wood, der Vorsitzende von Arsenal. Wir erinnern uns, das war der mit dem »toten Geld«. Was ihn belehrte, waren die Einnahmen, die man über Trikotwerbung und den Verkauf von Banden erzielen konnte. Auch wenn es bis zum offiziellen

Nudelpartner von Manchester United noch ein weiter Weg war, eingeschlagen wurde er Mitte der 1970er – und die Fifa wies dabei den Weg.

Als damals darüber debattiert wurde, inwiefern beim und mit dem Fußball geworben werden durfte, ging es um die Frage, ob der Fußball seine Werte verraten würde. Das war schon damals ein ziemlich windschiefer Gedanke, wenn man bedenkt, wie alt die Geschichte von Fußball und Geld auch da schon war. Aber die Attraktivität des Sports als Werbepartner bestand eben auch darin, dass er, wie vage auch immer, für Werte stand. Für fairen sportlichen Wettkampf, für Teamgeist, für einen gesunden Geist in einem gesunden Körper. Für den völkerverbindenden Wettbewerb über Ländergrenzen hinaus, bei dem gerade die Weltmeisterschaften eine besondere Rolle spielten, denn hier kickte man nicht zum Gelderwerb für seinen Klub, sondern ehrenvoll für sein Land. Auf diese Dinge berief sich der Fußball gerne, weil ihm das einen *Glow* gab, der auf die Werbepartner und ihre Produkte strahlte. Allerdings interessierte sich die Fifa nie so genau dafür, was zurückstrahlte. Dass der erste Fifa-Sponsor eine stark zuckerhaltige Limonade war, die alles andere als gesund war, war genauso bezeichnend wie eine Schnapsmarke als erster Trikotsponsor in der Bundesliga.

Nach dem Deal, den Horst Dassler der Fifa mit Coca-Cola vermittelt hatte, war er de facto die Marketing-Abteilung des Verbandes, ab 1982 durch sein Unternehmen International Sport and Leisure (ISL). Das war jene Firma, in der Hempel und Lenz arbeiteten, bevor sie die Champions League erfanden. Dassler bzw. ISL zahlte der Fifa eine Garantiesumme und besorgte dann die Werbekunden. Bei der WM 1986 bekam die Fifa für Vermarktungsrechte von der ISL 68 Millionen Dollar. Dasslers Unternehmen machte anschließend mit Werbekunden wie Coca-Cola, Fuji, Canon oder Opel aber so gute Verträge, dass es rund 300 Millionen Dollar einnahm. Das war ein schlechter Deal für die Fifa, nur wie kamen solch irre Verträge zustande?

2008 wurde in einem Prozess gerichtskundig, in welch gigantischem Ausmaß die Manager von ISL Sportfunktionäre geschmiert hatten, um Vermarktungsrechte unter Preis zu kaufen – nicht nur im Fußball. Allein zwischen 1989 und Mai 2001, als ISL bankrott ging, flossen umgerechnet rund 210 Millionen Dollar. Doch warum rebellierten die Bosse der nationalen Fußballverbände nicht dagegen, schließlich entging der Fifa dadurch gewaltig viel Geld? Nun: weil sie oft genug persönlich davon profitierten, während der Weltmeisterschaften in schönen Hotels logierten und sich mit ihren Familien die Spiele anschauten. Weil es immer mehr Kommissionen und Sub-Kommissionen gab, zu deren Treffen man schöne Reisen rund um die Welt unternehmen konnte. Oder es gab die Möglichkeit, regionale Fernsehrechte an der Weltmeisterschaft zu verkaufen und persönlich daran zu partizipieren. Das Gleiche passierte mit Sponsoringpaketen oder gar WM-Eintrittskarten, sodass der ein oder andere Fußballfunktionär zum schnöden Ticket-Schwarzhändler wurde. Wer sich nicht persönlich bereicherte, durfte den Präsidenten und seine Kumpane nicht verärgern, denn vielleicht wollte sein Land ja eines Tages mal die Weltmeisterschaft austragen, und sei es nur die für U17- oder U20-Mannschaften.

Havelange sorgte konsequent dafür, dass der Topf immer größer wurde, an dem man sich bereichern konnte. Zur WM 1982 in Spanien stieg die Zahl der teilnehmenden Mannschaften von 16 auf 24, ab der WM 1998 in Frankreich waren es bereits 32 Teams. Ab 2026 in den USA, Kanada und Mexiko werden es sogar 48 sein. Für Letzteres war Havelange zwar längst nicht mehr verantwortlich, aber es folgte seiner Denkweise: mehr Spiele, mehr Einnahmen, mehr zufriedene Länder, die auch mal an der WM teilnehmen konnten.

So korrupt es auch zuging, muss man der Fifa zugestehen, dass sie durchaus viel Gutes tat. Ein Teil der Reichtümer landete tatsächlich bei den kleinen Fußballnationen, für die das eine massive Hilfe bedeutete, eine Unterstützung der Schwachen durch die Starken, der Kleinen durch die Großen. Die Fifa legte darüber hinaus eine Fülle von Entwicklungs- und Förderprogrammen auf, die den Sport massiv weiterentwickelten. Man muss also auch zwischen der Korruption an der Spitze und der oft wertvollen Tagesarbeit unterscheiden, auch wenn das manchmal nicht leicht ist.

Horst Dassler starb bereits 1987, João Havelanges Nachfolger als Fifa-Präsident wurde 1998 der Schweizer Sepp Blatter, der 1975 auf Initiative von Havelange Direktor für Entwicklungsprogramme bei der Fifa geworden war. Diese waren auch ein Feld, auf dem die Fußballverbände um die Gunst der Potentaten bei der Fifa rangen. Wer willfährig war, konnte sich vielleicht doch etwas eher und etwas üppiger Zuschüsse zu einer neuen Verbandszentrale, für Sportplätze oder Renovierungen am Nationalstadion erhoffen. Blatter hatte sein Büro in den ersten Jahren sogar in der französischen Adidas-Niederlassung und wurde auch von dort bezahlt. Er kannte das System also von Beginn an in- und auswendig.

2010 kam es dann zur skandalösesten Vergabe von Weltmeisterschaften in einer langen Reihe von dubiosen Vergaben, als gleichzeitig die Gastgeber für die WM-Endrunden 2018 und 2022 gewählt wurden. Eine solche Doppelvergabe hatte es noch nie gegeben, sie sollte den Veranstaltern mehr Zeit zur Vorbereitung geben. Wer es werden sollte, entschied das Fifa-Exekutivkomitee, das normalerweise 24 Mitglieder hatte. Zwei von ihnen, aus Nigeria und Tahiti, waren allerdings nicht mehr dabei. Sie waren auf Investigativreporter der britischen *Sunday Times* hereingefallen, die ihnen angeboten hatten, ihre Stimmen zu kaufen.

Für die WM 2018 fiel die Wahl auf Russland, angesichts der Menschenrechtslage dort schon eine umstrittene Entscheidung. Die Entscheidung über die Vergabe der WM 2022 war dann ein Schock. Als Blatter das Ergebnis verkündete, sah man selbst ihm einen Hauch von Irritation an. Für das Emirat Katar am Persischen Golf sprach schließlich im Grunde nichts. Es war kleiner als Hessen, hatte weniger als drei Millionen Einwohner, von denen nur ein Zehntel die katarische Staatsangehörigkeit hatte. Eine Fußballnationalmannschaft gab es erst seit Anfang der 1970er-Jahre, sie hatte sich noch nie für eine WM-Endrunde qualifiziert. Außerdem war es im Sommer in Katar so heiß, dass man dort nicht würde spielen können – auch wenn Katar klimatisierte Stadien versprach. Die Entscheidung, die WM dorthin zu vergeben, war bizarr – und folgerichtig. Die Fifa, die damals unter dem Slogan »For the Good of the Game« segelte, hatte das Spiel über Jahrzehnte regelrecht verhökert. Mitnehmen konnte es, wer am meisten bezahlte, und das war in diesem Fall Katar. Von den 22 Männern, die damals entschieden, wurde in den folgenden Jahren eine ganze Reihe von der Fifa gesperrt oder von Gerichten verurteilt.

Aber es war nicht nur das moralische Versagen einzelner Männer, die Entscheidung war eine Bankrotterklärung der Fifa. Sie verkaufte die WM nicht mehr nur an Werbekunden, die um die Stadien einen Kommerz-Jahrmarkt aufbauten. Den *Glow* einer WM wollten nun auch ganze Staaten für sich nutzen. Die WM 2006, ebenfalls nicht astrein nach Deutschland gelotst, war ein Musterbeispiel von Nation-Branding gewesen, wie man das neuerdings nannte. Sechs Jahrzehnte nach Ende des Zweiten Weltkriegs vertrieb ein strahlender Fußballsommer die Restsorgen der Welt vor einem dunklen Germanien. Die WM wurde eine wochenlange globale Werbekampagne, die niemand hätte bezahlen können. Kein Wunder, dass auch andere Länder so was haben wollten.

Das winzige Katar versuchte schon länger, sich mit Sport, aber vor allem Fußball, auf die Weltkarte zu setzen. Ein wichtiges Einfallstor dazu war Frankreich, wo sich am 23. November 2010 Staatspräsident Nicolas Sarkozy mit dem katarischen Kronprinzen Tamim Bin Hamad al-Thani, dem Uefa-Präsidenten

Michel Platini und einem gewissen Sébastien Bazin traf. Bazin, ein Freund von Sarkozy, war Europa-Repräsentant jener Investmentfirma, die zu diesem Zeitpunkt die Mehrheit an Paris Saint-Germain hielt, den defizitären Klub aber loswerden wollte. Auch der französischen Liga drohten finanzielle Probleme, weil es nur noch einen Bieter für die Fernsehrechte gab.

Kurz darauf wurde die WM 2022 mit der Stimme von Platini nach Katar vergeben, und anschließend lösten sich in Paris einige Probleme. Das staatliche Qatar Sports Investment (QSI) übernahm PSG, und Al Jazeera TV aus Katar kaufte einen Teil der Fußballrechte an der Ligue 1. Dass in Katar die Menschenrechte mit Füßen getreten wurden und die Stadien unter sklavenähnlichen Bedingungen gebaut wurden, war offensichtlich weder für Platini noch für die Fifa ein Hinderungsgrund. Auch für den FC Bayern nicht, der ab 2018 auf dem Ärmel seines Trikots für Qatar Airways warb und dafür 17 Millionen Euro im Jahr bekam – mehr als die meisten Bundesligisten für ihre Trikotwerbung insgesamt.

Am Morgen des 27. Mai 2015 nahmen Schweizer Polizisten im Züricher Hotel Baur au Lac sechs Funktionäre der Fifa in Auslieferungshaft, am Vormittag wurde eine weitere Person festgenommen, Strafverfolger aus den USA hatten darum gebeten. Den Funktionären wurde vorgeworfen, Bestechungsgelder in Millionenhöhe von Sportmedien und Sportvermarktern angenommen zu haben, um die Vergabe von Medien-, Vermarktungs- und Sponsoringrechten von Fußballturnieren in den USA und Lateinamerika zu beeinflussen. Die Funktionäre waren hochrangig, ein Vizepräsident der Fifa war darunter sowie Präsidenten und Generalsekretäre von Fußballverbänden. 2017 begann in den USA ein gewaltiger Prozess, in dessen Rahmen 26 Fußballfunktionäre und deren Verwandte sowie über ein Dutzend Geschäftsleute von Vermarktungsfirmen, Agenturen, Banken und Medien sowie ganze Unternehmen angeklagt wurden. Der Prozess war 2022 noch nicht abgeschlossen, insofern gilt für die nicht verurteilten Angeklagten die Unschuldsvermutung, doch bereits im Jahr 2020 belief sich die Summe der verhängten Geldstrafen, Schadenersatzzahlungen und rückzuerstattenden Bestechungsgelder auf 471 Millionen Dollar. Ein Jahr später wurden sogar der Fifa 201 Millionen Dollar Schadenersatz zugesprochen.

Diese Erschütterungen, die Aufregungen um die WM-Vergabe nach Katar sowie das Ende von Sepp Blatter als Fifa-Präsident machten ihn 2016 zum Nachfolger Blatters: Gianni Infantino. Zuvor war Infantino Generalsekretär der Uefa gewesen und hatte im Konflikt des Verbandes mit Manchester City und Paris Saint-Germain eine Rolle gespielt, die mit beschämend noch höflich umschrieben ist. Infantino traf sich mehrfach mit Vertretern der Klubs, versorgte sie mit Interna und schlug Konfliktlösungen vor, wozu er nicht befugt war. Letztlich hintertrieb er die Durchsetzung des Financial Fair Play so, dass Manchester City und Paris Saint-Germain 2014 nur zu Geldstrafen verurteilt wurden. (Der Versuch sechs Jahre später, City aus der Champions League zu verbannen, basierte auf den 2014 noch nicht bekannten Erkenntnissen aus den *Football Leaks*.) Die Leaks offenbarten, dass Infantino vor allem den Kataris goldene Brücken baute – gemeinsam mit Platini, der mit ihnen sowieso bestens verbandelt war.

Als Fifa-Präsident brachte Infantino dann die großen Klubs und seinen alten Arbeitgeber Uefa gegen sich auf, weil er alle zwei Jahre eine WM durchführen wollte. Er hatte dazu einen Deal mit einer unbekannten Investorengruppe eingefädelt, die bereit sein sollte, über zwölf Jahre sagenhafte 25 Milliarden Dollar für zwei neue Turnierformate zu bezahlen: eine Klub-WM mit 24 Teams und eine Art Weltliga der Nationalmannschaften. Da war er wieder – der Konflikt zwischen Verbänden und Klubs bzw. Ligen, nur in globaler Turboform. In diesem Strudel der Milliarden und der völligen Abwesenheit von so etwas wie einem moralischen Kompass offenbarte sich die Fifa nicht ein-

mal mehr als *schwacher Staat*, sondern als *failed state*. Der Weltfußballverband war komplett dem Rausch des Geldes verfallen.
Der *Glow*, den er ausstrahlte, war das Glühen eines Untergangs.

TEIL 6

Postmoderner Fußball

27

Wertepolitik

2008 gründete der FC Schalke 04 die Stiftung »Schalke hilft!«, in der das soziale Engagement des Vereins gebündelt wurde. Ein besonderer Schwerpunkt dabei galt der »Förderung von Talenten in den Bereichen Bildung und Chancengleichheit«, wie es in der Selbstdarstellung der Stiftung heißt. Weiter steht dort zu lesen: »Vier von zehn Kindern in der Region wachsen in armen oder in an der Armutsgrenze lebenden Familien auf. Einer der häufigsten Faktoren dieser Armut ist mangelnde Bildung. Fast die Hälfte aller Betroffenen hat keinen beruflichen Abschluss. Dabei entscheidet in Deutschland leider immer noch häufig die soziale Herkunft mehr über den Aufstieg von Menschen als Talent und Leistungsbereitschaft. Deshalb sieht ›Schalke hilft!‹ die Förderung von Bildungsprojekten als Hilfe zur Selbsthilfe.« Das war eine richtige Beschreibung der gesellschaftlichen Lage im nördlichen Ruhrgebiet, und es war ehrenhaft, dass sich der Klub dort engagierte. Aber wie war es dazu gekommen, war Schalke mehr als ein Fußballverein?

Gegründet worden war die Stiftung, weil sich in den vorangegangenen Jahren immer wieder Menschen in Lebenskrisen an Schalke gewandt und um Hilfe gebeten hatten. Arbeitslos gewordene Familienväter schrieben an den Klub, Gewaltopfer meldeten sich und Angehörige von Todkranken. Dass sie Halt bei einem Fußballverein suchten, war im Grunde unglaublich, aber sie taten es. Aus diesem Grund richtete Schalke beim Bau seiner Arena in der Haupttribüne eine Kapelle ein, gibt es seither ehrenamtlich einen katholischen und einen protestantischen Vereinspfarrer sowie seit 2008 ebendie Stiftung. Das waren Versuche, der Tatsache eine Form zu geben, dass Menschen den FC Schalke 04 so behandelten wie früher die Kirchen. 2012 eröffnete in Sichtweite der

Arena auch noch der Schalker Fan-Friedhof, auf dem sich Anhänger des Klubs beisetzen lassen können.

Solche Überhöhungen zeigen, wie groß, präsent und für einige Fans sogar existenziell Vereine geworden sind. Der Idealismus, der früher vom Fußball eingefordert wurde, war dagegen vergleichsweise kleinformatig. Er vermittelte sich über die Werte des Sports, der Persönlichkeitsbildung durch Wettkampf und Fairplay. Doch inzwischen geht es oft vage um alles, und das nicht nur bei Schalke. Die Entwicklung drückt sich auch darin aus, dass viele Profiklubs inzwischen eigene Abteilungen für Corporate Social Responsibility (CSR) haben. Das Konzept kommt aus den USA und besagt, dass sich Unternehmen ihren Kunden quasi als gute Unternehmensbürger präsentieren müssen, indem sie sich sozial engagieren, spenden oder auf andere Weise der Gemeinschaft Gutes tun. Bei Profiklubs wird der *Glow* des Fußballs dafür eingesetzt, dass mehr Kinder zum Sporttreiben animiert werden, man sich um behinderte Fans kümmert, Schalkes Nachbar Borussia Dortmund führt sogar Bildungsreisen nach Auschwitz durch.

Die schon erwähnte Studie der European Club Association über das Fußballpublikum stellte etwas fest, das in diesem Zusammenhang eine Rolle spielt: Zwar war einem guten Viertel der befragten Fußballfans vor allem der sportliche Erfolg wichtig, aber mehr noch suchten sie eine darüber hinausgehende Verbindung zu ihrem Verein. Dazu gehörte für ein Drittel der Befragten ein eigener Spielstil, für 30 Prozent aber auch allgemeine Werte. »Die Verbraucher erwarten heute von Marken, auch von Fußballvereinen, dass sie über ihr Kernangebot hinausgehen. Es reicht nicht mehr aus, dass die Vereine konkurrenzfähig sind, sie müssen auch ein Maß an sozialer Verantwortung und Gemeinschaftsbewusstsein zeigen, das den Werten der Fans entspricht«, hieß es in der Studie.

Welche Werte das sind, wurde nicht abgefragt, und es hätte sicherlich zu sehr heterogenen Ergebnissen geführt. Etwa regionale Bindung zu zeigen, ist bei Athletic Bilbao, dem Klub der Basken, zweifellos wichtiger als bei Real Madrid mit seinem globalen Anspruch. Nachhaltigkeit beschäftigt vermutlich mehr Fans in der Öko-Hauptstadt Freiburg als im postindustriellen Dortmund, während divers zu sein im Ruhrgebiet, wo inzwischen fast jeder Dritte eine Migrationsgeschichte hat, ein größeres Thema ist als in Ostdeutschland, wo das nur auf jeden Zehnten zutrifft. Dass es einen gesellschaftlichen Wertewandel gibt und immer mehr Menschen bei ihrem Konsum auf die Reputation der Marken achten, ist jedenfalls beim Fußball angekommen. Bezeichnenderweise sind die CSR-Abteilungen der Vereine zumeist dem Marketing zugeordnet, Fußballklubs verkaufen heute eben nicht nur Sport, sondern eine Idee von sich. Wer das nicht tut, verprellt sein Publikum und mögliche Sponsoren.

Daher müssen die Vereine auch vorsichtiger sein, mit wem sie Geschäfte machen. Sonst kann es zu so explosiven Debatten führen wie über das Sponsoring von Qatar Airways beim FC Bayern. Die Diskussion darüber auf der Jahreshauptversammlung des Klubs endete im Frühjahr 2022 in Tumulten. Das Sponsoring von Wiesenhof – Stichwort Geflügel in Massentierhaltung – sorgte bei Werder Bremen für einen Shitstorm. Allerdings hatte es noch kaum Proteste gegeben, als das russische Gasunternehmen Gazprom 2007 Hauptsponsor bei Schalke wurde.

»Schalke war das trojanische Pferd von Gazprom«, sagte 2022 Simon Chadwick, Direktor des Zentrums für eurasischen Sport an der EM Business School in Lyon. Das Engagement von Gazprom im Fußball, das Unternehmen wurde 2012 auch Sponsor der Champions League, erklärte Chadwick als bewusstes politisches Marketing: »Warum sollte man Gazprom infrage stellen: Sie sind doch Sponsoren der Champions League! Mit denen muss alles in Ordnung sein, sonst würde die Uefa keinen Vertrag mit ihnen machen! Es war gerissen, weil man nur auf die Hand sah, die Schalke unterstützte. Die andere Hand hingegen machte etwas ganz anderes: Gazprom hat Gas schon in den frühen 2000er-Jahren zu einer Waffe in einem Energiekrieg gemacht.«

Insofern war es ein erschütterndes und in seiner Klarheit nicht mehr zu übersehenes Zeichen, dass etwas zu Ende gegangen war, als Russland am Morgen des 24. Februar 2022 das Nachbarland Ukraine überfiel. Der Beginn eines Krieges in Europa, wie ihn sich niemand hatte vorstellen können, bedeutete eine »Zeitenwende«, wie Bundeskanzler Olaf Scholz das nannte, und weil der Fußball inzwischen so eng mit den Zeitläuften verbunden ist, begann auch hier eine neue Ära. Innerhalb weniger Tage nahm Schalke 04 zunächst die Werbung für den russischen Energiekonzern von seinem Trikot und kündigte kurz darauf auch den Werbevertrag, der einer der bestdotierten im deutschen Fußball gewesen war. Roman Abramowitsch übergab den FC Chelsea erst dem gemeinnützigen Chelsea Trust, kündigte dann den Verkauf des Klubs an, bis die britische Regierung seine Besitztümer einfror und eine Art Zwangsverkauf anordnete.

Auch die Uefa reagierte und verbannte Spartak Moskau, das letzte russische Team im Europapokal, umgehend aus dem Wettbewerb. Außerdem verlegte sie das Finale der Champions League von St. Petersburg nach Paris und kündigte den Sponsoringvertrag mit Gazprom. Bei der Fifa war die Reaktion uneindeutiger. Sie verkündete, Russland nicht mehr an ihren Wettbewerben teilnehmen zu lassen, wollte aber eine Mannschaft des russischen Fußballverbandes zulassen. Das entsprach in etwa der Lösung, die vom Internationalen Olympischen Komitee als Strafe gewählt worden war, nachdem russisches Staatsdoping bei Olympia in Sotschi bewiesen worden war. Sie überstand aber nicht mal einen Tag, denn zunächst weigerte sich Polen, in den anstehenden Play-offs zur WM in Katar gegen Russland anzutreten. Schweden und Tschechien, Russlands mögliche weitere

Gegner, schlossen sich dem Boykott an. Letztlich wurde Russland aus allen Fifa-Wettbewerben ausgeschlossen, russische Funktionäre durften aber weiter an Fifa-Treffen teilnehmen.

Seit seiner Gründung war der Weltfußballverband Fifa bemüht darum, Fußball als unpolitisch darzustellen, und die meisten nationalen Fußballverbände taten es ihm nach. Das ging historisch auf das Prinzip *no politics* zurück, das die britischen Erfinder des modernen Sports zu Beginn des 19. Jahrhunderts ausgegeben hatten, damit weltanschauliche Unterschiede den sportlichen Wettkampf nicht überschatteten. Die Historikerin Christiane Eisenberg sieht darin das Paradox, »dass die Akzeptanz der Denkfigur des ›unpolitischen Sports‹ die Voraussetzung seiner Verwirklichung war. Nur wenn der ›unpolitische‹ Charakter der Sache als real unterstellt wurde, konnte sie gegen die fortbestehenden Gegensätze der Nationen, Ideologien und Interessen aller Art behauptet werden.«

Diese Behauptung aufrechtzuerhalten, gelang im Laufe der Jahre mal besser und mal schlechter. Bereits die zweite Fußballweltmeisterschaft, 1934 in Italien, wurde eindeutig politisch instrumentalisiert. Der faschistische Staat investierte viel Geld in neue Stadien und in das Turnier, um die Überlegenheit seiner politischen Ordnung zu beweisen. In den 1960er-Jahren schloss die Fifa den südafrikanischen Fußballverband trotz der Proteste anderer afrikanischer Verbände nicht aus, obwohl unter dem Apartheidsregime weiße und nicht-weiße Fußballer nicht zusammen spielen durften. 1978 wurde die WM in Argentinien ausgetragen, obwohl die dortige Militärdiktatur politische Gegner verfolgte, einsperrte, folterte oder einfach verschwinden ließ.

Der Fußball kam so lange mit der »Denkfigur« des unpolitischen Fußballs einigermaßen durch, wie sich die Politik vom Fußball fernhielt. In Deutschland etwa gab es bis in die 1990er-Jahre hinein bestenfalls eine Handvoll selten hochrangiger Politiker, die sich zu ihrem Interesse an Fußball bekannten. In den meisten anderen europäischen Ländern war das nicht anders. Es gab nicht viel zu gewinnen, wenn man als Politiker auf den Tribünen erschien, in den Zeiten des Hooliganismus war es sogar kontraproduktiv. Insofern war es fast ein Kulturschock, als Bundeskanzler Helmut Kohl nach dem Finale der Weltmeisterschaft 1990 in der Kabine der deutschen Mannschaft auftauchte, um ihr mit einem Becher Coca-Cola in der Hand zum Titelgewinn zu gratulieren. Doch als der Fußball in den folgenden Jahren in der allgemeinen Öffentlichkeit Karriere machte, wurden die Ehrentribünen vermehrt von Politikern als Bühne für sich und ihre Sache benutzt.

In gewissem Maße begann sich der Fußball im Laufe der 1980er-Jahre insofern zu politisieren, als die Fifa die Anti-Rassismus-Klausel in ihrer Satzung nun wirklich lebte und in den 1990ern auch die Zusammenarbeit mit diversen Organisationen der Vereinten Nationen intensivierte. Außerdem gründete der Weltverband ein National Associations Committee, das darüber wachte, dass nationale Fußballverbände demokratischen Standards folgten. Tatsächlich sanktionierte die Fifa immer wieder Verbände in Ländern, wo sich die Politik zu direkt einmischte. 2010 drohte sie sogar Frankreich mit dem Ausschluss, als die Sportministerin des Landes nach dem desaströsen Auftritt des Nationalteams bei der WM in Südafrika den Rücktritt des Verbandspräsidenten forderte.

Ansonsten durfte der Fußball aber gerne politisch sein, wenn damit schöne Bilder verbunden waren. Etwa als die ehemaligen Kriegsgegner Japan und Korea 2002 gemeinsam eine Weltmeisterschaft ausrichteten. Oder als ein gesundheitlich angeschlagener Nelson Mandela 2010 auf Drängen der Fifa zum Finale der Weltmeisterschaft in Südafrika kam und sich Sepp Blatter mit dem Friedensnobelpreisträger schmücken konnte. Schließlich strebten schon João Havelange und dann auch Blatter ganz ernsthaft den Friedensnobelpreis für die Fifa an, weil diese ihrem Selbstverständnis nach am großen Weltfortschritt arbeitete.

Jene, die es mit den Menschenrechten nicht so genau nahmen, keine lupenreinen Demokratien waren und auch nicht vorhatten, welche zu werden, erkannten aber messerscharf die schwache Seite nicht nur der Fifa: Der Fußball war käuflich. Man konnte seinen Namen nicht nur auf die Trikots der berühmtesten Vereine kaufen oder ganze Klubs erwerben, sondern auch die Bühne der Champions League und ganze Weltmeisterschaften. Gazprom, die Vereinigten Arabischen Emirate und Katar taten das und stellten fest: Genaue Nachfragen wurden kaum gestellt, solange pünktlich bezahlt wurde. In seiner Selbstberauschung hatte der Fußball nicht bemerkt, dass er nicht mehr nur für den Absatz von Produkten, für Hochglanzbilder von Spitzenpolitikern, sondern inzwischen auch für geopolitische Zwecke benutzt werden konnte. Die Denkfigur des unpolitischen Fußballs war damit zum Paradox geworden.

Dass ein Teil des Publikums heute vom Fußball verlangt, dass er für Werte steht, wird nicht nur auf Vereinsebene immer deutlicher. Bei der 2021 ausgetragenen Europameisterschaft geriet die Uefa in einen Proteststurm, weil sie der Stadt München verbot, beim Spiel der deutschen Mannschaft gegen Ungarn die Arena in den Regenbogenfarben erleuchten zu lassen. Das war ausdrücklich als Zeichen gegen homophobe Gesetzgebung in Ungarn gemeint. Für die Uefa war aber genau das zu politisch und damit aus ihrer Sicht nicht akzeptabel. Hätte die Stadt München den Wunsch nach einer Arena in Regenbogenfarben schon vor Turnierbeginn geäußert, wäre ihm hingegen von der Uefa vielleicht entsprochen worden – weil damit humanitäre Werte wie Toleranz gegenüber Minderheiten zum Ausdruck gekommen wären.

Für die Uefa bedeutete es einen Schock, in diesen Konflikt geraten zu sein. Sie ist weniger hartleibig als die Fifa, bei der noch unklar ist, wie sehr der völlige Ansehensverlust in der westlichen Welt ihr langfristig schaden wird. Sie ist schließlich nicht allein auf die großen europäischen Fußballnationen angewiesen, die in der Fifa sowieso in der Unterzahl sind, wo ein Land eine Stimme hat. Für etliche Weltunternehmen kommt es allerdings inzwischen kaum noch infrage, im Dunstkreis des Weltverbandes zu werben, und das setzt sich auf nationaler Ebene fort. Mehrere Sponsoren etwa der holländischen Nationalmannschaft verzichteten darauf, im Umfeld der WM in Katar Marketing zu machen oder ihren Geschäftspartnern Eintrittskarten für die Spiele zur Verfügung zu stellen, wie sie es sonst getan hätten.

Die Versuche der Fifa, die Vergabe der WM nach Katar in ihre große Fortschrittsgeschichte einzubauen, scheiterte weitgehend. Zwar berichteten Gewerkschafter, dass sie in Katar für die Arbeiter auf den Baustellen mehr erreicht hätten als bei der WM 2018 in Russland, wo sie an den staatlich gelenkten Gewerkschaften des Landes abglitten. Vielleicht verbessert sich auch die Situation mit Blick auf die Menschenrechte durch die WM etwas, besser als in den Nachbarländern ist sie sowieso. Aber für einen großen Teil des Publikums in Westeuropa war das Turnier in Katar als moralischer Tiefpunkt in die Erinnerung eingegangen, bevor es überhaupt angefangen hatte.

In Zukunft werden die Fußballverbände und die Klubs viel damit beschäftigt sein, die Grenzen zwischen Werten und Politik auszuloten, wenn sie ihr Publikum nicht verlieren wollen. Zentral dabei wird in den nächsten Jahren in Hinsicht auf den Klimawandel die Frage der Nachhaltigkeit werden, und auch auf die *Football Industry* wird massiv die Debatte zukommen, warum Frauen so krass unterrepräsentiert sind. Es geht ihnen da nicht anders als Großunternehmen, von denen die meisten Kunden inzwischen ebenfalls klare Positionen erwarten. In Europa wird das bei den nationalen Verbänden und der Uefa eindeutiger ausfallen müssen als bei der Fifa, wo die liberalen Demokratien nicht dominieren. Die Denkfigur des unpolitischen Fußballs jedenfalls ist Vergangenheit.

28

Rote Linien

Mit Beginn der Saison 2015/16 nahm ein Verein am Spielbetrieb der Kreisklasse Hamburg (Staffel 5) teil, der erst im Jahr zuvor gegründet worden war. Er hieß HFC Falke und hatte die Vereinsfarben Schwarz, Weiß und Blau. Es war ein besonderer Verein, das erkannten fußballhistorisch Bewanderte schon am Namen und den Vereinsfarben. Die Farben entsprachen denen des Hamburger SV, und der Name war aus denen von dessen beiden Vorgängern zusammengesetzt: Hamburger FC von 1888 und FC Falke 1906. Die ursprüngliche Fusion zum HSV, zu der auch noch ein dritter Klub gehört hatte, hatte 1919 stattgefunden. Fast 100 Jahre später versuchten die Gründer des neuen HFC Falke einen Reset der Geschichte des Hamburger SV – vor allem aus Enttäuschung und Empörung.

Im Mai des vorangegangenen Jahres hatte die Mitgliederversammlung des HSV mit großer Mehrheit beschlossen, den Profifußball in eine Fußball-AG auszugliedern. Das entsprach zwar den Regularien der 50+1-Regel, für einige Fans, vor allem aus der Ultra-Szene, war damit jedoch eine Grenze überschritten. Sie wandten sich von dem Klub ab, den viele von ihnen ein Leben lang unterstützt hatten, und gründeten einen neuen. Als sie den HFC Falke im Hörsaal der Universität Hamburg aus der Taufe hoben, war auch ein Vertreter des FC United of Manchester dabei. Der Klub war bereits 2005 gegründet worden, ebenfalls aus Protest, in diesem Fall gegen die Übernahme durch die Glazers aus den USA, die den Klub mit Krediten gekauft hatten und ihn diese Schulden zurückzahlen ließen. Es gab noch mehr solcher Vereine, die entstanden waren, weil genug Leute gesagt hatten: »Es reicht, wir machen jetzt was anderes.« Centro Storico Lebowski wurde von

Ultras des AC Florenz gegründet, denen es einfach reichte, sich an jedem Wochenende mit der Polizei herumzustreiten, was man im Stadion darf oder nicht. Beitar Nordia gründeten Fans in Jerusalem, weil ihnen der Rassismus in der Kurve von Beitar Jerusalem einfach zu viel wurde und sie Fußball in einem anderen Geist wollten.

Acht solcher Klubs aus sieben Ländern spielen inzwischen sogar in einem internationalen Wettbewerb, der Fenix Trophy heißt. Das ist ein schöner Name, weil er nahelegt, dass sich wie der mythische Vogel Phönix ein neuer Fußball aus der Asche des modernen Fußballs erhebt. Dass die Fenix Trophy eine Gegenerzählung zur Super League bildete, verriet schon ihr Slogan: »Making friends not millionaires«. Es geht also im weitesten Sinne um wertebasierten Fußball. Die meisten dieser Vereine, auch der HFC Falke, spielen trotzdem innerhalb des traditionellen Ligasystems. Das bedeutet, dass die Hamburger eines Tages sogar den HSV überholen könnten – wenn sie genug Geld in den Klub stecken. Allerdings gab es dort über die Frage, ob die Spieler zumindest eine Aufwandsentschädigung bekommen sollen, unterschiedliche Vorstellungen. In Manchester war das auch so. Der AFC Wimbledon, von den Fans des FC Wimbledon neu gegründet, als ihr Klub von Südlondon nach Milton Keynes versetzt wurde, spielt inzwischen schon längst wieder drittklassig – als Profis selbstverständlich. Doch genau deshalb wendeten sich einige der Gründer wieder ab.

Es gab immer wieder auch Versuche, ganz aus der Fußballwelt der Verbände auszusteigen und sich eine eigene, bessere zu zimmern. In den 1980er-Jahren hatten die Bunten Ligen und der Alternativfußball ihre große Zeit. Schon die Namen der Teams zeigten, dass es betont selbstironisch zuging, wenn Hinter Mailand gegen Fortuna Unglück spielte oder Roter Stern Sowiso gegen Juventus Senile. Dass die Mannschaften aus dem Umfeld der linken Alternativkultur kamen, war nicht zu übersehen. Eine Mannschaft nannte sich Prinzip Hoffnung und bezog sich damit auf den Philosophen Ernst Bloch, eine andere Dynamo Windrand.

Die Alternativteams organisierten eigene Ligen und modifizierten die Regeln, wenn sich die Teams darauf einigen konnten. Selbstverständlich war, dass Männer und Frauen in einer Mannschaft spielen durften und so viel gewechselt werden konnte, wie man wollte. Abseits gab's manchmal, dann wieder nicht, für falsche Einwürfe interessierte sich niemand. Das Laisser-faire war auch ein Befreiungsschlag, viele Kicker waren der schmerzhaften Ernsthaftigkeit der Kreisligen entflohen. Der Musiker Herbert Grönemeyer, der von dort in die Bunte Liga Aachen gewechselt war, erzählte: »Als Vereinsspieler habe ich um mein Leben gefürchtet.«

Der Frust der Falke-Gründer aber war ein anderer, nicht einer der Hobbykicker, sondern der Fans. Für sie war mit der Ausgliederung des Fußballs in eine Aktiengesellschaft beim HSV eine rote Linie übertreten worden. Allerdings ist die Geschichte des Fußballs schon lange eine der übertretenen roten Linien, die zu unterschiedlichen Zeiten und an unterschiedlichen Stellen gezogen worden waren. Schon dass Ende des vorletzten Jahrhunderts fürs Fußballspielen bezahlt werden durfte, empörte in England die wahren Amateure, die sich ihren Purismus als Mitglieder der besseren Kreise allerdings auch leisten konnten. Auf den 100.000-Mark-Sturm von Preußen Münster, der die Mannschaft 1951 bis ins Finale um die deutsche Meisterschaft schoss, wurde nicht minder skeptisch geschaut als 1976 auf den ersten Millionentransfer in der Bundesliga. Die Million zahlte der 1.FC Köln für den belgischen Nationalstürmer Roger Van Gool, in D-Mark. War ein Spieler das wert, war es nicht überhaupt unmenschlich, Spielern einen Preis anzuheften? Und waren die 222 Millionen Euro für Neymar, die Paris Saint-Germain an Barcelona bezahlte, dann 222-mal so irre? Die Trikotwerbung von Eintracht Braunschweig war eine weitere rote Linie, denn wie konnte es sein, dass ein Produktname ein heiliges

Shirt verschandelt? Oder Bandenwerbung das Stadion – nicht nur in Worms. Immer gab es Leute, die sich bei solchen Einschnitten abwandten. Etwa weil es ihnen wirklich reichte, dass Stadien plötzlich die Namen von Unternehmen trugen oder noch ein Abo nötig wurde, um Fußball im Fernsehen schauen zu können. Und es wird noch millionenfach der Satz »Das ist doch nur noch ein Geschäft« gesagt werden.

Es wird sogar jene geben, die einfach Sehnsucht nach dem schönen Spiel haben. Wenn man kickt, geht es nämlich nicht immer nur ums Gewinnen – jedenfalls nicht nur. Kinder kicken oft stundenlang und verlieren dabei aus den Augen, wie es steht: 23:26 oder 22:21? Das Glück solcher Spiele liegt darin, dass man spielt. Fußball ist ein Sport, ein Wettkampf mit Gewinnern und Verlierern, aber eben auch ein Spiel, in dem man sich verlieren kann. Davon aber ist der Profifußball weit entfernt. Es stößt vielen in diesen Fragen aufmerksamen jungen Menschen auch längst auf, dass der Profifußball noch immer arg penetrant traditionell männliche Werte vermittelt und die jugendlichen Helden auf dem Platz auf jeden Fall heterosexuell sein müssen. Warum sonst gibt es immer noch das Tabu des schwulen Spielers? Vielleicht gehen auch jene, denen das aufstößt, oder sie kommen erst gar nicht. Auf jeden Fall gibt es immer wieder Gelegenheiten, rote Linien zu ziehen.

Aus der Gründung des HFC Falke sprach eine Sehnsucht nach der Rückkehr zu den Anfängen, um einfach noch mal von vorne anzufangen und es besser zu machen. Aber es gibt keinen unschuldigen Naturzustand des Fußballs, schon die Kommerzialisierung des Fußballs ist fast so alt wie das Spiel selbst. Das Borussia im Vereinsnamen von Borussia Dortmund geht auf eine lokale Brauerei zurück, die Borussia Bier braute. Als der Klub 1909 in der Gaststätte »Zum Wildschütz« gegründet wurde, wurde dieses Bier ausgeschenkt. Ob die Brauerei die jungen Kicker unterstützte, ist nicht überliefert, aber dass 14 Jahre später der Besitzer der Union-Brauerei zum Präsidenten des Klubs gewählt wurde. Schon in den 1920er-Jahren gab es Zigarettenbildchen mit Fußballstars und in Wien Schlager über Fußballspieler. Heute erinnern sich Fans mit warmen Gefühlen an den Fernseh-Werbespot, in dem Franz Beckenbauer begeistert Suppe von Knorr auf seinen Teller schöpfte, und an Retrotrikots von Borussia Mönchengladbach – wenn sie aus Baumwolle sind und den Werbeschriftzug »erdgas« tragen.

Die Wahrheit ist eben: So viele rote Linien auch überschritten worden sein mögen, in Scharen hat sich das Publikum bislang nicht abgewendet. Trotz Weltmeisterschaft in Katar, trotz Super League, trotz was auch immer. Und dafür gibt es auch Erklärungen.

Man könnte geneigt sein, jenen spanischen Staatssekretär in der Rückschau für naiv zu halten, der bei der Verwandlung der Profiklubs seines Landes 1992 eine Ära optimierter Einnahmen und reduzierter Kosten aufziehen sah und erwartete, dass Fußball nun zu einem rentablen Geschäft werden würde. Er konnte, das muss man ihm zugestehen, kaum voraussehen, dass sich der wirtschaftliche Wettbewerb im Fußball in ein Rattenrennen verwandeln würde. Schon gar nicht konnte er ahnen, dass eines Tages Staaten in den Fußball investieren würden, um von seinem *Glow* zu profitieren.

Womit wir noch einmal bei der Frage sind, was eigentlich das Geschäftsmodell der *Football Industry* ist. Der englische Ökonom Stefan Szymanski behauptet, das Sportbusiness verkaufe Rivalität, also einen spannenden sportlichen Wettkampf. Das ist nicht falsch, aber auch nur ein Teil der Wahrheit, und Szymanski weiß das: »In der Geschäftssprache würde man sagen, dass Fußballklubs im Unterhaltungsgeschäft sind. Allerdings ist das so profan, als würde man sagen, dass die katholische Kirche im Beratungsgeschäft tätig ist.« Außerdem, so findet er, geht es gar nicht um ein Produkt: »Fußballvereine bieten eher eine Dienstleistung als ein Produkt an.«

Um es blumiger zu sagen: Die heißeste Ware, die der Fußball im Angebot hat, sind: Emotionen. Oder wenn man genauer sein will, bietet der Fußball eine Dienstleistung an, damit die Menschen etwas fühlen. Der Motor dahinter sind die Spiele selbst und der sportliche Wettkampf. Aber darüber hinaus geht es noch um etwas anderes, wie wir schon gesehen haben. Aus den grummelnden alten Männern, die Nick Hornby beschrieb, mögen heute auch junge Frauen geworden sein, die nicht unbedingt weniger grummeln. Statt fatalistischer Schicksalsergebenheit gibt es heute auch das 24/7-Fantum der Ultras, das die Welt einreißen will. Entscheidend für alle ist, dass es um Zugehörigkeit und Identität geht. Das ist es, was die Klubs vor allem verkaufen.

An den Wettkampf ist das gebunden, weil das Publikum seine Mannschaft siegen sehen und Erfolge bejubeln will, und sei es nur ein knapp verhinderter Abstieg. Die meisten Fußballfans ergreifen sogar Partei, wenn sie ein Spiel von Mannschaften schauen, von denen sie nicht Fans sind. Denn die Parteinahme ist ein Spaß, und mag man sie in lebenslanger Form für noch so bescheuert halten, viele Millionen Menschen wollen genau das. Das hat einen Grund, auf den wir gleich noch zurückkommen werden. Fans steigen mit ihren Klubs auf und steigen mit ihnen ab, wobei sich Erfolge nicht nur an Meisterschaften und Pokalen bemessen. Für die meisten Vereine sind Titel sowieso außerhalb ihrer Reichweite, aber Zuschauer können durch überraschende Saisonverläufe, eine bemerkenswerte Pokalkampagne, Siege gegen vermeintlich übermächtige Gegner und über lokale Rivalen ebenfalls glücklich gemacht werden. Einige Klubs und deren Fans ziehen ihren Stolz auch daraus, regelmäßig talentierte Spieler hervorzubringen oder übersehene Profis reüssieren zu lassen. Anderswo herrscht im Stadion eine besondere Atmosphäre, die allenthalben bewundert wird oder gefürchtet, auf die alle stolz sind. »Und wir lieben unseren Klub / und wir sind stolz auf ihn / F. C. Union aus Berlin«, heißt es in einem populären Fan-Gesang der Berliner. Stolz auf den Verein wird oft übersehen, wenn es um das geht, was Fans wollen. Denn dieser Stolz speist sich auch aus dem Gefühl, dass dort etwas passiert, dem man gerne zugehörig ist. Womit wir wieder bei den Werten wären. Wenn das Publikum das Gefühl hat, dass der Verein die Werte lebt, die er vertritt und die die Fans teilen, ist das oft wichtiger als eine gute Platzierung in der Liga.

Fußballfans sind emotionale Miteigentümer ihres Klubs, darin liegt ein wesentlicher Unterschied zum US-Profisport. Es gibt bestimmt Menschen, die bei den Spielen der Chicago Bulls, Dallas Cowboys oder Boston Red Sox nicht weniger emotional reagieren als die Fans von Borussia Dortmund, Aston Villa oder Girondins Bordeaux bei denen ihrer Teams. Zu einem gewissen Teil gestalten sie auch im US-Sport das Erlebnis an Spieltagen mit, aber von wenigen Ausnahmen abgesehen wird das nicht gefördert. Zuschauer sind eindeutig als Konsumenten definiert, was dann am deutlichsten wird, wenn die Klubs, oder eben Franchises, von einem Ort an einen anderen weiterziehen. Dann geht es von Montreal nach Washington, von Oakland nach Las Vegas oder legendärerweise von Brooklyn nach Los Angeles, wohin 1958 das berühmte Baseball-Team der Dodgers umzog. Diese Umzüge finden statt, weil sich anderswo mehr Geld verdienen lässt, weil eine Stadt ein neues Stadion gebaut hat und es zu guten Konditionen zur Verfügung stellt, um sich mit großem Sport schmücken zu können. Das ist tatsächlich so prosaisch wie der Umzug eines McDonald's-Restaurants. Im europäischen Spitzenfußball ist so etwas tatsächlich nur einmal passiert, als der bereits erwähnte FC Wimbledon 2004 nach Milton Keynes umzog, weil es dort ein Stadion gab. Doch die MK Dons sind deshalb bis heute ein Paria geblieben, während in Südlondon der FC Wimbledon prompt als AFC Wimbledon neu gegründet wurde.

Fußball bleibt selbst in einer globalisierten Welt eine zutiefst lokale oder regionale Angelegenheit. Aber auch seine Historie ist von größter Bedeutung, wie der Branchenanalytiker Omar Chaudhuri 2022 in einem Aufsatz erklärte: »Geschichte zählt. Der historische Kontext ist eines der wichtigsten Dinge, die Sport von Unterhaltung unterscheiden.« Er verwies dabei auf die höchste Spielklasse des englischen Fußballs, die es seit 1888 gibt. »Während sich das Format, die Mannschaften, die Erzählungen, die Qualität, der Stil des Fußballs im Laufe dieser Zeit weiterentwickelt haben, sind die Grundlagen – die eines sportlichen Wettbewerbs zwischen den besten Fußballmannschaften Englands – gleich geblieben. Das sind 123 Staffeln. Vergleichen Sie das mit der am längsten laufenden TV-Show mit Drehbuch – ›Die Simpsons‹ mit 32 Staffeln –, und Sie beginnen zu sehen, dass es etwas am Sport gibt, das ihn unterscheidet. Wie kann ein im Grunde unverändertes Unterhaltungsprodukt die Fantasie und Leidenschaft so vieler Fans so anregen, dass die Vereinszugehörigkeit über Generationen hinweg innerhalb der Familie weitergegeben wird?«

Ganz entscheidend dabei ist die Patina oder das, was Chaudhuri »der historische Wandteppich, auf dem der Wettbewerb basiert«, nennt. Fußball ist ein Entertainment, das mit der Zeit nicht fade wird, sondern an Wucht gewinnt. Was für die Wettbewerbe stimmt, ist aber auch für die Vereine richtig. Je länger sie da sind, desto mehr Kraft gewinnt ihre Erzählung. Das erklärt auch, warum die letzten Jahrzehnte eine Historisierung und Musealisierung des Fußballs erlebt haben. Noch in den 1980ern gab es zu den wenigsten Klubs historische Monografien, heute gibt es Vereinsgeschichten selbst über unterklassige Vereine. Jeder Verein, der etwas auf sich hält, hat ein Vereinsmuseum eröffnet, denn auch diese schaffen Zugehörigkeit, weil man sich als einzelner Fan mit seinen Erlebnissen als Teil einer größeren Geschichte sehen kann. In England steht inzwischen vor fast jedem Stadion ein Denkmal, das an große Spieler oder Trainer erinnert. Die Diskussion um den Begriff Traditionsvereine, der in Deutschland gegenüber Vereinen wie RB Leipzig oder der TSG Hoffenheim in Stellung gebracht wird, hat mit dieser Patina zu tun. Diese Klubs haben gefühlt zu wenig erlebt, und man hat zu wenig mit ihnen erlebt. Sie haben noch nicht genug aufs emotionale Konto des Fußballs eingezahlt, sie bewegen zu wenig Emotionen.

In diesen Zusammenhang gehört auch die Diskussion um die angebliche »Verzwergung« der Bundesliga, die geführt wurde, weil dort viele große Namen fehlen. Wie schon erwähnt, spielten in der Saison 2021/22 mit Werder Bremen, dem Hamburger SV und Schalke 04 der Dritte, Vierte und Siebte der Ewigen Bundesligatabelle nur zweitklassig. Dazu der neunfache Deutsche Meister 1. FC Nürnberg und die beiden ehemaligen DDR-Meister Hansa Rostock und Dynamo Dresden. Diese Klubs bewegen gewaltige Emotionen, viele Bundesligisten tun das nicht, das ist ihr Manko.

Fußballfans sind konservativ und reagieren allergisch auf Veränderungen. Beim Bundesligisten Hertha BSC sorgte es etwa vor einigen Jahren für wütende Proteste, als das Vereinslied nicht mehr kurz vor Beginn des Spiels, sondern eine Viertelstunde früher gespielt werden sollte. Das Lied von Frank Zander kam Auswärtigen als eine rätselhafte Wahl vor, handelt es doch gar nicht von Hertha BSC. »Nur nach Hause« besingt die Stimmung in der Kneipe, wenn man nicht mehr nach Hause will. Warum spielte man es vor dem Spiel? Stattdessen entschied sich der Klub für »Dickes B«, eine sehr erfolgreiche Berlin-Hommage der Berliner Reggae-Band Seeed. Aber die Fans wollten lieber Zander, vielleicht auch deshalb, weil er eine populäre Berliner Type ist und regelmäßig Obdachlose unterstützt. Aber vor allem deshalb, weil er ein Teil des vertrauten Stadionrituals ist.

Neuerungen schrubben die Patina ab und ribbeln den historischen Wandteppich auf. Falsche Trikotfarben oder veränderte Vereinsembleme rufen regelmäßig Proteste hervor, Umzüge in neue Stadien können traumatisch sein. Dabei ist der Wandteppich in jedem Land anders gewoben. In Deutschland ist die klassische Anstoßzeit am Samstag um halb vier Uhr, in England am Samstag um drei und in Italien sonntags um drei, deshalb werden sie auch für jeweils richtig gehalten. In Deutschland gibt es die Zusammenfassung der Bundesligaspiele im Free-TV am frühen Samstagabend, in England abends spät. Im Rahmen veränderter Fernsehverträge wanderte die Übertragung der Bundesliga mal auf den späten Samstag und etwa zur gleichen Zeit in England auf den frühen Abend. Im einen wie dem anderen Land war das Publikum auf der Palme.

Veränderungen wecken immer Skepsis, aber wahr ist auch: Die Geschichte des Fußballs ist voller erfolgreicher Veränderungen. Die Bundesliga war 1963 umstritten, weil sie viele Verlierer produzierte, denn nun spielten nicht mehr 74 Vereine erstklassig, sondern nur noch 16 (und später 18). Trotzdem wurde sie ein großer Erfolg, was zweifellos auch für die Champions League gilt. Könnte das eines Tages sogar auf die Super League zutreffen?

Gefühlsansteckung

Anfangs dieses Buchs hieß es bereits, dass man die Geschichte des modernen Fußballs als Erfolgsgeschichte, aber auch als die eines Niedergangs erzählen kann. An dieser Einschätzung hat sich nichts geändert. Die Erfolgsgeschichte ist, wie wir gesehen haben, die eines Sports, der sich dank eines gewaltigen Modernisierungsschubes aus einer tiefen Krise befreit hat. Fußball wird heute in fantastischen Stadien auf höchstem Niveau betrieben, und die *Football Industry* erzielt Umsätze, die man einst nicht einmal hätte ahnen können. Diese Erfolgsgeschichte stimmt, an ihr ist nichts geschönt oder übertrieben. Möglich wurde all das durch eine ungeheure Dynamik im Medienmarkt und dadurch, dass im europäischen Fußball eine Mutation des US-amerikanischen Sportmodells entstanden ist. Die Klubs wurden zwar zu Unternehmen (in Deutschland so halb), aber weil sportlicher und finanzieller Erfolg aneinandergekoppelt sind, wurde der Wettbewerb zu einem Rattenrennen. Das führt dazu, dass ständig Entscheidungen getroffen werden, die dem sportlichen Wettbewerb nicht guttun. Daher gibt es die Tendenz zur Monopolisierung des Erfolgs, die zehnte deutsche Meisterschaft des FC Bayern München in Serie ist da ein besonders deutliches Warnsignal. Diese grundsätzliche Fehlkonstruktion des europäischen Fußballs ist aber nur einer der Gründe, weshalb parallel zur Erfolgs- auch eine Niedergangsgeschichte erzählt werden kann – und muss.

Es gibt nämlich auch Verlierer der Modernisierung, z. B. andere Sportarten, die inzwischen komplett an den Rand gedrängt wurden, aber auch kleinere Fußballnationen, die zu Zulieferern der großen degradiert worden sind. Vor allem aber ist der Fußball auf eine Weise zu einer Ware geworden, die für Unbehagen, Frustrationen und Verdruss sorgt. Das Publikum wird geschröpft, wo es nur geht, an der Stadionkasse, fürs Pay-TV oder für das nächste aktuelle Trikot im Fanshop. Außerdem übertreten Verbände, Ligen und Klubs bei ihrer Geldbeschaffung immer wieder rote Linien. Wo sie verlaufen, das fällt in unterschiedlichen Ländern, bei unterschiedlichen Vereinen, je nach Alter, nach sozialer Herkunft oder Fan-Sozialisation völlig anders aus. Aber es gibt sie, und es besteht die Gefahr, Fans zu verlieren, wenn man sie überschreitet. Vielleicht nicht in Massen, aber als schleichende Erosion.

Doch was bedeutet dieses Sowohl-als-auch von Erfolg und Niedergang? Dass »jede menschliche Ordnung voller Widersprüche« ist, hatte der Historiker Yuval Noah Harari behauptet, und für den Fußball gilt das zweifellos. Er quillt sogar über vor lauter Widersprüchen: zwischen dem Globalen und dem Lokalen, zwischen der Feier sportlicher Werte und schamloser Geldbeschaffung, zwischen optimierter Leistung und voraussehbaren Wettbewerben. Einerseits ist er Ausdruck eines neoliberalen Zeitgeists, in dem der Gewinner alles bekommt und für die Verlierer nur Brosamen übrig bleiben. Er bildet so auch eine Gesellschaft ab, in der man aus eigener Kraft den sozialen Aufstieg kaum noch schaffen kann. Auf der anderen Seite steht die sture Anhänglichkeit des Publikums und seine Bockigkeit, im Fußball mehr als nur Entertainment zu sehen und das auch vehement einzufordern.

Einer der Begriffe, die auf Verbandstagen des Fußballs immer zu hören sind, ist der von der »Einheit des Fußballs«. Damit wird beschworen, dass Amateure und Profis, ein namenloser Kreisligist und der FC Bayern, der HFC Falke und der Hamburger SV, im Prinzip zu einer Welt gehören. Und weil überall nach den gleichen Regeln gespielt wird, besteht zwischen einem Amateurspiel und dem WM-Finale eigentlich kein Unterschied. Eigentlich! Denn diese Einheits-Fantasie wird etwa durch die Technisierung der Schiedsrichterentscheidungen bei der Torlinientechnik und dem VAR längst unterlaufen. Hier unterscheiden sich der Spitzenfußball und jener an der Basis inzwischen fundamental. Aber selbst in den Spitzenligen gibt es keine Einheit mehr. Bayern München und der SC Freiburg, Real Madrid und der FC Valencia, Manchester City und Aston Villa, Juventus Turin und der AC Florenz agieren in unterschiedlichen Sphären, die einen global, die anderen national, regional oder lokal.

Das nordamerikanische Sportsystem hat darauf früh eine Antwort entwickelt. Es trennte die Major Leagues von den Minor Leagues, also die Ligen der auf einem nationalen Markt agierenden Franchises von denen, die auf ein regionales Publikum abzielen. Um zusätzliche emotionale Verwicklungen geht es beim College Sport, im Grunde Nachwuchs- und Zulieferwettbewerb für die Profiligen, die in den USA ungeheuer populär sind, weil die College-Teams auf eine Weise für lokale Identitäten stehen, wie es im Fußball bei uns nicht unähnlich ist. So gesehen wäre die Super League vielleicht doch eine Lösung. Damit wäre die faktische Teilung der Fußballwelten in globale und regionale Klubs, in Major und Minor Leagues, auch organisatorisch vollzogen. Die Teilnehmer dieser Super League könnten den Wettbewerb so organisieren, dass ihr glamouröser High-End-Fußball ein riesiges Geschäft würde. Das Recht dazu könnten sie der Uefa abkaufen, die diese Einnahmen weiterverteilt. Allerdings: Real Madrid, der FC Bayern oder wer auch immer da mitmachen würde, müssten ihre nationalen Ligen verlassen. Das wäre für diese zwar ein harter Schlag, könnte aber auch eine Befreiung sein. Es würde dort einen Reset ermöglichen, sodass der Wettbewerb national wieder funktioniert und nach dem Abgang der alten Supermächte nicht gleich wieder neue entstehen. Dann gäbe es auch an der Spitze wieder wirkliche *Uncertainty of Outcome*.

Allerdings wäre damit jener wertvolle historische Wandteppich, den Chaudhuri so wichtig fand, weitgehend zerstört. Für die Spitzenklubs gäbe es keine »kalten Abende in Stoke« mehr, und für ihre Fans wäre das wahrscheinlich schrecklich. Vielleicht würde sich ein deutscher Meister aus Köln oder Frankfurt falsch anfühlen, wenn Bayern oder Dortmund nicht mehr in der Bundesliga spielen. Weil das ein so massiver Eingriff wäre, wird seit Jahren lieber ein Kanon von Reparaturmaßnahmen des Bestehenden durchdiskutiert. »Wenn Sie mir als Vereinsvorsitzender sagen würden, dass es eine Gehaltsobergrenze gibt, wäre ich der Erste, der unterschreibt«, sagte Nasser Al-Khelaifi, der Präsident von Paris Saint-Germain, in einem Interview mit der BBC im Frühjahr 2022. Vermutlich hätten Hunderte Vereinsbosse gerufen: »Ich auch!« Insofern ist es erstaunlich, dass sie sich darauf nicht einigen können. Aber es gibt eben z. B. gewaltige Zweifel, dass eine Gehaltsobergrenze juristische Prüfungen überstehen würde. Außerdem gab es Gehaltsobergrenzen ja früher schon. Wir erinnern uns: In den Frühzeiten der Bundesliga galt eine solche, auch in der DDR-Oberliga übrigens. In der Bundesliga zirkulierten daraufhin Schwarzgelder, und im sozialistischen Fußball wurden Spieler mit Wohnungen, Autos und Kühlschränken gelockt. Halbwegs verlässlich kann ein Salary Cap eigentlich nur in geschlossenen Systemen kontrolliert werden, wo nicht die Klubs die Arbeitgeber der Spieler sind, sondern die Ligen.

Im Frühjahr 2022 kündigte die Uefa eine Nachfolgeregelung zum Financial Fair Play an, das nun »Reglement zur finanziellen Nachhaltigkeit« heißt. Klubs sollen nunmehr nur noch einen maximalen Prozentsatz des Etats für Kaderkosten ausgeben dürfen, der bis zur Saison 2025/26 auf 70 Prozent sinken soll. Verstöße sollen viel direkter als beim Financial Fair Play geahndet werden, mit Punktabzügen und Ausschlüssen. Damit soll das Rattenrennen zumindest etwas gedämpft werden. In England wird die *Football Industry* bis 2024 nach einem Beschluss der konservativen Regierung eine unabhängige Regulierung bekommen, wie es sie in anderen Wirtschaftsbereichen schon gibt.

Dazu gehört eine Kontrolle der Finanzen; und an wen die Klubs verkauft werden dürfen, wird nun auch von außen geprüft. Fans bekommen über eine »goldene Aktie« eine Sperrminorität in »Fragen des kulturellen Erbes«, also bei Stadionwechsel, Veränderung des Logos und des Trikots.

In den letzten Jahren wurden viele weitere Positionspapiere geschrieben, Initiativen gestartet und Task Forces gegründet, die versuchten, die verfahrene Situation zu lösen. Besonders eifrig war man damit in Deutschland, wo die Unzufriedenheit mit der Situation entweder am größten ist oder am deutlichsten artikuliert wird. Die Initiative »Unser Fußball« brachte im Pandemie-Sommer 2020 weit über 2000 Fanklubs und Fan-Initiativen aus Deutschland hinter sich, damit repräsentierte sie Hunderttausende Fans. Sie forderte einen fairen Wettbewerb, dass Fußball ein gesellschaftliches Vorbild sein soll, demokratisch und nachhaltig. »Weitermachen wie vor der Krise darf keine Option sein. Wir wollen nicht zurück zu einem kaputten System. Wir fordern Vereine und Verbände auf, vor dem Beginn der kommenden Saison zu handeln. Dazu braucht es einen glaubhaften Grundsatzbeschluss sowie die Einleitung konkreter Reformen: Die Zukunft des Fußballs muss grundlegend neu gestaltet werden – basisnah, nachhaltig und zeitgemäß«, hieß es.

Die durch den Erfolg dieser Initiative aufgescheuchte DFL richtete im gleichen Jahr eine hochrangig besetzte Task Force ein, in der angeblich gute Gespräche geführt wurden. Doch am Ende hatte man den Eindruck, einen Politklassiker zu erleben: Wenn du nicht mehr weiter weißt, dann gründe einen Arbeitskreis. Die Zusammenfassung der Ergebnisse fiel – der nächste Politklassiker – nicht so aus, wie vor allem Fanvertreter die Diskussion in Erinnerung hatten. Letztlich versendete sich das meiste. Der FC St. Pauli legte 2021 ein detailliertes Papier vor, laut dem der wirtschaftliche Vorteil, den Konzernvereine wie Wolfsburg, Leverkusen und Leipzig haben, durch veränderte

Regeln beschnitten würde. Aber so recht folgte daraus ebenfalls nichts.

2022 gab es europaweit den nächsten Anlauf, der auf dem Begriff »Kulturelle Ausnahme« basierte, eine französische Erfindung. Er besagt, dass kulturelle Produkte, also etwa Filme und Bücher, einen besonderen Charakter haben. Sie sind einerseits Wirtschaftsgüter, aber auch Träger kultureller Identität und Werte. Die Buchpreisbindung in Deutschland, durch die ein Verlag den Verkaufspreis für ein Buch festlegen darf und jeder Händler sich daran halten muss, folgt dieser Logik der »Kulturellen Ausnahme«. Nach all dem, was wir über den Fußball gelernt haben, könnte er eigentlich auch darunterfallen.

Im März 2022 startete die europaweite Bürgerinitiative »Win it on the Pitch«, die in diese Richtung zielte. Bei dieser Form von Bürgerinitiative können Gesetzesvorschläge unterbreitet werden, mit denen sich die Europäische Kommission beschäftigen muss, wenn eine Million Menschen die Initiative befürworten. Diese ging von bekannten Fan-Aktivisten aus ganz Europa aus, die im Namen einflussreicher Organisationen sprachen. Sie forderten einen »klaren, konkreten und langfristigen Aktionsplan auf EU-Ebene«, der drei Punkte zu beachten hätte. Einerseits sollte das europäische Sportmodell geschützt werden, das anders als die Super League auf einem offenen Wettbewerb beruht. Zweitens forderte es die Beteiligung von Fans an allen Entscheidungen, die die Zukunft des Sports betreffen. Außerdem sollte »die soziale Bedeutung des Sports und dessen besondere Merkmale in der europäischen Gesellschaft« anerkannt werden. »Der Sport ist kein Geschäft wie jedes andere. Dies muss im Regelwerk der EU und insbesondere im Wettbewerbsrecht festgehalten werden«, forderte die Initiative.

Man muss es so klar sagen: Die Initiative erwies sich als Rohrkrepierer, nach zwei Wochen hatten sie europaweit keine 2.000 Menschen unterschrieben. Man könnte dahinter eine generelle Anti-EU-Stimmung vermuten oder dass die meisten Fußballfans nach regulierten Gurkenformen nicht auch noch regulierten Fußball wollten. Aber vermutlich war die Sache einfacher: Irgendwie konnte sich niemand vorstellen, wie denn so eine Regulierung des Fußballs aussehen und was gut daran sein könnte. Andererseits war sie ein politischer Erfolg, denn einen Monat später schloss sich die Uefa den Forderungen an und forderte die Fans auf, die Bürgerinitiative zu unterstützen.

Das Problem all dieser Initiativen ist aber, dass sie nicht wirklich zum Kern des Fußballs vordringen – zu seinem Gefühlskern. Fußball, das haben wir gesehen, weckt Emotionen. Jeder Sport tut das. Wir schauen einem Wettkampf zu, die Spiegelneuronen in unserem Gehirn beginnen zu feuern, und wir erleben das, was Gefühlsansteckung genannt wird. Wir ergreifen Partei, leiden mit den Wettkämpfern, freuen uns mit dem Sieger und haben mit dem Verlierer Mitgefühl. Das funktioniert immer und erklärt z. B. den Erfolg Olympischer Spiele. Im Fußball jedoch wird dieser Effekt tausendfach, ja zehntausendfach verstärkt, weil nicht nur die Spieler gewinnen und verlieren, sondern eben auch die Fans auf den Tribünen. Die auf dem Rasen stecken die auf den Rängen mit ihren Gefühlen an – manchmal auch umgekehrt – und uns an den Bildschirmen. All das ist zudem eingewoben in einen gewaltigen Wandteppich historischer Erzählungen und Mythen, und weil das auch für die *Tag alongs* und *FOMOs* und *Main Eventer* gilt, liegt hier der Grund, warum Fußball so erfolgreich ist. In seinen besten Momenten löst er ein Feuerwerk der Spiegelneuronen aus. Wie gewaltig das sein kann, konnte man im Frühjahr 2022 erleben, als sich zuletzt auch in Deutschland die Stadien wieder komplett füllten. Vielerorts erlebte man eine Explosion der Gefühle, als hätte sich in der Pandemie gewaltig etwas aufgestaut. Am eindrücklichsten wurde es, als 25.000 Fans von Eintracht Frankfurt den Auftritt ihrer Mannschaft im legendären Stadion Camp Nou des FC Barcelona quasi zu einem Heimspiel machten.

Bevor der moderne Fußball begann, gab es eine dunkle Zeit, in der die populäre Gefühlsansteckung vor allem in Abscheu bestand: über rüden, primitiven Sport und Gewalt auf den Rängen. Dass das vorbei ist, ist eine der großen Errungenschaften der vergangenen drei Jahrzehnte. Nur sind diese Errungenschaften ambivalent und nicht ungefährdet, und alle Fragen, wie der postmoderne Fußball aussehen soll, lassen sich letztlich auf eine Frage reduzieren: Wie bleibt es dabei, dass die Spiegelneuronen weiter feuern?

Ein Wettbewerb mit voraussehbaren Siegern steht der Gefühlsansteckung im Wege, weil er selbst bei denen, die erfolgreich sind, keine tiefen Emotionen mehr weckt. Klubs, die bei den Menschen nichts auslösen, stören sie. Verstöße gegen populäre Wertevorstellungen tun das ebenfalls. Im Grunde müsste also jede Entscheidung darüber, wie es mit dem Fußball weitergehen soll, daraufhin überprüft werden. Die *Football Industry* ist nämlich eine sehr seltsame Branche, in ihr geht es vor allem um Gefühle, um heftige, ganz schön widersprüchliche, verdammt komplizierte – und wunderbare Gefühle.

Im Spätsommer 2023 kamen die Herren des Fußballs in einem Hotel in Berlin zusammen. Sie belegten den größten Veranstaltungssaal und etliche Tagungsräume, die nach Berliner Stadtteilen benannt waren. Beim jährlichen Gipfeltreffen der European Club Association (ECA) ging es um das, worum es immer geht, wenn die Bosse der europäischen Fußballvereine zusammenkommen, um Geld und Einfluss. Wie bereits beschrieben, gelang es der Lobbyorganisation ECA im Jahr 2016, die Uefa so zu kapern, dass sie seitdem quasi darüber entscheidet, wie die ständig wachsenden Einnahmen aus den Medienrechten für die Europapokale verteilt werden. Das ist in etwa so, als ob der Unternehmerverband mit am Kabinettstisch sitzen würde, wenn es um den Staatshaushalt geht.

In Berlin feierte die ECA einen Rekord, was die Zahl der teilnehmenden Klubs betraf. Allerdings blieben die meisten von ihnen bei den wesentlichen Entscheidungen, also um Geld und Einfluss, nur Zaungäste. »Wir haben hier nichts zu sagen«, sagte der Manager eines rumänischen Klubs in einer Rauchpause vor der Tür und zuckte mit den Achseln. Derweil unterzeichneten der ECA-Vorsitzende Nasser Al-Khelaifi, zugleich Boss bei Paris Saint-Germain, und UEFA-Präsident Aleksander Ceferin in Berlin eine neue Grundsatzvereinbarung, die eine der im Fußballgeschäft üblichen Chimären war. Auf den ersten Blick wirkte sie wie ein Fortschritt, weil an jene Klubs, die nicht am Europapokal teilnehmen, ab 2024 sieben statt bislang vier Prozent der Gesamteinnahmen ausgeschüttet würden. Zudem wurde bei der Verteilung der Anteil reduziert, der über die Zehn-Jahres-Rangliste ermittelt wird, von der vor allem die Dauergäste im Europapokal profitierten. Das gleiche Startgeld für alle wurde von 25 auf 27,5 Prozent erhöht, der Anteil für die aktuelle Leistung von 30 auf 37,5 Prozent. Reduziert wurden hingegen der Koeffizient und Marktpool von bisher 45 auf 35 Prozent.

Doch weil deutlich höhere Medieneinnahmen erwartet wurden, lief es auf das heraus, worauf es immer herausläuft: Der Abstand zwischen den großen und kleinen Klubs wird auch in Zukunft weiter wachsen. Der Interessenkonflikt, dass Al-Khelaifi in seiner anderen Rolle als Chef des katarischen Senders beIN Sports die Rechte an der Champions League kaufte und sein Vorstandskollege Oliver Mintzlaff als CEO von Red Bull zugleich auch CEO von Servus TV ist, war auch kein Thema. In den Vorstand der ECA wurde der amerikanische Finanzinvestor Josh Wander gewählt, dessen Firma 777 Capital Anteile gleich an mehreren Klubs hält, darunter Hertha BSC. Im Grunde war damit nebenbei auch das immer noch nicht geregelte Modell, dass ein Unternehmen mehrere Klubs besitzen kann, die sogenannte Multi Club Ownership, quasi abgesegnet.

Bei den informellen Gesprächen während der Pausen ging es hingegen darum, was vom neuen Player auf der internationalen Fußballszene zu halten war: der Saudi Pro League. Ohne große Vorwarnung hatte der saudische Staatsfond PIF, der im Fußball international zuvor nur durch den Kauf von Newcastle United in Erscheinung getreten war, einige Wochen zuvor die vier größten Klubs des Landes übernommen. Zusammen hatten diese im Sommer 2023 deutlich über 800 Millionen mehr für Transfers aus- als eingenommen. Schon vorher war Cristiano Ronaldo nach Saudi-Arabien gewechselt, nun folgten ihm reihenweise Spitzenspieler, die meisten in den letzten Jahren ihrer Karriere. Neymar kam von Paris Saint-Germain, Karim Benzema von Real Madrid, Liverpools Kapitän Jordan Henderson sowie seine Mannschaftskameraden Fabinho und Roberto Firmino, N'Golo Kanté von Chelsea, Riyad Mahrez und Aymeric Laporte von Manchester City und Sadio Mané vom FC Bayern. Alle wurden durch Fabelverträge angelockt, der von Neymar war angeblich mit 100 Millionen Euro im Jahr dotiert, der von Cristiano Ronaldo sogar noch höher.

Warum der saudische Staat so schwungvoll investierte, dazu gab es unterschiedliche Deutungen. Fußball war im Land schon lange der populärste Sport, die Nationalmannschaft hatte 1994 zum ersten Mal an einer WM-Endrunde teilgenommen und seitdem insgesamt sechs Mal. Einige Klubs der heimischen Liga hatten auch vor der großen Einkaufstour bereits gute Zuschauerzahlen und so etwas wie eine Fankultur. Dass die Saudis über den PIF in ihre Liga investierten, passte zu den Zielen im Rahmen von »Saudi Vision 2030«. Eines davon ist eine »pulsierende Gesellschaft«, und der neue Glamourfußball am Golf passte genauso dazu, wie er die junge Bevölkerung zum Sportmachen animieren sollte. Außerdem soll im Land eine Ökonomie entstehen, die nicht nur aus dem Verkauf von Öl besteht. Fußball war in diesem Zusammenhang ein weiterer Wirtschaftsbereich, in den der Staat investierte. Dass die schicke neue Fußballwelt das Weltpublikum über die Menschenrechtsverletzungen in dem autokratischen Land hinwegtäuschen könnte, war sicherlich auch nicht unbeabsichtigt. Für die Klubs und Ligen in Europa bedeutet das aber, dass sie nun in direkter Konkurrenz zur 17.-größten Volkswirtschaft der Welt standen.

Vielleicht war das Investment in die Saudi Pro League oder sein Beginn nur wenige Monate nach der WM 2022 auch eine Reaktion darauf, dass das Turnier in Katar aus Sicht der arabischen Welt ein Erfolg gewesen war. Offensichtlich peilt Saudi-Arabien nun noch entschlossener die Austragung der WM im eigenen Land an. Dazu passte auch, dass das Turnier für 2030 überraschend nach Spanien, Portugal und Marokko vergeben wurde sowie – für die ersten Partien der Turniers – nach Uruguay, Argentinien und Paraguay. Weil die FIFA die Austragung regelmäßig über die Kontinente rotieren lässt, ist 2034 wieder Asien/Ozeanien an der Reihe, mit Saudi-Arabien als großem Favorit für die Vergabe.

Die WM in Katar wird in Deutschland anders als in der arabischen Welt als Desaster in Erinnerung bleiben. Einerseits schied die deutsche Nationalmannschaft zum zweiten Mal in Folge in der Vorrunde aus. Zugleich verhedderte der Deutsche Fußball-Bund sich in der Diskussion um das Tragen der sogenannten »One Love«-Binde durch Mannschaftskapitän Manuel Neuer, mit der für Menschenrechte geworben werden, sollte. Als diese von der FIFA im letzten Moment untersagt wurde, hielten sich die Spieler beim Aufstellen zum Mannschaftsfoto vor dem ersten Gruppenspiel gegen Japan aus Protest den Mund zu. Anschließend verloren sie 1:2. Spätestens da verschwand der DFB im Treibsand der Menschenrechtsdebatte. Die einen warfen ihm mangelnde Konsequenz vor, andere überbordende Politisierung. Einig war beiden Lagern nur der Eindruck einer Blamage.

Auch die Deutsche Fußball Liga gab in den Monaten nach der WM ein seltsames Bild ab. Das Präsidium drängte darauf, Anteile an der DFL an einen Investor verkaufen. Ein Betrag um die vier Milliarden Euro stand im Raum, um unter anderem in einen eigenen Ligakanal oder die Infrastruktur der Klubs investieren zu können. Doch letztlich war die Uneinigkeit über die Verwendung der Gelder so groß, dass der Investorendeal keine Mehrheit fand. Vor allem befürchteten viele kleinere Klubs, dass die großen Klubs mehr in Spielergehälter würden investieren können und so letztlich der Abstand zu ihnen nur noch größer werden würde. Das war eine bemerkenswerte Entscheidung gegen den Trend, dass sich immer die Großklubs mit ihren Interessen durchsetzen, aber auch eine, die den deutschen Sonderweg bestätigte.

Im Grunde verlängerten sich die in diesem Buch beschriebenen Trends, erstaunlich war allerdings, was in den deutschen Stadien passierte. Im Vergleich zur Saison 2018/19, der letzten vor der Pandemie, stieg die Zahl der Stadionbesucher 2022/23 um gut fünf Prozent. In den vielerorts sowieso komplett ausgelasteten Bundesligastadien stagnierte sie zwar, dafür schauten in der zweiten Liga 16 Prozent mehr Fans zu, in einigen Regionalligen waren die Steigerungen noch größer. Im Norden und Westen waren es 18 bzw. 19 Prozent, in Bayern 33 und im Nordosten sogar 73 Prozent.

Das hatte auch damit zu tun, dass immer mehr Menschen zu Auswärtsspielen reisten. Vor allem nach Berlin, wo man das Ganze zu einem hübschen Wochenendausflug ausbauen konnte. Werder Bremen und der VfL Bochum schafften sogar Vereinsrekorde, als sie 25.000 bzw. 12.000 Fans mit ins Olympiastadion brachten. Überhaupt: Im Vergleich zur letzten Saison vor der Pandemie folgten den Bundesligisten 12 Prozent und den Zweitligisten sogar 38 Prozent mehr Fans zu Auswärtsspielen.

Auch der Mitgliederzuwachs bei den Klubs wollte einfach nicht aufhören. Bei den Bayern oder in Dortmund, Köln oder Frankfurt, Stuttgart oder bei Union Berlin war eine Erklärung dafür sicherlich, dass Nichtmitglieder kaum noch an Eintrittskarten kommen konnten. Aber das allein erklärte nicht, warum es zum guten Ton gehörte, als Fan auch Mitglied des Vereins zu werden. Der SC Freiburg hatte im August 2019 noch 20.000 Mitglieder, 2023 waren es 50.000. Acht der 20 weltweit mitgliederstärksten Fußballklubs kamen aus Deutschland, der FC Bayern mit über 300.000 Mitgliedern war der größte.

Dieser Boom zeigte einen post-pandemischen Hunger auf Live-Erlebnisse, der sich nicht auf Deutschland beschränkte. Auch in vielen anderen europäischen Ligen gab es bemerkenswerte Zuschauerrekorde. Fußball entwickelte sich weiter zu einem der bevorzugten Orte, um Sehnsucht nach Zugehörigkeit auszuleben, weil beim Spiel die schon erwähnten Spiegelneuronen trotz allem weiter feuerten und die Gefühlsansteckung funktionierte.

Zeittafel

1983   Tottenham Hotspur geht als erster Fußballklub an die Börse.

1984   Canal+ in Frankreich überträgt als erster Pay-TV-Sender regelmäßig Ligaspiele.

1985   Beim Europapokalfinale zwischen dem FC Liverpool und Juventus Turin sterben im Heysel-Stadion in Brüssel 39 Menschen. Englische Klubs werden daraufhin für fünf Jahre von den Europapokalen ausgeschlossen.

1988   Die Übertragungsrechte der Bundesliga gehen zum ersten Mal an einen Privatsender. RTL zeigt Zusammenfassungen der Spiele in der Sendung *Anpfiff*.

1989   Beim Pokalspiel zwischen dem FC Liverpool und Nottingham Forest in Sheffield kommen in einem überfüllten Sektor des Hillsborough-Stadions 97 Menschen zu Tode.

1990   Bei der Weltmeisterschaft in Italien sinkt die Zahl der erzielten Tore auf 2,21 pro Spiel.

1991   In Deutschland startet das Pay-TV, Premiere überträgt pro Spieltag eine Bundesligapartie live.

Hansa Rostock wird letzter DDR-Meister. Der DDR-Fußballverband DFV löst sich auf und tritt dem DFB bei.

1992   Der Europapokal der Landesmeister wird abgeschafft, die Champions League geht in ihre erste Saison.

Die 22 Klubs der englischen First Division verlassen die gemeinsame Football League der 92 Profiklubs des Landes und gründen die Premier League.

In Deutschland gehen die Übertragungsrechte der Bundesliga an den Privatsender SAT.1, die Sendung *ran* startet.

Der International Football Association Board ändert die Rückpassregel so, dass der Torwart ein Zuspiel eines Mitspieler per Fuß nicht mehr mit der Hand aufnehmen darf.

In England erscheint »Fever Pitch« von Nick Hornby.

In Spanien werden fast alle Profiklubs in Sportunternehmen umgewandelt.

In England startet der Privatsender Channel 4 die Sendung *Football Italia,* wo jede Woche ein Spiel der italienischen Serie A gezeigt wird.

Bei Spielen innerhalb von Fifa-Wettbewerben darf es keine Stehplätze mehr geben.

Das Nationale Konzept Sport und Sicherheit schreibt an allen deutschen Bundesligastandorten vor, dass Fan-Projekte eingerichtet werden.

1993   Einführung des Golden Goal: Wenn eine der beiden Mannschaften in der Verlängerung ein Tor erzielt, hat sie das Spiel damit gewonnen. Nach der WM 2002 wird die Regeländerung wieder zurückgenommen.

Ein Foul von hinten wird als grobes Foulspiel bewertet und muss mit einem Platzverweis bestraft werden.

Erstmals werden in Deutschland sonntags regulär Bundesligaspiele ausgetragen.

In der Zweiten Bundesliga werden Montagsspiele eingeführt und vom Deutschen Sportfernsehen live im Free-TV gezeigt.

Die deutschen Klubs im Europapokal müssen ihre Fernseheinnahmen nicht mehr mit den anderen Bundesligisten teilen.

Bündnis antifaschistischer Fanclubs und Faninitiativen (BAFF) gründet sich.

1994 In den USA wird die erste WM in Nordamerika ausgetragen.

In der Premier League und der zweiten englischen Liga werden die Stehplätze abgeschafft.

1995 Infolge des Bosman-Urteils dürfen Fußballprofis am Ende der Vertragslaufzeit ablösefrei den Verein wechseln.

1996 Die Zahl der EM-Endrunden-Teilnehmer verdoppelt sich zum Turnier in England von acht auf 16.

1997 Die Fernsehgelder werden nicht mehr zu gleichen Teilen unter den 18 Bundesligisten verteilt.

1998 Der Bundestag des DFB verabschiedet die 50+1-Regel.

Die WM in Frankreich wird zur ersten mit 32 Teilnehmern.

14 große internationale Klubs gründen die Lobbyorganisation G14.

1999 In der Champions League dürfen auch die Tabellenzweiten der großen Fußballnationen teilnehmen.

Der Uefa-Cup und der Europapokal der Pokalsieger werden zur Europa League zusammengelegt.

Ein regelmäßiges zweites Sonntagsspiel wird in der Bundesliga eingeführt.

Die Ultras des AS Rom veröffentlichen das Manifest »Contro il calcio moderno«.

2000 Sky überträgt erstmals alle Bundesligaspiele live im Pay-TV.

Borussia Dortmund geht als erster deutscher Profiklub an die Börse.

Die Deutsche Fußball Liga als Organisation der 36 Profiklubs wird gegründet.

2002 Erste WM in Asien und erste Endrunde, die mit Japan und Südkorea von zwei Ländern ausgetragen wird.

Die Kirch-Gruppe, der Besitzer von Premiere, geht in die Insolvenz. Die deutschen Profiklubs beklagen hohe Einnahmeausfälle.

2003 Roman Abramowitsch kauft den Chelsea FC.

2004 Mit dem FC Porto gewinnt letztmalig eine Mannschaft die Champions League, die nicht aus Spanien, England, Italien oder Deutschland kommt.

2006 Calciopoli-Skandal in Italien. Rekordmeister Juventus Turin muss in die zweite Liga absteigen.

Weltmeisterschaft in Deutschland, Italien gewinnt den Titel.

2007 Gazprom wird Hauptsponsor bei Schalke 04.

Gründung des Magazins *Blickfang Ultra*.

2008 Manchester City wird von der Abu Dhabi United Group Investment & Development Ltd gekauft.

Gründung der European Club Association als Nachfolgerin der G14.

2010 Die erste afrikanische WM wird in Südafrika ausgetragen.

Die Uefa eröffnet ihre neue Zentrale in Nyon.

Vergabe der WM 2018 nach Russland und 2022 nach Katar.

2011 Der katarische Staatsfonds QIA übernimmt Paris Saint-Germain.

2012 Die Uefa führt das Financial Fair Play ein.

Die Torlinientechnologie wird zugelassen.

Gazprom wird Sponsor der Champions League.

Protestspieltag am 12.12., die Fans in den Stadien schweigen zwölf Minuten.

2013 Die Bundesliga macht erstmals mehr als zwei Milliarden Euro Umsatz.

Erstmals bestreiten zwei deutsche Mannschaften das Finale der Champions League. In London siegt der FC Bayern gegen Borussia Dortmund mit 2:1.

2014 Die deutsche Nationalmannschaft wird in Brasilien Weltmeister.

2015 Die Website *Football Leaks* beginnt geheime Dokumente aus dem Fußball zu veröffentlichen.

2016 Erste Europameisterschaft mit 24 Teilnehmern findet in Frankreich statt.

Testweise wird der *Video Assistant Referee* eingeführt.

Erstmals gewinnt mit dem FC Bayern eine Mannschaft vier deutsche Meisterschaften in Serie.

2019 Erstmals findet der Afrika-Cup mit 24 Teilnehmern statt, vorher 16.

Erstmals Rückgang der nationalen TV-Erlöse in England.

2020 Beginn der Coronapandemie.

2021 Die Einführung der Super League scheitert.

Die Europameisterschaft von 2020, über den ganzen Kontinent verteilt, wird nachgeholt.

2022 WM in Katar.

2022 Erstmals gewinnt mit dem FC Bayern eine Mannschaft elf deutsche Meisterschaften in Serie.

Wer zu den unterschiedlichen Themenbereichen mehr lesen möchte, dem seien hier einige Bücher empfohlen. Einen sehr guten historischen Überblick zur Fußballweltgeschichte bzw. zu der des englischen Fußballs liefern die Bücher von David Goldblatt, namentlich »The Ball is Round«, »The Age of Football« und »The Game of Our Lives«. Außerdem sind generell die fußballhistorischen Bücher von Dietrich Schulze-Marmeling lesenswert. Das beste Buch über die Wendezeit des englischen Fußballs ist von David Conn: »The Football Business – Fair Game in the 90s?«. Eine hervorragende Mediengeschichte des (vor allem englischen) Fußballs ist »From the back page« von Roger Domeneghetti. »The Billionaires Club« von James Montague erzählt die Geschichte der superreichen Klubbesitzer in der Premier League.

Eine exzellente Taktikgeschichte der letzten Jahrzehnte ist »Umschaltspiel« von Michael Cox. Über die allgemeinen Modernisierungsprozesse auf dem Platz habe ich selber zwei Bücher geschrieben, in denen man mehr zum Thema findet: »Die Fußball-Matrix« und »Matchplan«.

Das Leseangebot über Fans und Fankultur ist riesig. Ein guter Einstieg vor allem zum Verständnis der Ultra-Kultur ist »Kurvenrebellen« von Christoph Ruf und mit weltweiter Perspektive »Unter Ultras« von James Montague. Ein sehr ungewöhnlicher Blick auf das, was im Stadion passiert, ist »Crowds« von Hans Ulrich Gumbrecht.

Staubtrocken, aber Basislektüre über das Fußballgeschäft ist »The Economics of Football« von Stephen Dobson und John Goddard. Ebenfalls hilfreich sind die Bücher von Stefan Szymanski, vor allem »Money and Football«, außerdem »The Price of Football« von Kieran Maguire.

Einen genauen Blick in die Abgründe des Fußballs liefern Rafael Buschmann und Michael Wulzinger in den beiden Bänden von »Football Leaks«. Wer mehr über die Fifa wissen will, findet viel dazu in »Das Milliardenspiel« von Thomas Kistner und Jens Weinreich, »Fifa-Mafia« von Thomas Kistner oder »Unfair Play« von Jürgen Roth. Eine gute Zusammenfassung zur Diskussion um die WM in Katar kommt von Bernd-M. Beyer und Dietrich Schulze-Marmeling in »Boykottiert Katar 2022!«. Allgemein über den Zusammenhang von Fußball, Politik und Wertediskussionen schreibt Ronny Blaschke in »Machtspieler« und »Gesellschaftsspielchen«. Vorschläge für eine bessere Fußballwelt kommen von Alina Schwermer in »Futopia«.

Ansonsten sei das Fußballmagazin 11FREUNDE empfohlen, für das ich arbeite. Es ist der Ort, wo seit Jahren die Themen aus diesem Buch immer wieder aufgegriffen und diskutiert werden. Einige Texte, die ich dort veröffentlichen durfte, sind teilweise in dieses Buch eingearbeitet.

Danke

Um die *Football Industry* besser zu verstehen, Sachfragen zu klären oder schlichtweg meine Gedanken zu ordnen, haben mir Prof. Chris Anderson, Rasmus Ankersen, Prof. Christoph Breuer, Heribert Bruchhagen, Rafael Buschmann, Moritz Dörnemann, Martin Endemann, Ulrich Fuchs, Oke Göttlich, Jan-Hendrik Gruszecki, Thomas Hitzlsperger, Tom Holert, Wolfgang Holzhäuser, Marcel Schmied, Birgit Schönau, Dietrich Schulze-Marmeling, Gerd Voss, Hans-Joachim Watzke, Dirk Zingler als Gesprächspartner geholfen. Dafür bedanke ich mich bei allen herzlich.

Special Thanks: Wolfram Eilenberger, Andreas Merkel, Frank Willmann.

Danke für die visuelle Gestaltung: Barbara Thoben, Julia Krumhauer, Mario Wagner und Norman Posselt.

Wie immer hat mich Helge Malchow verlässlich, freundschaftlich und sicher durch die Entstehung dieses Buchs navigiert, ein herzliches Dankeschön dafür. Danke für alles, Birgit Schmitz!

Weitere Titel von Christoph Biermann bei Kiepenheuer & Witsch

3. Auflage 2026

© 2022, 2024, Verlag Kiepenheuer & Witsch GmbH & Co. KG,
Bahnhofsvorplatz 1, 50667 Köln
Alle Rechte vorbehalten.
Die Nutzung dieses Werks für Text- und
Data-Mining im Sinne des § 44b UrhG
bleibt explizit vorbehalten.
Covergestaltung: Barbara Thoben, Köln
Covermotiv: © Mario Wagner/2agenten
Gesetzt aus der Baskerville
Satz: Buch-Werkstatt GmbH, Bad Aibling
Druck und Bindung: CPI books GmbH, Leck
ISBN 978-3-462-00340-6

Kontaktadresse nach EU-Produktsicherheitsverordnung:
produktsicherheit@kiwi-verlag.de